# PROBLÈMES
# DE MORALE FONDAMENTALE

# OUVRAGES DU MÊME AUTEUR

**Aux Éditions du Cerf :**

*Le couple humain dans l'Écriture,* « Lectio Divina » 31, 1964 (« Foi vivante » 118, 1969).

*Le ministère de la nouvelle alliance,* « Foi vivante » 37 (1967).

*De la mort à la vie éternelle,* « Lectio Divina » 67 (1971).

*Documents araméens d'Égypte,* « Littératures anciennes du Proche Orient », n° 5 (1972).

*Écouter l'Évangile,* « Lire la Bible » 40 (1974).

*Les Poèmes du Serviteur : De la lecture critique à l'herméneutique,* « Lectio Divina » 103 (1981).

Collaboration au *Vocabulaire de théologie biblique,* sous la direction de X. Léon-Dufour, 2ᵉ édition révisée et augmentée (1970).

**Chez d'autres éditeurs :**

*Introduction aux livres saints,* Eugène Belin, 1954 (édition refondue, 1963).

*Pages Bibliques,* Eugène Belin, nᵗᵉ édition, 1964 (épuisé).

*Sens chrétien de l'Ancien Testament,* Desclée, 1962.

*La Bible, Parole de Dieu,* Desclée, 1965.

*Bible et théologie,* « Le mystère chrétien », Desclée, 1965.

*Réflexions sur le problème du péché originel,* « Cahiers de l'actualité religieuse », Casterman, 1968.

*Péché originel et rédemption, examinés à la lumière de l'épître aux Romains,* Desclée, 1973.

*Le monde à venir,* « Croire et comprendre », Centurion, 1974.

*L'espérance juive à l'heure de Jésus,* Desclée, 1978.

**Collaboration à des ouvrages collectifs :**

*Introduction à la Bible,* sous la direction de A. Robert et A. Feuillet, Desclée, 1957-1959 (épuisé).

En co-direction avec A. George : *Introduction critique au Nouveau Testament,* Desclée, 1976-1977, 5 vol. (participation aux vol. 1 et 5).

*Introduction critique à l'Ancien Testament,* sous la direction de H. Cazelles, Desclée, 1973.

En coll. avec J. Loew : *Parole de Dieu et communautés humaines,* C.L.D. (1980).

Pierre GRELOT

# PROBLÈMES
# DE MORALE
# FONDAMENTALE
## *Un éclairage biblique*

LES ÉDITIONS DU CERF
29, bd Latour-Maubourg, Paris
1982

Nihil Obstat
Paris, le 6 mai 1982
Claude CHOPIN

Imprimatur
Paris, le 6 mai 1982
P. FAYNEL, v.é.

© Les Éditions du Cerf, 1982
ISBN : 2-204-01887-2
ISSN en cours

# PRÉFACE

Je ne suis pas moraliste de profession : je m'en excuse auprès des lecteurs de ce livre. Mais il est arrivé que des circonstances particulières m'obligent à réfléchir sur des problèmes de morale, à partir de l'Écriture sainte à laquelle est vouée la majeure partie de mon temps. Il s'agissait le plus souvent de répondre à des demandes occasionnelles qui provenaient, soit de moralistes, soit de simples chrétiens engagés dans la vie pratique et confrontés aux problèmes moraux de l'existence quotidienne. J'ai déjà touché à quelques-uns de ces problèmes dans des publications antérieures auxquelles je renverrai éventuellement ici même : les questions du péché et de la mort, dans des articles qui trouvèrent place au sein du recueil : *De la mort à la vie éternelle,* coll. « Lectio Divina » n° 67 (Paris 1971) ; les deux aspects d'un problème anthropologique qui touche de près à la morale : *Réflexions sur le problème du péché originel,* « Cahiers de l'actualité religieuse » (Tournai — Paris 1969 : titre qu'il faudrait remplacer par « ... péché des origines ») ; *Péché originel et rédemption, examinés à partir de l'épître aux Romains* (Tournai — Paris 1973 : titre inexact, car il n'est pas seulement question du péché « originel » dans le livre).

Quelques autres études ont paru depuis lors dans des revues. Je n'en reprendrai ici que trois, parce qu'elles touchent à des problèmes de morale fondamentale que le présent recueil veut aborder. Le texte sur « L'Ancien Testament et la morale chrétienne » a paru dans la revue *Seminarium* de 1971. La « Note sur l'idée de nature en théologie morale » a été publiée dans le *Supplément de la Vie Spirituelle* de 1967, qui réunissait les contributions proposées dans une session de moralistes. L'étude sur « l'Église et l'enseignement de la morale » a paru sous une forme abrégée dans *Esprit et Vie*, nᵒˢ 33-36, de 1981. Les autres textes sont restés inédits jusqu'ici — du moins pour le « grand public » (si tant est que le « grand public » s'intéresse à des problèmes aussi particuliers...). Je crois pourtant que tous touchent à des questions que l'actualité a mises à l'ordre du jour. Ce sont des questions de « Morale fondamentale », en ce sens qu'elles sont à la racine des réflexions et des discussions qui se développent autour des notions de « loi », de « nature », d'autorité de l'Église en matière d'enseignement de la morale. (Que de discussions aujourd'hui à propos de ses interventions dans les domaines familial, sexuel, social ou politique !) Je ne me propose pas d'élaborer systématiquement ces questions dans un traité complet, mais seulement d'examiner l'éclairage que l'étude de l'Écriture sainte peut y apporter, quitte à déborder quelque peu le champ de l'Écriture elle-même pour voir les points d'impact de ses apports dans le monde qui est le nôtre.

Je ne me cache pas les inconvénients d'une méthode qui réunit ainsi des textes divers sans les synthétiser. Je m'expose à quelques redites, mais celles-ci montreront au moins que ces textes sont convergents et que, sans constituer un « système », ils offrent des matériaux pour en construire un. Je laisse aux moralistes, bien sûr, le soin de le construire. J'ai laissé de côté les textes qui auraient touché aux rapports entre la Bible et la psychologie : ce n'est pas mon domaine habituel. Mais je ne pouvais éviter de les effleurer dans la dernière des études publiées ici. De même, je ne suis ni sociologue, ni « politologue » — ce qui constitue un handicap évident. Seulement, comment faire pour ne pas y toucher, quand l'Écriture sainte le fait à sa manière, qui n'est pas celle des « sciences de l'homme » ? Bref, je ne fais que livrer quelques réflexions que je crois utiles dans le contexte actuel.

Je ne doute pas que mes lecteurs éventuels éprouveront d'emblée l'envie de me classer quelque part sur l'échiquier où se déroulent certaines batailles rangées entre « les anciens » et « les modernes ». Mais ce classement ne présente aucun intérêt à mes yeux. Comme je le redirai en cours de route : si je recours à l'Écriture, c'est parce qu'elle est pour l'Église — et donc pour tout théo-

logien qui y exerce un ministère spécifique — le témoin
« qualifié » (au sens juridique du mot) de ce qui constitue la « norma normans » (règle « régulante ») de la
foi, à savoir : la Tradition apostolique, dans la perspective définie par S. Irénée, ou l'Évangile, pour reprendre
le langage du Concile de Trente. La tradition ecclésiastique avec tous ses organes, en tant que « norma
normata » (règle « régulée ») de cette foi, doit toujours
s'y ressourcer pour vérifier sa justesse et pour réévaluer
les textes qui ont été élaborés au cours des âges : non
seulement ceux des théologiens particuliers, mais aussi
ceux du Magistère dont les formulations sont nécessairement conditionnées par des situations, des conflits
d'idées, des confrontations avec une société et une culture aux contours changeants. Il n'y a pas lieu d'hypos-
tasier le contexte dans lequel nous nous trouvons
aujourd'hui, comme s'il livrait le dernier mot des problèmes humains. Il faut simplement le prendre tel qu'il
est et tenter d'y faire face, tout en restant enraciné dans
l'expérience séculaire de l'Église. On constatera donc
sans surprise que je fais appel plusieurs fois à saint
Thomas d'Aquin : « Quel anachronisme ! », diront certains lecteurs. On verra aussi que j'ose en faire éventuellement une lecture « critique » : quel sacrilège pour ceux
qui se sentent une vocation de simples répétiteurs ! Tout
cela est, à mes yeux, secondaire. Mon but reste
modeste : offrir quelques éléments de réflexion à ceux
que les thèmes abordés préoccupent. Je n'ai aucune autorité particulière pour le faire. Je joue seulement ma
partie dans un concert où fourmillent les dissonances.
Au-delà de ma prose, c'est donc à l'Écriture sainte elle-
même que j'invite mes lecteurs à revenir. En terminant
cette présentation, je ne saurais trop remercier Mgr
Ph. Delhaye qui m'a encouragé à publier quelques-unes
de ces réflexions.

Paris, 7 juin 1981 (fête de la Pentecôte).
Pierre GRELOT.

# TABLE DES ABRÉVIATIONS

## 1. Livres bibliques

Les abréviations utilisées pour les sigles des livres sont celles de la Bible de Jérusalem.

La notation des références bibliques est faite de la façon suivante :
1 S 3 — 7 = 1er livre de Samuel, chapitres 3 à 7.
1 S 3,4-8 = 1er livre de Samuel, chapitre 3, versets 4 à 8.
1 S 3,5.9.15 = 1er livre de Samuel, chapitre 3, versets 5, 9 et 15.
1 S 3,5 — 7, 14 = 1er livre de Samuel, chapitre 3, verset 5, à chapitre 7, verset 14.

## 2. Revues, collections et abréviations diverses

*Textes juifs :*

LXX : Septante
bT : Talmud de Babylone
jT : Talmud de Jérusalem
Tg : Targoum
N : Codex Neofiti 1 (= Targoum palestinien du Pentateuque)
Ngl : Gloses du Codex Neofiti 1
Ps-J : Targoum du Pseudo-Jonathan sur le Pentateuque
1 Q : Texte de la Grotte 1 de Qumrân (cité par colonnes, et non par chapitres)
4 Q : Texte de la Grotte 4 de Qumrân
CDC : Document de Damas (texte de Qumrân)

*Revues et collections :*

BJRL : *Bulletin of the John Rylands Library,* Manchester
BZ : *Biblische Zeitschrift,* Paderborn
DBS : *Dictionnaire de la Bible, Supplément,* Paris
Denz.-Schönm. : Denzinger-Schönmetzer, *Enchiridion symbolorum, definitionum et declarationum de rebus fidei et morum,* 32e éd., Fribourg-en B., 1963.
LAPO : Littératures anciennes du Proche-Orient, Paris
NRT : *Nouvelle Revue Théologique,* Louvain-Namur
PG : Migne, Patrologie grecque
PL : Migne, Patrologie latine
RB : *Revue Biblique,* Paris
RSPT : *Revue des Sciences philosophiques et théologiques,* Paris
SC : Sources chrétiennes, Paris
S. Th. : *Somme théologique* de S. Thomas d'Aquin
SVS : *Supplément de la Vie spirituelle,* Paris
TWAT : *Theologisches Wörterbuch zum Alten Testament,* Stuttgart
TWNT : *Theologisches Wörterbuch zum Neuen Testament* (Kittel)
VT : *Vetus Testamentum,* Leyde
ZAW : *Zeitschrift für die alttestamentliche Wissenschaft,* Berlin

Les noms des autres revues, dictionnaires et collections sont indiquées en toutes lettres.

# SOMMAIRE

*Chapitre premier*

# L'ANCIEN TESTAMENT
# ET LA MORALE CHRÉTIENNE [1]

Il ne s'agit pas seulement ici de constater que l'Ancien Testament comporte une morale, ou peut-être plus exactement une éthique (= règle des mœurs), dont la morale entendue au sens chrétien constitue la partie la plus importante et le cœur. Cela, personne ne le conteste. On peut même remarquer que le protestantisme libéral du XIXᵉ siècle avait cherché dans le *monothéisme moral* des prophètes d'Israël l'étape la plus significative de l'évolution religieuse avant le Sermon sur la montagne. Il y aurait beaucoup à dire sur cette appréciation unilatérale que, même dans le protestantisme, la redécouverte de l'eschatologie néo-testamentaire a précisément remise en question. Mais, prise dans sa matérialité, elle paraît incontestable : n'y a-t-il pas une ligne continue qui va du Décalogue à l'éthique chrétienne, en passant par les prophètes et les Sages d'Israël ? Toutefois, on ne peut se contenter d'une telle constatation. En effet, à la limite, elle risquerait de réduire la morale elle-même à un cata-

1. Ces réflexions ont été publiées en 1971 dans la revue *Seminarium* (p. 575-594). Elles prenaient place dans un numéro spécial consacré à l'enseignement de la morale, dans la perspective ouverte par le renouveau post-conciliaire. Si des discussions se sont poursuivies depuis lors, je ne pense pas que les propositions fondamentales qui y sont faites ont perdu leur actualité. C'est pourquoi elles sont reproduites dans leur forme primitive.

logue de commandements et d'interdictions, qu'il suffirait d'introduire ensuite dans le cadre philosophique
fourni par la *Philosophia perennis* pour constituer la
théologie morale : les notions de loi, de conscience, de
vices et de vertus, de rétribution, fortement dépendantes
de la philosophie grecque, fourniraient en ce point de la
réflexion un matériel finalement plus considérable que les
deux Testaments réunis ! Loin de moi la tentation
d'attribuer cette façon de voir aux grands Scolastiques :
ce serait une injustice à leur endroit, car leur pensée profonde était, à mon avis, très différente. Peut-être leurs
épigones n'ont-ils pas toujours été aussi heureux. En tout
cas, la crise actuelle de la théologie morale invite à
reprendre à la base l'examen du problème. A la base :
c'est-à-dire, comme faisaient les grands Scolastiques eux-
mêmes, *à partir de l'Écriture sainte.*

Dans cette perspective, quel est exactement l'apport
propre de l'Ancien Testament ? Sans laisser dans l'ombre
les structures internes et le contenu de la morale, il faut
songer ici au cadre théologique dans lequel elle prend
sens, à la conception de l'homme à laquelle elle se relie,
à la qualification religieuse des actes humains qui constituent son domaine propre, à la finalité de l'action qui est
proposée comme motif à la conduite humaine. On voit
que le domaine de l'enquête est immense : il recouvre en
fait tout ce que la Scolastique appelait la « morale
fondamentale », sans omettre aucun des aspects de la
« morale spéciale ». Pourquoi s'en étonner ? Les deux
Testaments sont présents partout en théologie, le Nouveau en qualité d'Écriture « accomplissante », l'Ancien
en qualité d'Écriture « accomplie ». C'est pour la morale
aussi que vaut la règle posée dans le Sermon sur la
montagne : « Je ne suis pas venu abroger la Loi et les
Prophètes, mais les accomplir » (Mt 5, 17). Ce problème
de l'*accomplissement* devra être repris à la fin de
l'enquête présente. Parcourons d'abord ses étapes essentielles, sous une forme brève qui voudrait seulement
ouvrir des perspectives de recherche[2].

---

2. Dans le cadre d'un bref article, on ne peut songer à appuyer
toutes les affirmations qu'on avance, en faisant appel à une bibliogra-

# 1. LE CADRE THÉOLOGIQUE DE LA MORALE

On hésite à parler ici d'un cadre « dogmatique », dans la mesure où le mot *dogme* projetterait sur l'Ancien Testament une forme de pensée qui n'a pris sa forme finale et son langage technique que dans l'ère chrétienne. Cette réserve étant faite, moins sur le fond des choses que sur la terminologie employée pour en parler, il faut reconnaître que, dans les livres de la Loi comme chez les prophètes, dans les psaumes comme chez les auteurs de Sagesse, la morale n'acquiert son sens que par son insertion dans l'*ensemble d'une foi* où l'existence concrète du peuple de Dieu trouve sa justification et sa structure. Résumons en quatre points ce cadre de la morale.

1.1. L'Ancien Orient connaissait la morale[3] sous la forme d'une *éthique sociale* qui passait le plus souvent par l'enseignement des Sages, systématisation de l'enseignement de tout père à ses enfants. Cet enseignement était-il religieusement neutre, en raison de son appel à la réflexion pratique et à l'expérience des générations ? Le prétendre serait méconnaître le climat religieux (ambigu mais réel) dans lequel se déroulait toute l'existence des hommes de ce temps, en Mésopotamie comme en Égypte, en Phénicie comme chez les Hittites ou les

---

phie abondante. Renvoyons une fois pour toutes aux exposés de la morale biblique qu'on trouve dans toutes les *Théologie de l'Ancien Testament*, soit sous une forme synthétique qui en rassemble les données, soit sous une forme analytique qui les répartit par livres ou par époques (voir les livres de W. EICHRODT, F. JACOB, P. VAN IMSCHOOT, G. VON RAD, etc.). J'ai donné quelques indications sur ce point dans *Sens chrétien de l'Ancien Testament*, Tournai-Paris, 1951, chap. IV (« L'Ancien Testament comme Loi »), mais il faudrait y ajouter les réflexions sur la « Présence du Christ dans l'Ancien Testament » (chap. III).

3. J'omets ici une bibliographie pourtant bien nécessaire. On se référera aux recueils des textes de l'ancien Orient qui fournissent la traduction des recueils sapientiaux et des lois, et aux études sur la religion et la pensée des Mésopotamiens, des Égyptiens, etc. L'originalité de l'Ancien Testament ne se dégage que dans le cadre d'un comparatisme qui reconnaît d'abord les ressemblances culturelles. Ce point est repris avec quelques détails dans l'étude : « Décalogue et morale chrétienne », p. 107-117, 127-141.

Grecs. Il arrivait que les préceptes de sagesse, qui englobaient d'ailleurs tous les domaines de l'existence, fussent mis explicitement sous la garde d'un dieu (par exemple, en Mésopotamie, sous la garde de Shamash, dieu du droit, s'il s'agissait du comportement social des hommes). La conception égyptienne du Jugement divin introduisait dans les protestations d'innocence transmises par le *Livre des morts* des préoccupations morales indéniables, entremêlées avec des interdits de toutes sortes.

L'innovation propre à l'Ancien Testament consiste, en premier lieu, à concentrer dans le Dieu unique, non point connu à partir de la nature, mais révélé aux Pères, à Moïse et aux prophètes, la totalité du « divin » que les cultes païens éparpillaient entre une multitude de Puissances plus ou moins identifiées avec les puissances cosmiques. Dans cette perspective nouvelle, où les valeurs positives de l'antique religiosité orientale sont reprises, mais changent de forme, l'antique morale des Sages se voit explicitement rattacher à la volonté du Dieu d'Israël, qui régit les mœurs des hommes comme il régit l'univers créé par lui. L'idée du *Règne de Dieu* constitue sur ce point l'horizon théologique sur lequel tout le reste se détache : quand le Nouveau Testament la reprendra, il ne fera que conduire le thème à son « accomplissement ». Du même coup, la morale revêt dans sa totalité un caractère proprement religieux : c'est en la mettant en pratique que l'homme reconnaîtra sa condition de créature. L'idée d'une morale purement rationnelle apparaît ici comme un non-sens. Encore faut-il préciser quelle forme prennent les rapports entre Dieu et les hommes dans la révélation, pour comprendre la place qu'y occupe la morale.

1.2. La forme de ces rapports est dévoilée par la *Berîth* (on traduit d'ordinaire : « alliance ») que Dieu a accordée à Israël. Je n'ai pas à discuter ici la date à laquelle remonte l'idée de la *Berîth* entre Dieu et Israël, les diverses formes culturelles qui ont servi à traduire cette idée et qui aident à en comprendre le contenu, le développement de cette idée depuis les anciennes traditions du Pentateuque jusqu'aux prophètes post-exiliens, la façon dont les historiens sacrés se sont emparés du thème pour en faire la clef de leurs narrations, l'origine du thème lui-même et la façon dont il reprend le patron des traités inégaux dont l'Ancien Orient nous a laissé un certain nombre d'exemples. Il suffit de remarquer que la *Berîth* (= alliance) évoque par elle-même une relation entre deux personnes, ou un chef et sa communauté (cf. 2 S 5,3), ou deux communautés représentées par leurs chefs. Relation « personnelle », peut-on dire en un sens large ; relation historiquement inaugurée par un acte déterminé, dont Dieu a pris ici l'initiative. Au plan social des alliances humaines, notamment dans le cadre des traités entre suzerains et vassaux, des conditions étaient imposées à l'inférieur, bien que, d'un certain point de vue, les deux contractants prissent des engagements, le suzerain promettant sa protection au vassal. Analogiquement, dans la *Berîth* accordée par Dieu à Israël, des conditions sont dictées au peuple protégé : c'est le sens même de la *Tôrah* (mot traduit habituellement par « Loi »). Mais tout repose finalement sur un type de relation qu'on pourrait définir en termes de *fidélité* : de la part de Dieu, cette fidélité ne saurait manquer ; de la part d'Israël, elle est la première exigence qu'il faut satisfaire. Du même coup, la structure d'alliance qui constitue l'« économie » de l'Ancien Testament contient en elle-même un appel à une certaine attitude fondamentale de l'homme envers Dieu : une fidélité répondant à une autre fidélité et devenant par là une foi ; un sentiment où s'entremêlent la crainte respectueuse et l'amour reconnaissant. On a reconnu la spiritualité du Deutéronome (cf. par exemple Dt 6, 2. 5. 13). La morale prend ainsi nécessairement la tonalité de cette spiritualité, parce qu'elle est la « morale de l'alliance[4] ».

1.3. Toutefois, il ne faut pas concevoir l'alliance en termes purement juridiques. Non seulement ses formulations explicites se superposent à d'autres séries de symboles qui font appel plus directement à l'affectivité

---

4. On peut signaler ici le petit livre de J. L'HOUR, *La morale de l'Alliance*, Paris, 1966 ; cf. A. BARUCQ « La notion d'alliance dans l'A.T. », dans les *Mélanges A. Ottaviani* (cités à la note 5), t. 1, p. 5-110 (avec une bibliographie du sujet).

humaine (comme la rèlation entre Père et enfants, à partir d'Ex 4, 22s., ou la relation entre Époux et épouse, à partir d'Os 1-3). Mais le fait de l'alliance est lui-même lié à la réalité d'une *promesse* divine, qui le précède et qui l'englobe[5]. Ici encore, on ne peut que s'en tenir à des généralités, pour rappeler l'importance de l'idée de promesse dans l'Ancien Testament (en dépit de l'absence de tout vocabulaire spécifique autre que le verbe « dire » ou le mot « parole »). La promesse de Dieu à Abraham, liée à sa vocation, précède la conclusion de l'alliance qui la scelle (Gn 12, 1-3 ; 15, 1-6) ; la foi du patriarche, en tant que réponse à la promesse et donc en tant qu'espérance, entraîne cette alliance qui dévoile à son bénéficiaire l'avenir indéfini sur lequel s'ouvre désormais l'histoire. Or, pour les rédacteurs des vieux récits, l'attitude d'Abraham, faite de foi et d'obéissance tout ensemble, reste l'attitude exemplaire sur laquelle doit se modeler celle de tous les croyants. La formulation de l'alliance sinaïtique elle-même comporte sa mesure de promesse : « Si... vous observez mon alliance, vous serez mon propre peuple parmi toutes les nations ; ... vous serez pour moi un royaume de prêtres et une nation sainte » (Ex 19, 5s). La loi n'acquiert son sens que dans ce cadre : elle est un don accordé par Dieu à son peuple pour permettre au dessein d'alliance de réussir et à la promesse de s'accomplir.

1.4. Quand on comprend la morale en fonction de cet ensemble de données, on s'aperçoit que non seulement elle est religieuse par essence mais qu'elle peut à bon droit être qualifiée de *théologale*. Elle n'a de sens en effet qu'à l'intérieur d'une relation entre Dieu et le peuple qu'il a choisi pour en faire le dépositaire de sa promesse et de son alliance, à l'intérieur d'un échange de fidélités où Dieu a naturellement l'initiative, mais où il appelle en retour les hommes à la foi, à l'espérance, à la

---

5. J'ai développé ailleurs ce point : *Sens chrétien de l'Ancien Testament*, chap. VI : « L'Ancien Testament comme promesse » ; cf. « Les promesses de Dieu à Israël », dans *Populus Dei : Studi in onore del Card. A. Ottaviani*, t. 1. Rome 1969, p. 237-273 (reproduit dans le recueil : *De la mort à la vie éternelle*, « Lectio Divina », n° 57, Paris 1971, p. 133-165).

crainte filiale et à l'amour. La prise de conscience des
exigences morales de Dieu pourra bien subir un développement avec le temps : comment s'en étonner, puisque
l'Ancien Testament sera précisément le lieu et le temps
d'une pédagogie divine ? La révélation ne porte pas en
premier lieu sur *le contenu de la loi morale,* mais sur *la
structure des relations entre Dieu et les hommes*, cadre
normal où le contenu de la loi morale se dévoilera progressivement. Encore faut-il remarquer qu'il ne se dévoilera pas sous la forme d'impératifs abstraits, de mieux en
mieux déduits à partir de principes généraux, mais en
fonction d'un rapport dramatique où le Dieu vivant
apparaîtra alternativement comme le Juge qui condamne
et le Père qui promet, le Maître qui châtie et le Sauveur
qui délivre. La compréhension de ses exigences sera
mesurée par les possibilités que laissera le déroulement
du drame. Il n'en est pas moins vrai que, dès le premier
instant, la vie théologale éveillée au cœur des hommes
par la Parole de Dieu entraîne l'obligation d'un *engagement* actif, pour répondre à cette Parole qui est venue
interpeller Israël et faire de lui l'acteur du dessein de
salut. C'est ici que va prendre place la notion biblique de
Loi.

## 2. LE CONTENU DE LA MORALE :
## LA LOI DE DIEU

Il paraît que la notion de Loi a actuellement mauvaise
presse, et que certains voudraient se débarrasser d'une
morale « légaliste » pour passer enfin à une morale digne
de l'Évangile. Plutôt que d'examiner les motivations,
tantôt sérieuses et tantôt ambiguës, qui peuvent être à la
source de cette contestation (pas toujours théologique
dans sa forme), il vaut mieux commencer par écarter
quelques équivoques qui pèsent ici sur la position du problème. Il sera possible ensuite de comprendre la notion
biblique de Loi, d'une part, dans son rapport à
l'alliance, et d'autre part, dans son rapport à l'enseignement de sagesse.

2.1. L'équivoque principale vient des contenus divers

que l'on peut mettre sous le mot *Loi*. Héritiers des légistes latins, nous l'entendons spontanément comme un terme à résonance juridique ; on verra plus loin si cette interprétation est exacte. Mais il y a plus. Dans la terminologie paulinienne et johannique, le même mot sert à désigner le *régime* sous lequel vivait le peuple juif avant le Christ, par opposition à la *grâce* qui caractérise le régime nouveau : « La Loi a été donnée par Moïse, mais la grâce et la vérité sont venues par Jésus-Christ » (Jn 1, 17) ; « Vous n'êtes plus sous la Loi, mais sous la grâce » (Rm 6, 14). Faut-il donc comprendre que la Loi en tant que telle est une réalité dépassée ? Il n'est guère douteux que Jean comme Paul s'en prennent ici à une *réduction* strictement juridique de l'économie inaugurée par Moïse, telle qu'on pouvait la rencontrer chez certains docteurs juifs de leur temps. Mais chez les mêmes auteurs comme dans la bouche de Jésus lui-même, le mot *commandement* reçoit au contraire une promotion singulière : Jésus[6] renvoie le riche notable aux commandements qu'il

---

6. Puisque certains attribuent à R. Bultmann le patronage d'une certaine « morale de situation », où l'inspiration présente se substituerait à une norme fixe et objective, je ne résiste pas à la tentation de citer ce texte significatif : « Pour Jésus, la valeur de la Loi va de soi. En effet l'homme trouve en elle l'expression de la volonté de Dieu et par le fait même la réponse à la question : "Que dois-je faire pour avoir la vie éternelle ?" — "Tu connais les commandements" (Mc 10, 17-19)... (Jésus) a-t-il *voulu* ou non abolit la Loi ? Il est tout à fait clair qu'il ne l'a *pas* voulu. On voit aussi clairement pourquoi il comprit la Loi comme l'expression de la volonté de Dieu et dans quels commandements il trouva la volonté de Dieu : dans les *exigences morales*. C'est à elle qu'il renvoie ceux qui l'interrogent sur le chemin de la vie, sur le plus grand commandement. » ...« Les grandes antithèses de Mt 5, 21-48 montrent clairement de quoi il s'agit : opposer au droit la véritable volonté de Dieu. Pour Jésus la tradition des scribes a un caractère juridique et elle a justement le défaut de se représenter la Loi de l'Ancien Testament comme un droit avec des prescriptions précises qu'on peut remplir par des œuvres correspondantes. A l'opposé, la Loi vétérotestamentaire a pour Jésus le caractère de l'authentique volonté de Dieu, qui n'exige pas de l'homme une obéissance limitée mais radicale, c'est-à-dire une obéissance qu'on ne peut pas comprendre comme une œuvre qui fonderait des titres » (cf. Lc 17, 7-10 ; Mt 20, 1-15) (trad. de A. MALET, dans *Foi et compréhension*, t. 1, Paris 1970, p. 215-217, dans un exposé sur « la Signification du Jésus historique pour la théologie de Paul », texte de 1929).

connaît bien (Lc 19, 20) et dont dépendent toute la Loi,
et les prophètes (Mt 22, 40). Paul professe que tous les
commandements se résument dans celui de l'amour du
prochain (Rm 13, 9), si bien que la charité (*agapè*) est
« l'accomplissement de la Loi » (13, 10). Quant à Jean,
il pose en principe que « l'amour de Dieu consiste à
observer ses commandements » (1 Jn 5,3) ; ceux-ci culmi-
nent bien sûr dans le commandement de l'amour, mais
l'amour comporte des exigences pratiques sans lesquelles
il ne serait pas authentique. Le contenu de la Loi comme
« commandement de Dieu » n'est donc aucunement sup-
primé ni amoindri. Ce qui est vrai, c'est qu'aucun
homme ne peut se targuer d'être juste aux yeux de Dieu
en mettant en avant son observation de la Loi (cf. déjà
Lc 18, 9-14). Cette observation même n'a de valeur que
comme fruit de la grâce. Mais ceci est une autre question. Retenons pour l'instant qu'on tricherait avec le
Nouveau Testament si on ne donnait pas sa juste place
aux commandements de Dieu.

2.2. Mais il faut justement se demander si la conception originelle de la *Tôrah* (= grec *Nomos*) avait le
caractère juridique qu'écarte le Nouveau Testament[7]. A
partir du moment où Esdras eut fixé la Tôrah pour
qu'elle serve de base au statut juridique que l'empire
reconnaissait au Judaïsme, il est exact que cette interprétation s'accentua, et la confrontation du Judaïsme avec le
droit romain ne put que la radicaliser. Mais était-ce le
cas aux origines ? Si l'on se fie au fait que la *Tôrah* était
alors la spécialité du prêtre (Jr 18, 18), on y verra de
préférence une « instruction », répondant avec l'autorité
divine aux questions posées par les besoins pratiques de
la vie. Si l'on se rappelle qu'elle prend place dans l'éco-

---

Certaines pages du livre sur *Jésus* sont certainement plus ambiguës, et
il n'est pas nécessaire d'être d'accord avec le théologien de Marburg
sur certaines de ses positions critiques ou de ses perspectives théologiques. Encore faut-il ne pas lui prêter des opinions contraires à ses
intentions ou à ses écrits.

7. Voir un développement rapide de ce point dans l'art. « Loi »,
*Vocabulaire de théologie biblique*, 2ᵉ éd., Paris 1970, col. 667-680.
Présentations élaborées de H. CAZELLES, art. « Loi israélite »,
*DBS*, t. 5, col. 497-530 ; *DBS*, « Le sens religieux de la Loi »,
dans les *Mélanges A. Ottaviani* (cité à la note 4), t. 1, p. 177-200.

nomie d'alliance comme énoncé des conditions posées
par Dieu à son peuple, on la comprendra essentiellement
comme « commandement » de Dieu (cf. le *Nouveau Testament*). Si l'on prend garde au caractère cultuel de certaines listes de commandements, qui indiquent les conditions à remplir pour pouvoir s'approcher du sanctuaire et
participer au culte (cf. Ps 15 ; 24, 3-6 ; 101 ; mais aussi
Ex 20, 1-17 et Dt 5, 6-21, les deux recensions du Décalogue), on s'apercevra que les commandements en question n'ont pas seulement pour but d'indiquer à l'homme
ce qu'il faut faire et éviter, mais de le mettre en état
d'entrer en communion avec Dieu. Si l'on examine de
près les diverses désignations qui reviennent avec cons-
tance dans les éloges de la Loi (Ps 19, 8-11 et 119), on se
rendra compte que toutes sont englobées dans l'idée
d'une *Parole* divine adressée à l'homme, aussi bien pour
lui tracer le juste chemin que pour lui en faire espérer le
terme. Dans ce cadre très large, il y a place bien sûr
pour le droit et les coutumes, parce que cet aspect social
de l'existence doit être ordonné lui aussi à la finalité du
dessein d'alliance. Mais l'idée directrice de l'ensemble
n'est pas d'abord juridique. Rien de plus symptomatique
à cet égard que les formulations deutéronomiques[8], où
l'observation des commandements apparaît comme la
façon pratique d'observer le premier d'entre eux, qui est
celui d'aimer Dieu (Dt 6, 4-6).

2.3. Le Deutéronome met d'ailleurs sur la voie d'une
interprétation toute différente, où l'énonciation des commandements apparaît comme le *don d'une sagesse* qui
fait entrer l'homme dans la proximité de Dieu : « Vous
les observerez et les mettrez en pratique, et ainsi votre
sagesse et votre intelligence apparaîtront aux yeux des
peuples qui entendront parler de toutes ces lois... Car
quelle est la nation puissante dont les dieux soient aussi
proches d'elle que l'est Yahvé notre Dieu chaque fois
que nous l'invoquons ? » (Dt 4, 6s). Plus qu'un suzerain

---

8. On trouvera une analyse précise des formulations deutéronomiques dans l'enquête de N. LOHFINK, *Das Hauptgebot. Eine Untersu-
chung literarischer Einleitungsfragen zu Dtn 5-11*, Rome 1963.

devant ses vassaux, Dieu est donc un maître de sagesse [9]
qui instruit ses disciples — ses fils — pour leur enseigner
la véritable réussite de l'existence, et cette réussite n'est
autre que l'entrée en communion avec lui. De fait, les
commandements de forme « apodictique » (« Fais
ceci... », « Tu ne feras pas cela... », etc.) ressemblent
étonnamment au style des maximes de sagesse cultivées
dans l'Ancien Orient. C'est bien pourquoi cette sagesse,
fondée sur l'expérience réfléchie et gardienne de
l'éthique, a pu être assumée progressivement par la révélation de l'Ancien Testament, moyennant des retouches
de détail et surtout une révision fondamentale : elle ne
pouvait prendre sens désormais que comme *expression de
la volonté de Dieu* sur l'homme, sa créature. La polémique indirecte de l'historien yahviste (Gn 3) contre une
fausse sagesse humaine, qui prétendrait s'arroger la
« connaissance du Bien et du Mal » en tous ordres de
choses indépendamment de la révélation donnée par
Dieu, montre que l'idée était ancienne.

La confrontation de la tradition d'Israël avec l'humanisme oriental (égyptien ou phénicien), inaugurée à
l'époque salomonienne, a soulevé dès cette haute époque
le problème des cultures séculières (ou liées à des cultes
païens), sous la forme de cette sagesse pratique qui prélu-
dait alors à la philosophie. En fait, la pénétration progressive d'un esprit nouveau dans la réflexion des Sages
permit finalement d'utiliser beaucoup de matériaux
d'emprunt pour formuler une sagesse proprement israélite, prise en charge par des écrivains inspirés. Au terme,
chez le Siracide ou dans le livre de la Sagesse, on constate que l'assimilation est terminée : la tradition de
sagesse est devenue le moyen pédagogique par lequel
passe l'antique esprit de la Tôrah et des prophètes (cf.
Si 24, 23-34). Ce fait est important, car il montre à
quelles conditions l'expression de la morale chrétienne
peut faire librement usage des sagesses et des philosophies les plus diverses : la mise en garde de Gn 3 doit
rester à l'horizon ; la référence aux « commandements »

9. Cf. J. MALFROY, « Sagesse et Loi dans le Deutéronome », *VT*,
15 (1965), p. 49-65.

de Dieu doit demeurer la pierre de touche de la sagesse
véritable ; mais celle-ci peut être reconnue partout où la
norme divine est effectivement respectée. Son intégration
dans un cadre nouveau en transforme les éléments de
fond en comble. Quand les théologiens chrétiens, dès
l'époque patristique, emprunteront des tranches entières
de philosophie morale aux philosophes grecs ou latins, ils
ne feront pas une opération différente de celle-là. Réussi-
ront-ils toujours à éviter ses dangers ? C'est une autre
affaire. Il suffisait pour l'instant de marquer les conditions de sa validité.

2.4. Il est impossible d'entrer ici dans le détail des
prescriptions morales que comporte la Loi divine ainsi
conçue. D'une part, il faudrait opérer une décantation
qui les mette à part des réglementations cultuelles et des
éléments de droit positif avec lesquelles elles s'entremêlent fréquemment ; il faudrait aussi montrer comment le
droit positif a lui-même un soubassement moral dans la
justice[10], la loyauté et les autres dispositions nécessaires à
la vie en société, qu'il a pour but de promouvoir en
fonction des circonstances pratiques (cf. Jr 5, 1) : il
suffit de songer, par exemple, aux règles posées dans
Ex 22, 21-27 ou Dt 23, 19 s ; 24, 10-22. D'autre part, il
faudrait glaner des éléments relatifs au problème ainsi
posé dans la plupart des livres qui, sous ce rapport,
orchestrent à leur façon les « commandements » de la
Tôrah. Qu'on lise seulement Tb 4, 3-19. Faut-il rappeler
que le livre du Siracide doit son nom d'« Ecclésiastique »
à l'usage qui en fut fait à l'époque patristique pour l'instruction morale des catéchumènes chrétiens ?

Il est vrai que nombre d'applications pratiques ainsi
proposées sont relatives à un milieu économique et social
et à un stade culturel qui ne sont plus exactement les
nôtres. Mais cela retire-t-il quelque chose à la force des
*principes directeurs* auxquels sont rattachées les dispositions de détail ? Par exemple le *précepte* de la générosité
envers les pauvres (Dt 15, 4-11) ne peut faire oublier
l'idéal sur lequel il se détache : celui d'un peuple où il

---

10. Signalons le bon exposé de E. BEAUCAMP, « La justice en
Israël », *Mélanges A. Ottaviani* (note 4), t. 1, p. 201-235.

n'y aurait pas de pauvres (Dt 15, 4). On peut douter
que, chez les moralistes chrétiens du XIXᵉ siècle, la présentation des devoirs en matière de justice commutative
ait gardé conscience de cet horizon-là. Or, l'Évangile l'a-
t-il aboli, ou amené à son « accomplissement » ? Peut-on
se réclamer de la morale chrétienne, si on ne le prend
pas au sérieux ? La différence des structures économiques peut-elle être invoquée comme excuse ? Et si l'on
manque à ce devoir, ne peut-on craindre que le principe
soit repris en charge par des idéologies qui ne mettront
plus à sa juste place cette « idée chrétienne devenue
folle » ? Ne sait-on pas que la première communauté
chrétienne de Jérusalem eut conscience de la validité que
conservait un idéal qui met en acte le principe de la
« communion humaine » (Ac 5, 34 s) ? Il y aurait donc
lieu de relire *tout* l'Ancien Testament pour voir émerger
une éthique, individuelle et sociale, dont nous aurions
encore beaucoup à apprendre. La mutation profonde
apportée par l'Évangile ne lui donnerait que plus de
force et de prix. Malheureusement, les moralistes
modernes semblent souvent embarrassés par ces textes,
en raison des mutations intervenues depuis lors dans les
structures sociales et dans la culture. Inversement, ceux
qui y font appel dans les perspectives ouvertes par la
« théologie de la libération » oublient qu'un autre changement radical est intervenu dans la structure de la
« communauté de salut » : l'Église ne comporte pas,
comme Israël, une intégration *totale* de la société temporelle et de la société religieuse. L'éthique chrétienne doit
chercher une voie entre ces deux lectures — également
insuffisantes — de l'Écriture.


## 3. LE SUJET DE LA MORALE :
## L'ANTHROPOLOGIE BIBLIQUE

Il n'est pas nécessaire d'examiner ici tous les aspects
de l'anthropologie biblique, mais seulement ceux qui ont
un rapport direct avec le comportement moral, notamment la conception de la liberté humaine, la situation

respective de la communauté et des individus, et finalement le problème de la conscience morale.

3.1. La conception biblique de la liberté humaine n'est
expliquée dans aucun exposé spéculatif. Mais on trouve
dans les textes quelque chose de plus important. Si les
conditions concrètes dans lesquelles cette liberté est
exercée ne donnent lieu à aucune analyse psychologique,
sa réalité et son sens font l'objet d'affirmations précises.
Il ne s'agit pas de préciser *par rapport à quoi* l'homme
est libre (liberté-de), mais *en vue de quoi* il l'est (liberté-
pour). Créé « à l'image de Dieu », il n'a pas seulement
reçu du Créateur une fonction par rapport au reste de la
création (cf. Gn 1, 27 s ; 2, 19). Il est une personne qui
constitue, pour Dieu lui-même, le partenaire d'un dialogue. Ce qui le définit comme homme et le distingue des
animaux dont il a la maîtrise, c'est justement *cette capacité de relation à Dieu*, et de relation consciente qui
n'englobe pas seulement les actes de prière mais aussi
tout le comportement moral. La scène symbolique[11] de
Gn 2-3 est, sous ce rapport, très significative. Le fait
même que Dieu donne à l'homme un ordre précis, dont
l'observation conditionne son destin ultérieur (Gn 2,
16 s), le fait que cet ordre concerne l'appréciation concrète de ce qui est pour lui bon et mauvais (ce qui est
une opération de sagesse), le fait que le commandement
divin puisse seul déterminer le bien et le mal de l'homme
mais que celui-ci ait à opérer un choix impossible à
décliner, le fait enfin que le choix mauvais de l'homme
entraîne sa condamnation (Gn 3, 16-19), tout cela montre
que Dieu le traite en personne responsable.

L'exercice de cette responsabilité ne concerne pas
d'abord son attitude *à l'égard de la création* qui l'entoure
(il peut « manger de tous les arbres du Jardin » !), mais
son attitude *devant Dieu*, l'accueil ou le refus qu'il opère
quand il est mis devant sa Parole. Celle-ci n'est pas considérée dans les déterminations pratiques que constituent

---

11. J'ai esquissé un commentaire de ces chapitres dans mes
*Réflexions sur le problème du péché originel,* Tournai-Paris 1968,
p. 31-69, et dans *Péché originel et rédemption examinés à partir de
l'épître aux Romains,* Tournai-Paris 1973, p. 114-154.

les divers commandements, mais dans cette réalité plus fondamentale qui est l'existence même du commandement : l'homme accepte-t-il sa condition de créature, ou veut-il « devenir comme des dieux » (Gn 3, 5) ? Ainsi comprise, la liberté *morale* comporte, dans son essence même, une dimension *spirituelle et religieuse.* Dieu ne crée l'homme libre que pour prendre sa liberté au sérieux. Le sens qu'il donnera à ses actes, en prenant position par rapport au dessein de Dieu dans lequel il est appelé à entrer, fait de cette liberté une activité « créatrice », — pour le meilleur ou pour le pire ! Partout où Dieu *parlera* à l'homme — dans la Tôrah, chez les prophètes et chez les Sages, on retrouvera ce même sens de la liberté, d'autant mieux mise en acte que l'homme écoute la Parole par laquelle Dieu l'éclaire sur son véritable Bien. Dans cette perspective, l'existence de la Loi est constitutive de la liberté elle-même. Les psychanalystes de l'école freudienne nous rappelleraient à ce propos que la personnalité de l'homme adulte ne se forme que grâce à la reconnaissance et à l'intégration de ce qu'ils nomment « la Loi du Père ». L'analogie est éclairante : le Moi spirituel ne se forme aussi que par la reconnaissance de la Loi de Dieu qui s'impose à l'agir moral de l'homme[12].

3.2. Le péché-type du Jardin d'Éden n'est pas le fait d'un *individu isolé.* Il prend place dans le cadre, dialogal lui aussi, du *rapport social fondamental* entre l'homme et la femme (Gn 3, 6). Du même coup, ce rapport se corrompt : au lieu de l'« aide semblable à lui » (Gn 2, 18), l'homme a trouvé dans la femme sa tentatrice. En conséquence, leur relation mutuelle se fera désormais sur la base du désir et de la domination (Gn 3, 16 b). Voilà posées les fondations du drame humain dans sa dimension sociale. Il reste vrai que la femme a cédé la première à la séduction (3, 13) et au désir (3, 6), et que l'homme a dû prendre sa décision personnelle pour manger du Fruit à son tour. Mais les deux libertés se sont rejointes pour accomplir en commun le péché. La

---

12. Voir notamment A. VERGOTE, *Psychologie religieuse,* Bruxelles 1966, p. 193-196 ; cf. *Péché originel et rédemption,* p. 156-185.

situation même des personnes humaines, qui n'existent que dans une communauté, donne au problème du péché *un caractère à la fois individuel et social*. En fait, c'est tout le comportement moral de l'homme qui comporte cette double dimension. Même si l'on voit, aux étapes successives de l'Ancien Testament, l'individu émerger progressivement du groupe et sa responsabilité s'affirmer davantage à propos du problème de la rétribution (cf. Jr 31, 29 ; Ez 18), la morale n'est jamais individualiste.

Si l'homme est, de par sa création, un être social, un être de dialogue, on comprend que son attitude à l'égard d'autrui, à l'égard de la communauté qu'il doit contribuer à construire, soit significative par rapport à son attitude envers Dieu lui-même[13]. De là l'importance capitale donnée aux comportements et aux péchés sociaux. Mais la société comme telle est soumise aux mêmes risques de péché et de corruption : péché symbolique de la génération du Déluge, dont Noé se désolidarise (Gn 6, 5-8) ; péché de Babel où l'on voit l'humanité s'établir dans une solidarité déchirée (Gn 11, 1-9). D'un bout à l'autre de l'Ancien Testament, ces deux aspects de la moralité se retrouveront, soit pour déterminer la matière des commandements, soit pour montrer l'imbrication des responsabilités dans l'évolution historique des hommes et leur situation devant Dieu. D'une part, c'est en corps constitué que les hommes sont appelés à devenir le peuple de Dieu, à « remplir la terre et à la soumettre » (Gn 1, 28) : aucun d'eux ne saurait décliner cette vocation collective[14]. Mais son caractère collectif comporte précisément

---

13. Ce qui ne veut pas dire que son attitude à l'égard de Dieu soit *réductible* à son attitude à l'égard du prochain. On observe à l'heure actuelle une tendance à séculariser en quelque sorte cet aspect de la morale chrétienne (et biblique) pour n'en conserver que la dimension horizontale, en laissant tomber sa dimension verticale. C'est revenir au moralisme abstrait d'une éthique de la solidarité, en retirant à l'amour chrétien du prochain cette clef de voûte qu'est le rapport de l'homme (individu et société) à Dieu qui le crée et le sauve. C'est ôter du même coup au sens social retrouvé le dynamisme de grâce qui peut seul le sauver des périls qui guettent tous les aspects de la vie dans l'humanité pécheresse.

14. Il est affligeant de constater que certains chrétiens croient devoir emprunter au Marxisme son projet d'« humanisation de la

le risque de masquer la responsabilité personnelle et, à la
limite, d'entraîner les individus dans un choix contraire à
leur vocation : nul ne peut s'en remettre sur ce point au
groupe dont il est membre, car chacun doit finalement
répondre de ses propres choix. Il ne peut y avoir ni
morale individualiste, ni simple éthique sociale : les deux
bouts de la chaîne doivent être également tenus.

3.3. Enfin on peut se demander de quelle façon la Loi
de Dieu parvient à la connaissance de l'homme. Peut-on
parler d'une « loi naturelle » qui serait distinguée de la
« loi révélée » ? d'un exercice de la « conscience
morale » qui serait indépendant de la foi à la Parole de
Dieu ? Le langage de l'Ancien Testament ignore ces sub-
tilités, même si les distinctions correspondantes sont fon-
dées. Tout homme existe *devant Dieu*. C'est devant Dieu
qu'il acquiert une connaissance de la moralité de ses
actes, déterminée par une règle objective qui n'est pas sa
raison à lui mais la sagesse de son Créateur. C'est pour
cela qu'il doit répondre devant Dieu de ceux qui viole-
raient cette règle objective, soit qu'il participe avec Israël
à la grâce de la révélation qui apporte avec elle la Tôrah,
soit qu'il se trouve en dehors de cette disposition divine.
Comment expliquer autrement le jugement de la génération du Déluge (Gn 6), de Sodome et Gomorre (Gn 18 s),
des peuples étrangers dénoncés par Amos (1,3 — 2,3), de
l'Assyrie (Is 10, 5 s) ou de Babylone (Is 13), etc. ? Les
péchés dénoncés dans tous ces cas vont directement
contre les règles inscrites par Dieu dans l'être de
l'homme qu'il a créé et normalement sensibles à son
jugement moral spontané.

Dans cette perspective précise, on peut effectivement

---

terre », comme si ce principe n'apparaissait pas comme un des aspects
de la vocation de l'homme dès les premières pages de la Genèse. Mais
il est heureux de penser que la stimulation du marxisme peut faire
redécouvrir aux théologiens des éléments de la doctrine biblique la
plus traditionnelle qu'ils avaient peut-être perdus de vue, faute de
construire assez leur théologie « à partir de l'Écriture » ? Quant à
reprendre sur le fond l'étude de cette question, il y faudrait un livre
entier. On ne se débarrasse pas du Marxisme (ou *des* Marxismes) en
un tour de main, sans examiner pour eux-mêmes les problèmes
d'éthique sociale et politique auxquels il(s) touche(nt) à juste titre.

parler de la « nature » humaine (comme expression de la
volonté du Créateur) et de la « conscience » (comme
compréhension instinctive de cette volonté). Ces mots ne
sont pas dans l'Ancien Testament, mais les choses s'y
trouvent [15]. Saint Paul empruntera les mots au vocabulaire de la philosophie grecque, en y mettant le contenu
qu'on vient d'essayer de définir. Mais il reste que le contenu de cette Loi « naturelle » est maintenant intégré
dans la Tôrah, et que les indications de cette
« conscience » sont intégrées à la connaissance des commandements qu'apporte la foi à la Parole de Dieu. Le
problème n'est pas de savoir ce que la révélation ajoute à
ces indications fondamentales, et au besoin comment elle
les rectifie, mais de savoir comment elle en dévoile le
sens, et comment ceux qui les accueillent s'ouvrent,
même sans le savoir, à la volonté de Dieu.

## 4. LA QUALIFICATION RELIGIEUSE DES ACTES HUMAINS

Il faut éclaircir maintenant trois notions qui, dans
l'Ancien Testament, sont en rapport étroit avec l'activité
morale de l'homme : celle du péché, celle du jugement de
Dieu et celle du salut. La première est relative à la valeur
des actes, les deux autres, à leurs conséquences pour
l'homme.

4.1. Apprécier la valeur des actes humains en recourant simplement aux catégories de Bien et de Mal, c'est
rester au plan d'une qualification abstraite qui n'est
certes pas fausse, mais qui demeure ambiguë. Car en
vertu de quoi les actes sont-ils appréciés comme bons ou
mauvais ? Si ce verdict passe nécessairement par la conscience, à quoi se réfère celle-ci pour constituer son
échelle des valeurs ? A l'utilité sociale ? aux impératifs
de la raison ? à la sagesse léguée par une tradition
humaine ? aux exigences d'une idéologie ? En fait, il

---

15. Cf. mon exposé sur « la Notion de nature en théologie
morale », *Supplément de la Vie Spirituelle* n° 81 (1967), p. 208-229
(reproduit *infra*, p. 39-65).

peut y avoir de tout cela dans les appréciations concrètes que portent les consciences individuelles. L'idée d'une *faute* commise présente la même ambiguïté : faute contre qui ou contre quoi ? Ainsi l'aspect psychologique du sentiment du *péché* a besoin d'une clarification[16]. Même sa qualification religieuse peut manquer de netteté : l'ancien Orient connaissait une certaine idée du péché involontaire ou du péché par ignorance, dû à la simple violation d'un interdit matériel porté par les dieux. L'Ancien Testament en a longtemps gardé des traces.

Les innovations qu'il introduit dans cette question portent sur deux points. En premier lieu, le péché a un contenu objectif déterminé par la *Loi* qu'il viole. Mais cette Loi a un caractère personnel en tant que Loi *de Dieu*. Pécher, c'est se dresser dans un acte concret contre la volonté de Dieu, c'est désobéir à sa Parole. Or, cette Parole ne peut être ni modifiée ni inventée par l'homme lui-même : elle existe indépendamment de lui et avant lui. Il lui est demandé de la reconnaître : c'est là un des aspects de cette « connaissance de Dieu » qui figure au nombre des dispositions fondamentales requises de l'homme[17] (cf. Os 6, 3). En second lieu, le rapport de la Loi à la sagesse et à la volonté du Dieu personnel fait de tout choix moral une option par rapport à Dieu lui-même, un acte de contenu religieux et « spirituel » (au sens actuel de ce terme). Tout péché est un épisode dramatique dans les relations entre Dieu et l'homme (ou la communauté) qu'il a appelé(e) à entrer en rapport d'alliance avec lui. Ici se retrouve tout ce qui a été dit

---

16. Voir : « Théologie biblique du péché », *Supplément de la Vie Spirituelle*, n° 61, (1962), p. 203-221, avec une Bibliographie (reproduit dans le recueil : *De la mort à la vie éternelle*, p. 13-50) ; E. BEAUCAMP, art. « Péché dans l'Ancien Testament », *DBS*, t. 7, col. 407-471.

17. Osée regroupe en plusieurs passages un certain nombre d'attitudes spirituelles qui caractérisent l'homme fidèle (cf. Os 2, 21-22 : les dons de la nouvelle alliance ; 4, 2 : les vertus qui manquent à Israël ; 6, 6 : les vertus que Dieu attend des hommes). Peut-on suggérer que ce vocabulaire, difficilement superposable aux mots du grec, du latin, du français, ou des autres langues occidentales, serait aussi suggestif pour classer les « vertus » chrétiennes que celui des philosophes de la Grèce ancienne ?

plus haut au sujet de la liberté humaine. Le péché est le
drame du choix, dont le péché d'Adam constitue le pro-
totype, l'entreprise blasphématoire de la fausse sagesse
qui « appelle Bien le Mal, et Mal le Bien » (Is 5, 20).
C'est par là que le péché trouve sa gravité véritable, dans
la mesure même où l'homme s'engage en connaissance de
cause dans cette voie sans issue.

4.2. En effet, le rapport de la créature au Créateur,
auquel Dieu veut donner forme d'alliance (ou de relation
d'enfant à Père, d'épouse à Époux) ; se trouve radicalement inversé. Non parce que Dieu changerait ses dispositions fondamentales à l'égard des hommes, mais parce
qu'il y a incompatibilité entre le Mal et lui, et parce que
l'homme qui se fixe dans le Mal se met dans une situation d'hostilité à son égard. Alors s'ouvre à lui une perspective de *Jugement*[18]. Le thème du Jugement divin tra-
verse tout l'Ancien Testament. Il fournit une interprétation religieuse à l'aspect de malheur que comporte l'histoire humaine. Il se relie étroitement à l'économie
d'alliance, où les promesses divines sont toujours condi-
tionnelles (cf. Ex 23, 20-33 ; Lv 26 ; Dt 28). S'il semble
donner à Dieu une allure sévère dont les lecteurs
modernes s'étonnent, il ne faut pas oublier que le Jugement de Dieu n'est que l'exercice de sa Justice (toute
orientée vers le bien et le bonheur des hommes) envers
ceux qui se mettent en situation d'hostilité à son égard :
ceux-là ne peuvent le découvrir que sous l'aspect de la
Colère.

Car le Jugement ne se dévoile que dans le cadre d'un
dessein général qui vise le *Salut* des hommes, et même en
fait l'objet d'une promesse[19]. Le problème n'est pas de
savoir si Dieu est un Père dont la Promesse ouvre un
avenir à ses enfants, mais de savoir comment ceux-ci
pourront s'ouvrir à cet avenir, étant donné la profondeur
de leur corruption morale et spirituelle. Ce problème sert

---

18. Cf. *Sens chrétien de l'Ancien Testament*, p. 353-355, cf. 306-
309 (avec bibliographie renvoyant aux Théologies de l'A.T., au *DBS*,
art. « Jugement », et au *TWNT*, art. « Krinô »).

19. *Ibid.*, p. 355-361 et 369-388 (avec une bibliographie, à laquelle
il faudrait ajouter l'art. « Sôizô », *TWNT*, t. 7, p. 970-981.

de toile de fond à la prédication prophétique. Or, les
prophètes ne sont pas seulement des annonciateurs du
Jugement qui vient, mais des annonciateurs de Salut qui
donnent aux promesses divines une forme nouvelle : non
seulement Dieu ne cesse pas d'aimer ses enfants coupables, son épouse adultère, mais il ne fera advenir le Jugement que pour provoquer une conversion ; plus même,
c'est lui qui, par grâce, *rendra les hommes capables de
cette conversion et mettra dans leur cœur l'attitude qu'il
attend d'eux.* Cette promesse de grâce, qui vise directement l'objet même de l'Évangile, est au centre de
l'eschatologie prophétique (cf. Os 2, 16-26 ; Jr 31, 31-34;
Ez 36, 23-27).

4.3. La perspective ainsi ouverte, bien qu'elle
débouche sur un avenir indéterminé qui constitue l'eschatologie, ne modifie pas le problème fondamental du
choix moral et spirituel qui s'impose à tout homme *hic et
nunc.* Dieu promet à Israël d'inscrire un jour sa Loi dans
le cœur des hommes (Jr 31, 33), mais il n'en continue
pas moins à presser Israël de l'aimer « de tout son
cœur » et d'avoir ses commandements « dans le cœur »
(Dt 6, 4 s). Cela laisse entendre que, si la venue de la
nouvelle alliance est reportée jusqu'à l'Événement futur
qui mettra un terme aux temps préparatoires, la grâce
attachée à cette nouvelle alliance est déjà à l'œuvre pour
opérer le retournement des cœurs, qui fait l'objet d'une
promesse en même temps que d'un ordre. C'est donc
dans le présent que tout homme, dès l'époque de
l'Ancien Testament, est appelé à opérer un choix pratique, à prendre une décision intérieure, qui n'a pas pour
seul objet la *Loi* révélée par Dieu, mais la *grâce* offerte.
Tout exercice de l'activité morale comporte ainsi un
aspect d'*option*, non seulement vis-à-vis de Dieu comme
auteur de la Loi, mais vis-à-vis de Dieu comme auteur de
la grâce et donateur de l'Esprit (Ez 36, 27). L'homme a
le redoutable pouvoir de refuser la grâce, en s'endurcis-
sant dans le Mal. Mais il a aussi la possibilité de s'ouvrir
à elle et d'intégrer si bien la Loi divine à son être intérieur qu'il y trouve la source même de sa joie : le
Psaume 119, bien loin d'être le témoin d'un légalisme
dépassé, est au contraire le vivant exemple de cette spiri-

tualité qui anticipe directement sur celle du christianisme, et qui donne à l'activité morale son statut propre en l'intégrant au dialogue de l'homme avec Dieu[20].

## 5. MOTIF ET FINALITÉ DE L'ACTION MORALE

Il faut examiner enfin le problème des motifs que propose l'Ancien Testament à l'activité morale de l'homme. En gros, on pourrait le poser sous la forme d'un dilemme : l'homme doit-il accomplir la volonté de Dieu en vue de la récompense qu'il en escompte, ou en raison des sentiments qu'il nourrit envers lui ? Ce problème est classique chez les philosophes, qui tentent d'assigner à la morale chrétienne (ou juive avant elle) une place dans leurs classifications : morale de l'*intérêt* tournée vers l'au-delà ? morale de *crainte*, fondée sur la peur du Jugement, ou simplement sur l'autorité indiscutable de la Loi ? morale du *sentiment*, où l'amour de Dieu joue un rôle qui s'affirmera davantage dans le Nouveau Testament ? morale de l'*altruisme*, où le respect et l'amour du prochain absorbent tous les autres commandements ? Dès l'Ancien Testament, ce type de classification s'avère impraticable. Il faut renverser la question et se demander à quoi répondent les motivations humaines, *dans le contexte religieux* où elles se situent désormais. Morale du Règne de Dieu, morale de l'alliance, morale de l'amour : ces trois aspects s'enchevêtrent partout inextricablement, car c'est la relation complexe entre Dieu et les hommes qui détermine la forme de leur attitude envers lui.

5.1. Morale du *Règne de Dieu* : l'homme ne peut s'engager à juste titre dans ses choix moraux sans reconnaître sa situation de créature. C'est en fonction d'elle qu'il reconnaît du même coup l'autorité de la Parole que

---

20. Faut-il préciser que cette intégration de la Loi dans le cœur de l'homme constitue, dans l'Ancien Testament, une anticipation concrète du Nouveau, tel que le décrivent des textes comme Rm 5, 5 ou 8, 1-17 ? Cf. *Sens chrétien de l'A.T.*, p. 139-165. Ce point sera repris plus loin (p. 255-258).

Dieu lui adresse, parce qu'elle ne lui est pas extérieure, mais qu'elle est au contraire constitutive de son être. Toutefois le Règne de Dieu a pris forme dans son *dessein d'alliance*, qui comporte un aspect de *promesse*. Dès lors la relation entre l'homme et lui n'apparaît plus seulement comme celle du sujet au Maître, mais celle de l'enfant à son Père, de l'épouse à son Époux ; elle inclut une communion avec Dieu qui constitue le Bien essentiel de l'homme, au-delà des réalités terrestres dont il a reçu en principe la maîtrise. De ce seul point de vue, les motifs de crainte[21] filiale et d'amour, mis en avant par le Deutéronome (Dt 6, 1-5) pour inculquer l'observation des commandements, prennent le pas sur tout le reste. Mais avec la révélation prophétique, il s'y ajoute la découverte de Dieu dans sa pitié pour les pécheurs et son *amour rédempteur*. Les motivations précédentes vont donc se doubler désormais, non seulement d'une humble reconnaissance, mais d'un effort pour répondre « de tout son cœur et de toute son âme » à l'amour ainsi dévoilé. Les échos des promesses prophétiques que l'on retrouve dans les psaumes montrent que la spiritualité juive a eu conscience de cela dès l'Ancien Testament (voir par exemple le Ps 51 ou le Ps 119). Une affectivité spirituelle toute tournée vers Dieu, intégrant à ce titre toutes les exigences de sa Loi mais exprimant une confiance absolue en ses promesses, devient ainsi le moteur de la vie morale.

5.2. Le *problème de la rétribution* attendue se situe dans ce cadre général. Car ce serait un manque de foi que de ne pas attendre de Dieu l'accomplissement de ses promesses. Ici cependant, les hommes de l'Ancien Testament ont dû traverser plusieurs crises douloureuses avant de voir ce problème s'éclairer, exclusivement dans une

---

21. L'idée de crainte n'a d'ailleurs pas le sens que lui donne saint Augustin dans un texte célèbre qui oppose les deux Testaments comme « loi de crainte » et « loi d'amour » ; voir sur ce point l'enquête suggestive de L. DEROUSSEAUX, *La crainte de Dieu dans l'Ancien Testament*, coll. « Lectio Divina », n° 63, Paris 1970. Quant à la communion avec Dieu comme objet premier des promesses divines, voir mon exposé dans *Concilium*, n° 40 (1968), p. 11-21 (repris dans le recueil : *De la mort à la vie éternelle*, p. 167-180).

perspective d'espérance eschatologique[22]. Il a fallu que
l'expérience de la ruine nationale, comprise comme l'exé-
cution du Jugement divin, fasse dépasser les perspectives
d'une réussite temporelle d'Israël, où le sort des individus s'éclipsait devant celui de la communauté : c'est
Jérémie et Ézéchiel qui posent alors fermement le principe de la rétribution individuelle (Jn 31, 29 s. ; Ez 18).
Il a fallu les déceptions de l'époque perse, pour que,
dans une communauté sincèrement convertie, le principe
de la rétribution terrestre apparaisse comme une impasse
(Job et l'Ecclésiaste), tandis que les psalmistes décou-
vraient progressivement dans la vie avec Dieu le souverain Bien qui fait l'objet essentiel de l'espérance (cf.
notamment Ps 16 et 73). Il a fallu l'expérience du martyre, de la mort par fidélité à la foi au temps de la persécution grecque (169-164), pour que le livre de Daniel
laisse entrevoir la résurrection des morts, appelés à béné-
ficier eux aussi du « monde à venir » (Dn 12, 1-4). Cette
forme nouvelle de l'espérance, tard venue dans l'Ancien
Testament et toujours étroitement reliée à l'eschatologie
collective, se retrouve dans le livre alexandrin de la
Sagesse (Sg 2-5).

Mais l'horizon d'espérance ainsi dévoilé comme le dernier développement des promesses de Dieu à son peuple,
laisse intact tout l'acquis précédent. Si la vie avec Dieu
au-delà du temps peut faire l'objet d'une attente con-
fiante, c'est parce que dès ici-bas cette vie avec Dieu est
commencée dans le cœur de ceux qui croient, qui ont sa
Loi dans le cœur, et qui trouvent leur joie dans l'accomplissement de ses commandements. Peut-être faudrait-il

---

22. Ce point est exposé dans toutes les *Théologies de l'Ancien Tes-*
*tament*. Il est traité en détail par R. MARTIN-ACHARD, *De la mort à*
*la résurrection dans l'Ancien Testament*, Neuchâtel-Paris, 1956 (mais
les développements apportés par la Sagesse alexandrine ne sont pas
analysés pour eux-mêmes). J'ai abordé ailleurs ces thèmes, qui sont
latéraux par rapport au problème de la morale : « La révélation du
bonheur dans l'Ancien Testament », *Lumière et Vie*, n° 52, 1961,
p. 5-35 ; « L'eschatologie de la Sagesse et les apocalypses juives »,
« *A la rencontre de Dieu* » (Mémorial A. Gelin), Le Puy-Lyon 1961,
p. 165-178. Ces deux exposés sont repris dans *De la mort à la vie*
*éternelle,* p. 103-131 et 187-199.

insister ici sur le fait que l'espérance de la résurrection et de la vie éternelle a pris forme, comme message de Dieu, au temps où les fidèles se virent acculer au martyre, c'est-à-dire de la mort acceptée comme suprême témoignage de la fidélité envers Dieu (cf. Dn 3, 16-18 ; 6, 21-24; 11, 33 ; 12, 13 ; Sg 3, 1-9; 4, 7-17 ; 5, 1-5. 15-16). Aucun moraliste n'a jamais été dispensé d'affronter le problème de la mort. Dans l'Ancien Testament, c'est l'expérience de la communion avec Dieu dans la vie de foi qui a permis aux croyants de l'affronter en face[23] ; alors la Parole de Dieu leur a permis d'espérer que cette expérience intérieure, momentanément brisée par la mort, se renouerait dans le « monde à venir » annoncé par les prophètes. Même l'espoir d'une rétribution dans l'au-delà doit être ainsi rattaché aux motifs fondamentaux de la vie théologale décrite ci-dessus.

## CONCLUSION

On n'oubliera pas que, dans aucun domaine, l'Ancien Testament ne nous offre une révélation complète de Dieu, de ses desseins, de la manière dont il faut y répondre. La morale ne fait pas exception. C'est sur tous les points que la venue du Christ a apporté avec elle ce qu'Origène appelait la « mutation des Écritures ». La théologie chrétienne ne peut donc se fonder sur lui qu'à condition de le traiter en « Écriture accomplie » et de chercher dans le mystère du Christ le principe de son interprétation [24]. La complexité même de son contenu, où la Tôrah (elle-même diverse) côtoyait les promesses eschatologiques des prophètes, entraînait des risques incontestables, depuis le juridisme excessif jusqu'aux rêves apocalyptiques les plus terre-à-terre et les plus liés au nationalisme religieux. Il faut se garder de prêter uniformément tous ces défauts au Judaïsme du temps du

---

23. Voir « la Théologie de la mort dans l'Écriture », *Supplément de la Vie Spirituelle*, n° 77 (1966), p. 167s. (= *De la mort à la vie éternelle*, p. 51-102).
24. Cf. *Sens chrétien de l'Ancien Testament*, p. 398-404.

Christ, et se rappeler que les mêmes déformations guettent aussi les chrétiens ! Qui dira que la morale des théologiens n'a jamais cédé au juridisme[25], en oubliant quelque peu le cadre dogmatique en fonction duquel elle prend un sens ? Mais il importe de noter que l'Ancien Testament, pris en lui-même, comportait déjà un contenu positif, où la morale était très correctement située et possédait déjà pour une large part sa forme définitive. La réflexion du théologien moraliste ne saurait se contenter de saisir à fleur de texte les éléments fournis par le Nouveau Testament, en laissant ceux de l'Ancien dans l'ombre. Il lui faut relire ce dernier, dans la lumière du Christ qui l'accomplit, pour en apprécier correctement la valeur et l'actualité.

---

25. C'est sans doute par une réaction excessive contre le juridisme des exposés scolaires que certains tendraient aujourd'hui à imaginer une morale sans « Loi », dans la perspective d'une philosophie existentialiste qui ne permet pas de saisir *dans sa totalité* le contenu du message évangélique. La tâche qui s'impose au théologien moraliste est de reprendre son travail à la base, en examinant les données du problème *à partir de l'Écriture*, en situant son propre travail dans le cadre d'une dogmatique renouvelée, mais en ayant présent à l'esprit les problèmes de l'homme d'aujourd'hui avec leurs formulations spécifiques. Après tout, saint Thomas a-t-il fait autre chose dans le cadre culturel du XIIIᵉ siècle ? S'agit-il simplement de répéter ce qu'il a dit, ou bien faut-il résolument imiter son audacieux exemple ? Si je critique, plus loin, son recours au Décalogue pour définir les exigences de la morale chrétienne (cf. *infra*, p. 103-146), je pense que ce sera par fidélité profonde à cet exemple, non par dédain de son propre travail.

*Chapitre II*

# NOTE SUR L'IDÉE DE NATURE
# EN THÉOLOGIE MORALE :
# LE TÉMOIGNAGE DE L'ÉCRITURE

Quand le théologien prie l'exégète de réfléchir sur l'idée de « nature », celui-ci commence par s'interroger sur le sens de la question qu'on lui pose[1]. A un premier point de vue, très général, la « nature » peut désigner les choses physiques et les réalités vivantes : y a-t-il une consistance des *lois de la nature* qui puisse être envisagée

---

1. Cette *note* a d'abord fait l'objet d'une communication, dans une session d'étude organisée par des théologiens moralistes. Elle ne prétendait pas traiter à fond le sujet abordé, mais seulement fournir une base de réflexion pour éviter les équivoques d'une terminologie aussi courante que peu définie. Sa publication dans le *Supplément de la Vie Spirituelle* (n° 81, mai 1967) lui laissa l'allure assez libre qui était originairement la sienne. Je ne l'ai donc assortie d'aucune note critique, pour justifier la présentation des textes bibliques et les conclusions que j'en tire. Il est entendu que, dans chaque cas particulier, il faudrait se référer aux commentaires critiques des textes bibliques qui sont cités. Mais les discussions que cette opération entraînerait couperaient le fil d'un exposé qui veut rester très modeste. Le recours à une enquête de vocabulaire m'a paru — et me paraît encore — indispensable pour introduire dans le sujet. Mais, depuis la parution de mon propre texte, le *Theologisches Wörterbuch* a achevé de paraître. On y trouvera donc un traitement substantiel des questions posées par le mot « *physis* » et ses dérivés (t. 9, p. 246-271, par H. Köster). La plus grande partie est évidemment consacrée au monde grec (p. 246-260) et il faut signaler les emplois de cette terminologie chez Philon (p. 261-263). Les emplois pauliniens sont traités assez rapidement (p. 265—268). Je tâcherai d'y opérer d'abord un classement, pour montrer la grande diversité des sens que le mot et ses composés peu-

dans la perspective de la révélation biblique ? D'une façon plus restreinte, l'idée de nature peut être appliquée à l'homme : peut-on parler d'une *nature humaine*, d'une *loi naturelle*, d'un *droit naturel*, au sens où cela définirait l'homme dans son essence et dans son comportement, dans la connaissance qu'il peut avoir de lui-même et des règles de sa vie, dans l'ordre normal de ses relations sociales ?

Convenons que l'idée de nature ainsi définie n'a pas son origine dans l'Écriture. Cette façon de poser le problème de l'homme et du monde remonte à la science et à la philosophie grecques, tournées vers une connaissance objective et rationnelle des choses. Elle suppose une conception réaliste de la connaissance, dans laquelle notre raison est censée avoir accès à ce qu'on peut appeler l'*essence* des êtres, qui définit leur *nature*. Ce type de réflexion sur le monde et sur l'homme a été assumée par la théologie chrétienne dès l'époque patristique. Il a ensuite fourni un cadre d'expression à la théologie médiévale, qui l'a utilisé de façon systématique. Cependant, au-delà de cette origine lointaine, l'idée de nature s'est développée à une époque plus récente dans l'orbite des méthodes scientifiques d'investigation appliquées à l'étude de l'univers. L'homme cherche donc à *se* connaître, comme individu et comme société, de la même manière qu'il connaît *le monde*, en recourant aux moyens des « sciences de la nature » et à ceux de la réflexion rationnelle. Toutefois, sur cette opération de caractère strictement objectif, s'est greffée, à l'âge moderne, ce qu'il faut bien appeler une métaphysique rationaliste, qui a durci l'idée même de la « nature des choses » (vieux programme d'étude qui passionnait déjà Lucrèce !) et posé en principe que notre connaissance sensorielle et rationnelle est notre *seule* voie d'accès au réel : l'homme,

---

vent revêtir. Comme le mot *physis* et ses dérivés n'ont pas de correspondant exact en hébreu, leur emploi dans le Livre de la Sagesse et dans le Nouveau Testament signalent évidemment un contact des auteurs avec la philosophie grecque vulgarisée. Mais il faut se demander ce qui se cache derrière ce phénomène d'« inculturation ». C'est tout le but de la *note* reproduite ici.

pense-t-on, peut connaître ainsi la nature des choses et sa propre nature ; mais, en dehors de là, on est dans le non-rationnel, que les philosophies modernes rattachent à l'ordre tout subjectif des croyances et de la foi.

Cette introduction de l'idée de nature en science et en philosophie a-t-elle eu des incidences en théologie ? Remarquons d'abord que la théologie médiévale, en incorporant à ses synthèses celle que la pensée grecque lui fournissait, n'a aucunement rompu avec la vision religieuse de l'homme et de l'univers issue de la révélation biblique et apportée par la Parole de Dieu. Elle l'y a au contraire incorporée, en lui donnant une place déterminée : Dieu étant compris comme le Créateur de cet ordre naturel des choses et de l'homme, il y a place, *à l'intérieur de la foi,* pour une réflexion *philosophique* qui s'y déploie et y trouve son équilibre. Toutefois, cette façon de voir, à la fin du Moyen Age et au XVIe siècle, s'est compliquée par suite des querelles théologiques qui eurent pour objet l'idée de *surnaturel.* Celle-ci, employée pour exprimer positivement le caractère absolument gratuit de l'accès de l'homme à la vie de grâce, s'est peu à peu durcie en théologie dogmatique, pour se distinguer de ce qu'on a appelé l'état de *nature pure.* La nature pure est, bien sûr, une simple hypothèse de travail des théologiens, puisque l'homme ne s'y est *en réalité* jamais trouvé. Mais en faisant appel à lui, on a entendu distinguer deux niveaux dans l'homme appelé par Dieu à l'ordre de grâce : celui de sa « nature », composée d'un corps et d'une âme, qui le fait « animal raisonnable » (selon la définition grecque), et celui du don gratuit qui surnaturalise de l'intérieur l'être ainsi constitué.

C'est, au moins en partie, en fonction de ces distinctions théologiques et de l'arrière-plan philosophique et scientifique qui les soutient, que le problème de la nature se pose à nous à l'heure actuelle. C'est donc en se plaçant dans cette perspective que le théologien biblique doit se demander s'il y a, dans l'Écriture sainte, des données qui permettent de donner une véritable consistance à cette conception ; et si oui, dans quelle mesure et de quelle manière il faut l'entendre pour demeurer fidèle aux indications de l'Écriture. En pratique, je me livrerai d'abord à une enquête de vocabulaire dans les deux Testaments pour trouver là, si possible, un fil conducteur permettant d'aboutir à une certaine idée de la nature créée et de la nature humaine. A partir de là, je tenterai de réfléchir de façon plus systématique sur la théologie du monde et de l'homme dans l'Écriture, afin de voir comment peut se poser le problème de la « nature » dans le cadre ainsi déterminé.

## 1. ENQUÊTE DE VOCABULAIRE

Une simple enquête sur les emplois du substantif *physis*, de l'adjectif *physikos* et de l'adverbe *physikôs* dans la Bible grecque ne suffirait certainement pas pour poser le problème que j'aborde ici. Mais elle donnera pourtant des indications intéressantes, puisqu'il s'agit là du vocabulaire qui a précisément fourni à la théologie le moyen d'exprimer, à la suite des philosophes grecs, l'idée de nature. Encore faudra-t-il voir dans quel contexte ces mots sont employés et quel sens exact ils y prennent.

### 1.1. ANCIEN TESTAMENT

Remarquons en premier lieu l'extrême rareté des mots en question dans les deux Testaments. Dans l'Ancien, ils sont complètement ignorés des traducteurs de l'hébreu : on ne les trouve pas dans la Septante. Cela indique tout au moins que les auteurs sacrés abordaient le problème du monde et de l'homme par un autre biais. Quant aux livres composés en grec, si on laisse de côté les Pseudépigraphes (pratiquement, Maccabées 3 et 4, plus marqués par la philosophie stoïcienne), on ne trouve que trois références dans la Sagesse alexandrine. Leur examen va déjà montrer comment ce vocabulaire typiquement grec a pu être entendu dans l'optique propre à la révélation biblique.

En Sg 7, 20, le Pseudo-Salomon remercie Dieu de ses bienfaits, lui qui donne la véritable sagesse : il la donne par sa Parole et sa révélation ; il la donne, parce que la

Sagesse divine personnifiée est l'inspiratrice du Sage qui vit dans la foi. Ainsi lit-on en 7, 17-19 : « C'est lui (Dieu) qui m'a donné la science vraie de ce qui est, qui m'a fait connaître les structures du monde et les propriétés des éléments, le début, la fin et le milieu des alternances des solstices et la succession des saisons, et le déroulement des années et la position des astres. » En tout cela, nous sommes dans un contexte de science grecque. Du cosmos, l'auteur passe ensuite « à la *nature* des animaux et aux instincts des bêtes sauvages, au pouvoir des esprits et aux pensées des hommes ». Somme toute, ce texte évoque une connaissance encyclopédique du monde, dans laquelle la *nature* des choses peut être accessible, à condition que l'intelligence de l'homme soit illuminée par la Sagesse divine. Ce contact du livre biblique avec la science grecque ne place évidemment pas l'intelligence de l'homme dans une situation que la philosophie moderne appellerait purement rationnelle. En effet, celui qui connaît ainsi la nature des choses — ce qui va jusqu'à la connaissance des pensées des hommes — le fait par un don reçu de la Sagesse du Créateur. Car Dieu seul, en tant qu'auteur de tout cela, le connaît pleinement et peut le faire connaître. Nous sommes, en toute hypothèse, dans une perspective religieuse. Comme écrit l'auteur, « tout ce qui est caché, tout ce qui se voit, je l'ai appris, car c'est l'ouvrière de toutes choses qui m'en a instruit, la Sagesse » (7, 21). Si donc il existe ici-bas une connaissance de la nature des choses, c'est *dans le cadre d'un dessein de Dieu* où la Sagesse divine elle-même illumine l'intelligence humaine.

En Sg 13, 1, on se trouve en face d'une polémique contre l'idolâtrie des hommes qui ont divinisé les éléments du monde : « Oui, vains *par nature* (la Bible de Jérusalem traduit "foncièrement vains", mais il s'agit d'un emploi de l'adverbe *physikôs*) sont tous les hommes qui ont ignoré Dieu ; qui, par les biens visibles, n'ont pas été capables de connaître Celui qui est, et n'ont pas reconnu l'artisan en considérant les œuvres. » Il ne s'agit plus ici de la nature des choses, mais de celle de l'homme. Cependant, celle-ci est qualifiée en fonction du dessein de Dieu : l'homme montre sa malice intérieure en

se révélant incapable de connaître son Créateur. Quand il
se laisse aller aux penchants spontanés de sa nature, il
entre dans cette situation de « vanité » que saint Paul
décrira à son tour dans l'épître aux Romains et que la
théologie classique a rapportée à l'état de nature déchue
(Rm 1,18-32). Le mot *physis* ne désigne donc pas ici
l'*essence* de l'homme, mais la *condition existentielle* qu'il
tient de sa « nativité » : celle-ci le met en situation de
méconnaissance de Dieu et de méconnaissance du monde
comme créature de Dieu, puisqu'il en arrive à diviniser
ce qui, par nature, n'est aucunement divin. Ainsi l'idée
de nature n'est pas appliquée à l'homme de façon générale et abstraite, mais en fonction de l'état où il se
trouve concrètement par suite du péché.

Enfin, en Sg 19, 20, au cours d'une évocation des faits
de l'exode, on voit les éléments du monde appelés à
transformer leurs propriétés, pour se mettre au service du
Créateur qui veut accomplir des merveilles. N'oublions
pas ici que l'idée des merveilles (ou des miracles) de Dieu
est une notion extrêmement vaste, cas l'homme admire
les œuvres de Dieu où qu'elles soient. Aussi les *mirabilia
Dei* englobent-ils aussi bien le lever quotidien du soleil,
créature de Dieu, que ce que nous appellerions
aujourd'hui les miracles. En Sg 19 donc, « les éléments
*échangent entre eux leur nature* » : « Des êtres qui vivent
sur terre devenaient aquatiques, ceux qui nagent parais-
saient sur la terre, le feu renforçait dans l'eau sa propre
vertu, l'eau oubliait son pouvoir d'éteindre. » Laissons
de côté le problème du rapport de ces amplifications poé-
tiques à l'histoire qu'elles évoquent. Toujours est-il que
la *nature* de l'eau et du feu (c'est-à-dire, leurs propriétés
naturelles) est bouleversée en quelque sorte pour réaliser
le dessein de Dieu. Cette présentation des choses suppose, chez l'auteur, un certain usage du langage grec ; il
reconnaît une consistance réelle aux « lois de la nature »,
en tant qu'expression de la volonté du Créateur qui a
établi l'ordre de l'univers. Mais comme cet ordre lui-
même entre dans un dessein de salut qui le dépasse, Dieu
garde la possibilité d'en user selon son gré pour réaliser
ses projets dans l'histoire humaine. Il y a là *une interprétation religieuse du cosmos* qui, tout en laissant la voie

ouverte à son étude scientifique, reconnaît la possibilité du miracle. La science grecque, intégrée à la connaissance de sagesse, est placée désormais dans une perspective religieuse qui permet d'attribuer un sens aux réalités naturelles, soit dans leur fonctionnement habituel, où elles permettent déjà de « connaître Celui qui est », soit dans les circonstances extraordinaires, où elles revêtent une signification relative à son dessein (comme par exemple lors de l'exode).

## 1.2. NOUVEAU TESTAMENT

La Sagesse alexandrine employait *physis* et ses dérivés pour désigner tantôt les réalités cosmiques, tantôt la nature concrète de l'homme. Ces usages vont se retrouver dans le Nouveau Testament, avec un éventail beaucoup plus large pour l'acception anthropologique ; mais il s'y ajoutera un emploi proprement théologique qui se rapprochera davantage de la langue philosophique. On tentera ici de classer toutes ces références de façon systématique.

### 1.2.1. Allusions aux sciences de la nature

Le Nouveau Testament est encore moins tourné vers la connaissance des réalités terrestres que le livre de la Sagesse. Il ne faut donc pas s'attendre à y trouver des dissertations sur la nature des choses ; tout au plus aura-t-on des allusions occasionnelles. C'est le cas en Jc 3, 7 où l'auteur dit, à propos de la langue que « toute nature *(physis)* de bêtes sauvages, de reptiles et d'animaux marins est domptée et a été domptée par la nature humaine ». Le mot (habituellement télescopé par les traducteurs français qui, en pratique, le passent sous silence) se rapproche ici beaucoup des emplois attestés dans la science grecque — moins sans doute dans la *Physique* d'Aristote que dans les conceptions courantes du Stoïcisme vulgarisé. Mais il est tellement vague et général qu'on ne peut guère y chercher l'expression d'une vérité religieuse. Il en va de même en 2 P 2, 12, où il est question de la « nature » des animaux sans raison. Toutefois, si l'on rapproche ces citations de Sg 7, 20 et 19, 20, on est amené à penser que les auteurs bibliques regardent comme avérée *la stabilité des lois établies par Dieu pour le fonctionnement du monde.* Il a créé les animaux « chacun selon son espèce », comme disait la Genèse, et l'homme aussi a une nature de ce genre. Saint Paul ne se serait sans doute pas exprimé autrement s'il avait eu à énoncer la même idée ; mais c'est uniquement dans un contexte d'agriculture qu'il emploie ce vocabulaire technique. En Rm 11, 21-24, il ne s'agit ni de définir la nature des choses, ni de parler de celle des hommes, mais seulement de comparer la situation des Juifs convertis et des païens baptisés, par rapport au Peuple de Dieu qu'est Israël. Israël est donc assimilé allégoriquement à un tronc d'olivier, par rapport auquel on distingue des rameaux *naturels* et des rameaux greffés : les chrétiens d'origine non juive sont greffés sur le tronc d'Israël, tandis que les Juifs appartiennent *par nature* à ce tronc. Traduisons en d'autres termes : ils appartiennent dès le point de départ au Peuple de Dieu, ils en sont membres dès leur naissance. Si la comparaison utilise le langage de la science grecque, l'idée qu'elle véhicule n'a rien à voir avec celle de nature, puisque le Peuple de Dieu qui est l'Israël véritable n'appartient pas seulement à l'ordre de la Création, mais à celui du dessein positif où Dieu veut réaliser le salut des hommes en les faisant participer à sa propre vie.

### 1.2.2. La nature de Dieu

C'est précisément cette idée que la seconde épître de Pierre exprime de la façon suivante, en nous livrant le dernier mot de la révélation divine : « La puissance de Dieu nous a donné tout ce qui concerne la vie et la piété ; elle nous a fait connaître Celui qui nous a appelés par sa propre gloire et vertu ; par elle, les précieuses et plus grandes promesses nous ont été données, afin que vous deveniez ainsi *participants de la nature divine*, vous étant arrachés à la corruption qui est dans le monde, dans la convoitise » (1, 4). *Nature* divine : le mot semble bien emprunté ici au langage philosophique. Il ne désigne cependant pas une spéculation abstraite sur l'essence divine, analogue à celle des philosophies stoïcienne, platonicienne et aristotélicienne, mais *une compréhension de l'être concret du Dieu vivant tel que la Révélation l'a fait connaître.* Dans cette perspective existentielle, qui est déjà celle de l'alliance dans l'Ancien Testament, nous savons maintenant que Dieu nous appelle à accéder à lui et à participer à son être, puisque, dans le Christ Jésus, nous entrons en communion avec lui. D'une certaine façon, cet emploi du mot *physis* pourrait se comparer à celui qui s'appliquait précédemment aux réalités cosmiques, que le paganisme a faussement divinisées, comme dit le livre de la Sagesse. Par *nature*, ces éléments n'étaient pas des dieux ; le Seigneur seul possède la *nature* divine. Mais ce n'est pas là, à proprement parler, une désignation philosophique de Dieu et des choses ; c'est une compréhension réaliste de la situation des choses en face du Dieu vivant. Le langage philosophique lui-même doit se plier à cette perspective pour acquérir son sens légitime.

### 1.2.3. L'homme dans son comportement « naturel »

Entre la « nature » des animaux sans raison et celle de Dieu se situe tout le domaine de l'anthropologie. C'est naturellement en fonction de lui que les emplois du mot *physis* vont se multiplier et se diversifier le plus, puisque aussi bien le salut de l'homme est au centre du message néo-testamentaire. Pour commencer, remarquons deux passages où l'on retrouve quelque chose de la nature pécheresse et pervertie que stigmatisait Sg 13, 1. Dans l'épître de Jude (v. 10), il est dit des faux docteurs : « Ils blasphèment ce qu'ils ignorent, et ce qu'ils connaissent par nature *(physikôs)* comme les bêtes sans raison, ne sert qu'à les perdre. » Reprenant la même expression, la seconde épître de Pierre (2 P 2, 12) dit que, « comme des animaux sans raison, ils sont voués par nature à être pris et détruits ». Ce qui qualifie ici la « nature » des faux docteurs n'est évidemment pas l'être qu'ils tiennent de

Dieu ; c'est un certain *comportement* de l'esprit, une *pente spontanée* du cœur, égarés à tel point qu'ils peuvent être assimilés à l'instinct des bêtes sans raison. Mais ce qui est naturel pour l'animal ne l'est pas pour l'homme. Si la situation existentielle de celui-ci, en tant qu'elle est pécheresse devant Dieu, le ravale au rang des créatures non humaines, c'est pour lui une déchéance par rapport à la vocation qu'il a reçue de Dieu et à sa condition d'image de Dieu (Gn 1, 26). Nous approchons ici de ce que la théologie a très justement appelé « nature déchue ».

### 1.2.4. Le « physique » et le spirituel

Passons rapidement sur un emploi du mot *physis* (plus exactement, du génitif *ek physéôs*) qui permet de distinguer dans l'homme le spirituel du physique, c'est-à-dire, du corporel accessible aux sens et visible de l'extérieur. En Rm 2, 27 s., saint Paul distingue ainsi la circoncission physique et la circoncision du cœur. Ce langage n'est pas très significatif pour notre propos, puisqu'il veut seulement opposer deux interprétations de la loi de la circoncision, en un sens qui rappelle Dt 10, 16 et 30, 6 ou Jr 4, 4 : celle qu'on mettait en pratique dans l'Ancien Testament et qui se rapportait au physique, au corporel, et celle que le chrétien pratique à partir du moment où, baptisé, il vit dans le Christ. De ce point de vue, c'est nous qui sommes les véritables circoncis (Col 2, 13).

### 1.2.5. La condition native de l'homme

Nous arrivons maintenant à des emplois spécifiquement théologiques du mot *physis* et de ses composés. A deux reprises, saint Paul emploie *physis* (au datif) pour désigner ce que l'homme reçoit « de naissance ». En Ga 2, 15, il reproduit le schéma du discours qu'il tint à Pierre après l'incident d'Antioche. « Si nous, dit-il, qui sommes Juifs de naissance ("par nature"), nous vivons à la païenne, pourquoi obliger les païens d'origine à vivre à la juive en se faisant circoncire et en pratiquant la Loi ? » Dans ce contexte, *physis* n'évoque aucunement une idée abstraite de la nature, mais une condition concrète qui implique déjà l'insertion de l'homme dans le dessein de salut inauguré ici-bas depuis la fondation du peuple d'Israël. De ce point de vue, le titre de Juifs, comme ailleurs celui d'Israélite (Rm 9, 4), inclut une vocation au salut dans le Christ, que la foi et le baptême amènent à son achèvement. En contrepartie, dans Ep 2, 3, Paul envisage la situation réelle de tous les hommes, Juifs et païens, en face du Jugement de Dieu, avant que la foi ne les justifie et qu'ils ne reçoivent la grâce du baptême : « Nous tous, nous fûmes de ceux-là ; vivant selon nos convoitises charnelles, servant les caprices de la chair et des pensées coupables, si bien que nous étions *par nature* fils de la Colère comme tous les autres. » *Natura filii irae :* on sait l'importance de ce texte dans les élaborations théologiques ultérieures. Il ne s'agit absolument pas d'une réflexion spéculative sur l'essence de l'homme, encore moins sur l'état de nature pure, mais *d'une considération de la condition existentielle que nous recevons en venant au monde et d'une estimation de cette condition en fonction du dessein de Dieu.* D'une part, tout homme est, de naissance, prisonnier du péché et, par là, coupé de Dieu et voué à la Colère du grand jour (cf. Rm 1, 18). Mais, d'autre part, le Juif, en tant que membre du Peuple de Dieu, héritier des promesses faites à ses pères (Rm 9, 4), est déjà appelé à entrer en communion avec Dieu, pourvu qu'il ratifie par sa foi cette vocation qu'il tient de sa naissance. Ainsi, les deux étapes préparatoires du dessein de salut sont évoqués parallèlement par l'emploi du même mot *physis*. Finalement, c'est cette *nature* humaine, primitivement pécheresse et déchue, puis appelée en Israël à devenir Peuple de Dieu, qui, une fois rachetée par le Christ, reçoit sa vocation véritable : devenir participante de la nature divine, non plus certes par naissance, mais par grâce et en vertu d'un choix divin tout gratuit.

### 1.2.6. L'ordre naturel des choses humaines

Avant d'aborder les textes où *physis* désigne l'ordre des choses voulu par le Créateur dans le comportement des hommes, mettons à part une citation où saint Paul apprécie cet ordre « naturel » en fonction des coutumes admises dans le Peuple de Dieu. On sait quelle difficulté les psychologues contemporains éprouvent pour distinguer ce qui, dans l'homme, est *nature* de ce qui est *culture*. On ne s'étonnera donc pas de lire en 1 Co 11, 14 : « La nature ne vous enseigne-t-elle pas que les cheveux longs sont une honte pour l'homme tandis qu'ils sont un honneur pour la femme ? » La nature est comprise ici non seulement en fonction du témoignage explicite de l'Écriture, mais aussi *en fonction des mœurs juives* qui s'efforcent de le faire passer dans la pratique. Peut-être la conscience morale des païens pourrait-elle leur donner, dans une certaine mesure, une appréciation correcte de la situation des deux sexes l'un par rapport à l'autre, qui trouverait sa traduction dans des habitudes culturelles différentes. Mais en fait, l'anthropologie apportée par la révélation a pratiquement pris forme dans les mœurs juives, qui vont devenir par là le point de départ des mœurs chrétiennes. Cependant, nous allons trouver dans l'épître aux Romains des textes où l'emploi de *physis* sera incontestablement moins ambigu. Avec eux, nous toucherons de près à l'idée de nature dans la révélation biblique.

Le développement de Rm 1, 18-23 est une dénonciation de l'ignorance inexcusable des hommes, qui « ont changé la gloire du Dieu incorruptible contre des représentations d'hommes corruptibles, d'oiseaux, de quadrupèdes et de reptiles » (Rm 1, 23) : dénonciation violente des cultes païens, dans un style analogue à celui qu'on relevait précédemment dans le livre de la Sagesse. En conséquence de cette aberration du cœur (on dirait en langage moderne : de l'esprit), « Dieu les a livrés selon les convoitises de leur cœur à une impureté où ils avilissent eux-mêmes leur propre corps » (Rm 1, 24). La suite décrit cet avilissement du corps, qui est créature de Dieu, qui à ce titre possède un sens et une valeur dans le dessein de Dieu, mais qui n'est pas utilisé sexuellement selon l'ordre voulu par le Créateur : « Ils ont échangé la vérité de Dieu contre le mensonge, adoré et servi la créature de préférence au Créateur, lequel est béni éternellement, Amen ! Aussi Dieu les a-t-il livrés aux passions avilissantes : les femmes ont échangé les rapports *naturels* pour les rapports *contre nature* ; pareillement les hommes, délaissant l'usage *naturel* de la femme, ont brûlé de désir les uns pour les autres, perpétrant l'infamie d'homme à homme et recevant en leur personne l'inévitable salaire de leur égarement » (Rm 1, 25-27). On voit appliquer ici, à la situation respective des sexes l'idée d'un ordre divin des choses créé par Dieu et révélé par sa Parole. L'arrière-plan de notre texte suppose non seulement que la conscience humaine se révolte contre ces abus antinaturels, mais qu'elle est positivement éclairée sur ce point par l'Écriture : « Dieu les créa mâle et femelle, et il leur dit : Croissez et multipliez-vous » (Gn 1, 27-28) ; de même en Gn 2, la création de la femme permet de présenter concrètement la loi qui fonde le rapport des sexes. C'est cette volonté du Créateur qui fixe ce que saint Paul appelle l'ordre *naturel*. Ne disons pas que l'homme ne saurait en avoir aucune perception spontanée : ce serait nier la réalité de la conscience, qui se manifeste sur ce point aussi bien dans le paganisme qu'en Israël. Mais la conscience elle-même peut s'obnubiler : en fait, dans le paganisme, on a vu hommes et femmes se livrer aux aberrations sexuelles, ayant perdu le sens de ce que devrait leur indiquer leur propre raison en tant qu'écho de la Parole du Créateur. Ce ne sont pas les lecteurs de Catulle et de Pétrone qui contrediront ici saint Paul. Chez Platon, la situation est un peu différente : si l'homosexualité trouvait « naturellement » sa place dans la dialectique du *Banquet* (n° 179 : Patrocle, amant d'Achille ; n° 182, exemple d'Harmodios et d'Aristogiton ; n^os 183-184, place de la pédérastie dans l'éducation, etc.), elle est condamnée dans *Les lois* comme contraire à la nature (n^os 635 s, 835 s). Paul reprend probablement ici ce thème passé dans le Platonisme vulgarisé de son époque. Quant au Judaïsme, il n'a été ramené sur ce point à la connaissance du véritable ordre des choses que par la Parole de Dieu, révélatrice des intentions du Créateur sur la sexualité humaine. Dans ce texte, nous approchons incontestablement de l'idée de *nature*, à condition de la comprendre dans une perspective moins étroite que celle de la pure analyse philosophique, plus précisément : en fonction du dessein du Dieu créateur. Celui-ci a donné un sens à tout et fixé un ordre pour tout ; sa Loi dévoile ce sens et énonce cet ordre. En conséquence, pour connaître sa vraie nature, l'homme doit écouter la Parole de Dieu qui le révèle à lui-même.

### 1.2.7. Conscience et loi naturelle

On arrive ainsi au dernier texte paulinien relatif au sujet (Rm 2, 14). Après avoir dénoncé les païens qui ruinent l'ordre de la création, Paul s'en prend aux Juifs qui se jugent supérieurs à eux parce qu'ils ont reçu la Loi. Ils l'ont reçue, c'est vrai, mais en accomplissent-ils les préceptes ? Sont-ils même capables de les accomplir ? En fait, on constate que, tout en ayant en main la Loi, ils ne l'observent pas ; ils tombent donc sous le coup de la même condamnation que les païens décrits précédemment (Rm 2, 1-13). A l'inverse, il existe en dehors du Judaïsme des hommes qui, n'ayant pas reçu la Loi, ne connaissant pas la volonté de Dieu au moyen de cette révélation positive, en accomplissent cependant les préceptes sur les indications de leur conscience : « Lorsque des païens (membres des nations et, de ce fait, tenus à l'écart du Peuple de Dieu dans l'Ancienne Alliance), privés de la Loi (entendons : de la Loi mosaïque), accomplissent « naturellement » *(physèi)* les prescriptions de la Loi, ces hommes, sans posséder la Loi, se tiennent à eux-mêmes lieu de loi ; ils montrent la réalité de cette loi inscrite dans leur cœur, comme le prouvent le témoignage de leur conscience ainsi que les jugements intérieurs de blâme ou d'éloge qu'ils portent les uns sur les autres » (2, 14).

Ce texte est important, car il fonde l'appréciation théologique de la *conscience* (mot emprunté au vocabulaire philosophique du temps de saint Paul) : celle-ci constitue un moyen normal pour connaître l'ordre établi par le Créateur dans le domaine de l'existence humaine. Assurément, la Loi mosaïque a repris, clarifié, et pour une part restauré, les indications venues aux hommes par cette voie, en attendant que l'Évangile en conduise la révélation à sa plénitude. Mais il n'empêche que la conscience comme telle garde sa valeur. En fonction de son témoignage, qu'on peut appeler *naturel* parce qu'il est inscrit dans la *nature* concrète de l'homme, celui-ci est amené à pratiquer *naturellement* les actes que Dieu exige de lui. Prenons garde toutefois. Ici le mot *nature* ne correspond pas à une définition philosophique de l'homme dans son essence abstraite (bien que celle-ci ne soit pas exclue), pas plus que la *conscience* n'est comprise comme un mode de connaissance purement rationnel (bien que la raison y soit naturellement pour quelque chose). Dans l'esprit de saint Paul, de même que la Loi de l'Ancien Testament a apporté *par révélation* une connaissance de l'ordre divin du monde et de l'existence humaine, de même la conscience apporte un témoignage intérieur auquel ne sont étrangères ni l'action de l'Esprit Saint, ni celle de la Sagesse révélatrice. Ce point exigerait sans doute une enquête supplémentaire. Contentons-nous de remarquer que les vertus « naturelles », auxquelles l'homme peut être conduit par sa conscience, sont intégrées ailleurs dans la catégorie générale des « fruits de l'Esprit » (Ga 5, 23), si bien que ceux qui les pratiquent « naturellement » manifestent d'une certaine façon leur soumission à l'Esprit de Dieu. Ainsi, pour saint Paul, l'idée d'une certaine révélation « naturelle » apportée à l'homme par sa conscience trouve place dans l'économie du salut, où Dieu utilise les moyens qu'il veut : pour les Juifs, des moyens externes apportés par la Loi et l'ancien statut d'alliance ; pour les païens, provisoirement et en attendant l'appel à la foi, le témoignage intérieur de la conscience. Des deux côtés d'ailleurs, la Parole et l'Esprit de Dieu anticipent de façon cachée sur l'économie définitive instaurée en Jésus-Christ.

# 2. THÉOLOGIE
## DU MONDE ET DE L'HOMME
### DANS L'ÉCRITURE

L'enquête de vocabulaire qu'on vient de faire constitue sans doute une base assez restreinte pour l'étude du problème théologique de la nature. Elle permet cependant d'esquisser la théologie du monde et de l'homme que fournit l'Écriture sainte. Je diviserai cette esquisse en deux parties : 1. Comment la cosmologie et l'anthropologie se présentent-elles dans la perspective religieuse des deux Testaments ? 2. Comment dans ce cadre le problème de la nature, de la loi naturelle et du droit naturel peut-il être posé ?

### 2.1. LA COSMOLOGIE ET L'ANTHROPOLOGIE
EN PERSPECTIVE RELIGIEUSE

#### 2.1.1. Le monde et l'homme dans leur rapport au Dieu vivant

Dans les deux Testaments, le monde et l'homme ne sont jamais considérés que dans leur rapport au Dieu vivant. C'est là l'unique point de vue de la révélation biblique. Celle-ci ne nous renseigne ni sur la nature des choses accessibles aux diverses sciences, ni sur la nature de l'homme accessible à la réflexion philosophique. Non qu'elle s'en désintéresse totalement. On doit même remarquer que, d'après la tradition sapientielle, ce que l'homme peut connaître des réalités cosmiques et de lui-même, c'est Dieu qui le lui manifeste par un effet de sa propre Sagesse. Mais cette intégration de la connaissance scientifique et philosophique au domaine de la Sagesse divine n'en fait pas pour autant l'objet de la révélation apportée par la Parole de Dieu. Celle-ci ne concerne que le problème existentiel par excellence dont la solution détermine notre destin final.

Sa première affirmation porte naturellement sur le Dieu vivant lui-même, considéré comme transcendant et distinct de tout le reste, qui est sa création. Cette idée fondamentale commande la notion de *nature divine* utilisée en 2 P 1, 4 : dire que nous sommes appelés à devenir « participants de la nature divine », tout en excluant les interprétations panthéistes auxquelles tendait naturellement la pensée stoïcienne, c'est indiquer que nous pénétrons par là dans le domaine que la théologie moderne appelle le « surnaturel » absolu. Quelle est cependant la situation de l'homme devant le Dieu vivant ? Il faut reprendre ici les perspectives ouvertes par les deux premiers chapitres de la Genèse, développées dans les livres sapientiaux et dans quelques passages du Nouveau Testament. L'homme n'y est pas défini abstraitement et statiquement, dans les composantes qui le constituent, mais dynamiquement, *dans sa relation* à Dieu dont il porte en soi l'image. Ce fait fonde sa dignité propre parmi toutes les créatures de Dieu. Il permet aussi de représenter concrètement le Dieu vivant à partir de l'homme, son image, plutôt qu'à partir du monde, qui est entièrement ordonné à l'homme. En effet, par rapport à l'univers, l'homme a été mis par Dieu en situation de maîtrise. En Gn 1, Dieu conclut son œuvre créatrice par cet ordre significatif : « Remplissez la terre et soumettez-la » (Gn 1, 28). De même, en Gn 2, l'homme « donne un nom » aux animaux (Gn 2, 19-20) : il est donc foncièrement apte à en connaître la nature, car « donner un nom » c'est montrer qu'on a cette connaissance. Le livre de la Sagesse expliquera plus tard que c'est là un privilège accordé à l'homme par la Sagesse divine elle-même (Sg 7, 17-21).

Cependant, l'homme ainsi appelé à maîtriser le monde s'en distingue en ce qu'il est, lui seul, *image de Dieu*. C'est sous cet angle que le mystère de sa vocation va lui être pleinement révélé. En effet, la réalisation du rapport entre l'homme et Dieu, tel que Dieu l'a voulu, est la raison d'être du dessein divin qui englobe toute l'histoire de l'univers et de l'humanité. C'est pour cela que, dans la Genèse, le récit de la création du monde ne précède pas l'histoire sainte, à proprement parler : il y est intégré, il en constitue le premier acte ; il montre la genèse du monde aboutissant à l'homme pour que celui-ci, mis en situation dans le monde, y réalise sa vocation d'image de Dieu. Le même dessein se révèle ensuite peu à peu à travers l'histoire sainte grâce à la Parole prophétique, en attendant qu'il s'accomplisse pleinement en Jésus-Christ. C'est seulement à ce dernier stade que sa finalité secrète se manifeste complètement, lorsque le Christ, en tant que Fils de Dieu, communique aux autres hommes la possibilité de devenir « participants de la nature divine ».

Ainsi, l'homme placé par Dieu dans le monde n'est jamais vu par la révélation biblique que dans une perspective que la théologie classique appellera à bon droit *surnaturelle*, puisqu'elle débouche sur la participation à la nature divine. De ce point de vue, il n'y a place dans l'Écriture pour aucune distinction explicite de nature et de surnaturel, puisque, au fond, cette distinction est abstraite, alors que l'Écriture envisage toujours l'homme concrètement, dans sa situation existentielle en face de son Créateur qui l'appelle à entrer en communication avec lui.

### 2.1.2. Le dessein de Dieu dans ses phases successives

Mais la réalisation du dessein de Dieu va comporter des phases successives : c'est un drame où la situation de l'acteur humain connaîtra plusieurs modifications. Au point de départ, l'acte créateur est sous-tendu par le même plan fondamental qui se révélera finalement en Jésus-Christ : rendre l'homme « participant de la nature divine ». Cette idée de la grâce, du « surnaturel absolu », n'est peut-être pas exprimée très clairement dans l'Ancien Testament. Mais, d'une part, la transcendance radicale de Dieu s'y affirme déjà avec force ; d'autre part, l'évocation de la familiarité entre Dieu et l'homme dans l'imagerie paradisiaque traduit symboliquement la même conception (on sait que le Nouveau Testament reprendra l'image du Paradis retrouvé pour définir l'état de l'homme racheté).

Mais ce plan du Dieu créateur a vu se lever devant lui l'obstacle du péché humain, refus opposé au don de Dieu par la liberté humaine. L'intrusion du péché dans le monde a donc déterminé pour tous les hommes une certaine condition native dans laquelle ils sont coupés de Dieu : nous sommes « par nature fils de la Colère » (Ep 2, 3). Dans cet état, l'ordre intérieur de notre être se trouve lui-même plus ou moins perverti, ou en danger de l'être. Rm 1 donne un exemple de cette « dénaturation » radicale à laquelle peut aboutir la condition native de l'homme, lorsque celui-ci s'égare dans la compréhension de lui-même : ne se voyant plus en sa dignité d'image de Dieu, rejetant du même coup la soumission à la volonté de Dieu qui se traduit dans sa Loi, il corrompt son être en profondeur. A côté des aberrations sexuelles, saint Paul énumère d'ailleurs en cet endroit quantité d'autres vices qui recouvrent tous les aspects de la vie sociale (Rm 1, 29-31). Or, il y a un rapport très étroit entre le fait que l'homme, en cette condition native, soit coupé de Dieu, et le fait que son ordre intérieur soit ainsi perturbé : puisque, en divinisant les choses de ce monde, l'homme a méconnu Dieu de façon inexcusable, Dieu en retour l'abandonne aux penchants spontanés de son être pécheur qui a perdu son facteur essentiel d'équilibre. C'est là le second élément constitutif de sa condition présente.

A partir de là, Dieu a progressivement mis en place, au cours de l'histoire, les éléments d'un ordre nouveau, où l'être de l'homme sera reconstruit. Au niveau de l'Ancien Testament, le dessein de salut a comporté d'abord une phase préparatoire, qu'il faut examiner séparément dans le cas d'Israël et dans celui des autres nations. En Israël, Dieu donne à un peuple *l'alliance* et *la Loi*. Par l'alliance, il crée une communauté humaine qui lui est intimement reliée. Ses membres, nés de la race d'Israël et circoncis dès leur naissance pour marquer cette appartenance, ne sont plus de ces « pécheurs de païens » que le poids de leur être entraîne vers la mort ; ils sont « Juifs par nature » (Ga 2, 15), et le mot « Juif » inclut ici l'appartenance à la communauté de salut. Ainsi l'économie d'alliance a déjà révélé dans une certaine mesure la fin poursuivie par Dieu dans l'histoire humaine. D'autre part, Israël a reçu la Loi. Celle-ci, en tant que révélation de la volonté de Dieu sur l'homme, révélait du même coup à l'homme sa propre nature, pour reprendre le langage de l'épître aux Romains. Car, s'il est possible d'avoir un comportement « contre nature » dans l'usage de la sexualité, c'est qu'il existe aussi un « usage naturel » fixé par la sagesse du Créateur. De même dans tous les autres ordres de choses, où l'anomalie est peut-être moins perceptible. Sans doute la Loi est-elle une révélation *par grâce*. Mais, dans la mesure où elle concerne les rapports des hommes entre eux et leur attitude à l'égard du monde, *elle les éclaire sur ce qui les constitue en tant qu'hommes*, non au point de vue de leurs facultés, mais au point de vue de leurs façons d'agir.

Dans les nations païennes, la Loi n'existait pas et le dessein d'alliance n'était pas connu. Il est vrai que la théologie sacerdotale incorporée au Pentateuque rapporte la première conclusion de l'alliance à Noé, présenté comme le second père du genre humain (Gn 9), de sorte que le dessein d'alliance sert ainsi d'arrière-plan à l'histoire de toutes les nations. Mais, en toute hypothèse, ces nations en ont perdu conscience : elles ne se savent plus en alliance avec Dieu et ne vivent plus en perspective d'alliance. Ce fait explique et justifie la vocation particulière d'Israël, première nation qui reprenne conscience de sa vocation à l'alliance divine : c'est ainsi que le dessein de Dieu peut se réinsérer visiblement dans l'histoire humaine. Cela veut-il dire que Dieu ait totalement abandonné les membres des nations païennes, au plan de leur salut individuel ? Non, puisqu'il a laissé subsister en eux la *conscience*, qui leur apporte un certain témoignage sur le contenu de sa Loi. De la sorte, un certain nombre de païens, bien qu'étrangers à la connaissance de l'économie d'alliance et de la Loi, vont « naturellement » suivre les prescriptions de la Loi en obéissant aux impératifs de leur conscience, accomplissant ainsi la volonté du Créateur dans la mesure où ils la connaissent. Par là, les païens eux-mêmes sont donc rattachés de façon concrète à l'économie du salut. Non par leur raison laissée à elle-même dans les limites de ses étroites possibilités, mais par la conscience en tant que don de Dieu à l'homme, en tant que témoignage que rend la Sagesse même de Dieu à l'intérieur de la raison humaine, en tant que lumière venue d'en haut par laquelle l'Esprit de Dieu éclaire dans une certaine mesure chaque individu.

Cependant, en Israël comme dans les nations païennes, l'emprise du péché empêche le dessein de salut de parvenir à ses fins : nous naissons tous « fils de la Colère » (Ep 2, 3) ; les penchants spontanés de notre être nous ravalent au-dessous des bêtes sans raison, si nous nous laissons entraîner par eux ; abandonnés à nous-mêmes, nous ignorerions et le Dieu vivant qui nous a marqués pour la communion avec lui, et l'ordre intérieur de notre être (notre « nature ») ; nous irions donc droit à un échec radical, où nous manquerions notre fin dernière et où notre être lui-même s'abîmerait dans la mort. Pour échapper à cette issue, il faut nécessairement la grâce du Christ, seule capable d'assurer chez les hommes la pratique des commandements. Si donc avant la venue du Christ, en Israël ou dans les nations païennes, on a parfois observé les commandements de Dieu, c'était en réalité à la grâce du Christ qu'on le devait. Plus précisément, c'était à l'action de la Sagesse et de l'Esprit de Dieu dans le cœur des hommes ; c'était à sa Parole, qui s'adressait à Israël par l'intermédiaire des prophètes et qui ailleurs parlait secrètement au fond des cœurs par la médiation de la conscience, Mais là où sont à l'action la Parole et la Sagesse de Dieu, il faut dire que *le Christ est présent* : le Verbe agit dans le monde, avant même de se faire chair pour accomplir le salut de l'homme par sa croix et sa résurrection.

Ainsi donc, même la pratique des commandements en Israël et l'obéissance à la conscience chez les païens attestaient à leur manière l'existence du dessein de salut et en esquissaient les structures fondamentales. Finalement, la grâce du Christ est venue surmonter l'antinomie entre la condition existentielle des hommes pécheurs et l'exigence de Dieu à leur égard ; elle a levé la contradiction entre la Loi, comme révélatrice de leur être véritable, ou la conscience, qui peut à cet égard leur tenir lieu de Loi, et l'impuissance de leur volonté captive du péché. Dans le Christ, en effet, se révèlent à la fois la grâce, qui sauve l'homme en répandant l'amour dans son cœur par le don de l'Esprit Saint lui-même, et la Loi dans sa plénitude, qui se résume dans le commandement de l'amour et devient à ce titre intétieure à l'homme. C'est en ce sens qu'à l'heure actuelle nous sommes « sous la Loi du Christ » : la charité qui la constitue n'abroge pas les autres commandements, qui règlent les divers aspects de l'être humain tel que Dieu l'a créé ; elle leur donne un nouveau sens à l'intérieur de l'ordre de grâce. Par là se réalise l'existence chrétienne en tant qu'*existence eschatologique*, dans le Christ et à la suite du Christ. On voit comment, en révélant à l'homme l'unique voie de salut, le Christ achève de le révéler à lui-même, dans sa nature concrète appelée à participer à la nature divine. Nous sommes en plein dans l'ordre de choses que la théologie classique appelle « surnaturel ».

## 2.2. LE PROBLÈME DE LA NATURE, DE LA LOI NATURELLE, DU DROIT NATUREL

Le cadre qu'on vient de tracer permet, dans une certaine mesure, de poser le problème de la nature humaine, de la loi naturelle et du droit naturel. Il faut faire intervenir pour cela une terminologie d'origine grecque ; mais on a remarqué plus haut que l'Écriture elle-même avait commencé d'y recourir, soit au niveau de la Sagesse alexandrine, soit à celui du Nouveau Testament. L'essentiel est de donner à cette terminologie un contenu qui représente fidèlement la pensée attestée dans l'Écriture. Dans ce cadre, voici comment le problème se poserait.

### 2.2.1. L'homme comme image de Dieu

En premier lieu, l'homme a sa conscience propre de créature *sui generis*. D'une part, il est établi par Dieu dans une certaine relation au monde, pour le dominer et lui imprimer sa marque. Cela résulte du fait que, seul parmi les créatures, il porte en lui l'image de Dieu. Mais, d'autre part, il lui faut aussi reconnaître le Créateur à partir de ses œuvres, car il est appelé à réaliser une relation d'intimité avec lui qui n'existe pour aucune autre créature terrestre. *L'image de Dieu* va finalement participer à la *nature de Dieu*, à condition de se reconnaître simple créature et simple image. La consistance propre de l'homme comme créature (sa « nature ») peut donc être étudiée en elle-même, à condition d'être placée dans sa véritable perspective. Elle peut être examinée au niveau de l'individu, comme conscience de soi-même « en situation » devant le monde et devant Dieu. Elle peut l'être aussi au niveau de la société humaine, comme rapport entre des personnes qui sont également images de Dieu, appelées à la même intimité avec lui. Pour le théologien chrétien qui veut rester fidèle à l'Écriture, c'est seulement sous cet angle qu'on peut parler d'une « nature » humaine. Notons que cela suffit pour permettre l'élaboration philosophique de l'anthropologie, sinon il faudrait en contester par principe la légitimité. Cependant, cette consistance propre de l'homme dans son existence concrète ne s'entend pleinement qu'en fonction d'une relation à Dieu, qui inclut la participation à sa propre nature en Jésus-Christ. Sous ce rapport, la nature pure n'existe pas et n'a jamais existé : elle n'est en théologie qu'une « hypothèse de travail ».

### 2.2.2. L'homme comme créature pécheresse

En sa condition native (*natura* encore), l'homme se trouve dans une situation qu'il faut bien appeler l'état de *nature déchue*. Déchue en raison du péché. Déchue par rapport à Dieu, puisque, méconnaissant Dieu et violant sa Loi, elle est l'objet de sa Colère *(« natura filii irae »)*. Déchue aussi parce que les conséquences de cette rupture avec Dieu entraînent la corruption, plus ou moins grande selon les cas, de l'ordre voulu par Dieu pour notre être d'hommes. Au pire, cela peut aller jusqu'à une fausse appréciation du monde qui, au lieu d'être compris comme le signe du Créateur, se voit divinisé et mis à sa place. En général, ce n'est d'ailleurs pas le monde que l'homme ainsi déchu est tenté de diviniser ; c'est plutôt lui-même : 2 Th 2, 3 brosse le tableau apocalyptique de cet « Homme impie... qui s'élève au-dessus de tout ce qui porte le nom de Dieu..., allant jusqu'à s'asseoir en personne dans le sanctuaire de Dieu, se produisant lui-même comme Dieu » (2 Th 2, 3-4). Plus généralement, la déchéance de la nature humaine se manifeste par ce dérèglement des désirs que la théologie classique a appelé concupiscence et dont Rm 7, 23 nous offre déjà le tableau. Dans tout cela, il n'y a pas seulement *une rupture des rapports de grâce* noués entre l'homme et Dieu, mais aussi *une blessure de la nature humaine* au sens précisé plus haut. On reconnaît ici l'adage théologique traditionnel : depuis l'entrée du péché dans le monde, l'homme est « *vulneratus in naturalibus* ». Tel est le second aspect du problème de la nature : sa situation existentielle de déchéance et son impuissance à se réaliser par elle-même.

### 2.2.3. La grâce du Christ et la nature restaurée

En ce point intervient la grâce du Christ. Elle renoue le lien entre Dieu et nous. Elle obtient pour cela le pardon du péché : c'est son effet négatif ; mais elle nous apporte aussi la participation à la nature de Dieu : c'est son effet positif. En même temps qu'elle réalise cela, elle restaure en nous cet ordre intérieur qu'on peut appeler notre « nature ». Sur ce point, c'est dans le Christ, nouvel Adam, qu'il faudrait contempler dans sa plénitude la beauté d'une Image de Dieu reflétant de façon parfaite son Créateur. Cependant, cette restauration intérieure, le Christ veut l'opérer aussi en nous par le don de son Esprit. Si ce résultat n'est atteint qu'imparfaitement ici-bas, du moins le sera-t-il dans le « monde à venir », où nous revêtirons l'image de l'Homme céleste après nous être dépouillés de celle de l'Homme terrestre (1 Co 15, 48-49).

De là découle le sens que possède *la conscience* en tout homme appelé au salut. D'une part, comme sens inné du Bien et du Mal, elle lui fait percevoir la Loi de Dieu, sinon en totalité, du moins dans une certaine mesure, et par là, l'ordre intérieur que Dieu a établi comme constituant son être. D'autre part, comme exigence spirituelle qui pousse l'homme à faire le bien, elle le conduit à

accomplir « naturellement » (c'est-à-dire, par une sponta-
néité à laquelle la Loi révélée peut être étrangère) ce que
Dieu veut de lui. La révélation qui culmine dans le
Christ apporte au croyant la pleine compréhension de
cette expérience intérieure qu'il fait comme tous les
autres hommes. Mais chez ceux même qui ne croient pas
encore, les impulsions de la Sagesse et de l'Esprit de
Dieu sont perçues sous un voile dans ces manifestations
de la conscience. Quand saint Paul envisage le cas des
païens de bonne volonté qui accomplissent ainsi naturellement les prescriptions de la Loi, ne trace-t-il pas les
voies d'une apologétique qui trouverait dans le fait de la
conscience morale un terrain de conversation avec ces
non-croyants ? Si la grâce de Dieu, si la grâce du Christ,
les travaille déjà avant même que, de l'extérieur, leur ait
été donnée la claire connaissance de Dieu, de son dessein
de salut et de sa Loi, l'annonce de l'Évangile n'aura-t-
elle pas pour premier objet de leur faire comprendre de
façon explicite *le sens* de ce dont ils ont déjà
*l'expérience* ? Il en va de même *a fortiori* chez les chrétiens. Chez eux, l'Esprit de Dieu porte son fruit :
« Charité, joie, paix, longanimité, serviabilité, bonté,
confiance dans les autres, douceur, maîtrise de soi... »
(Ga 5 22-23). Autant de vertus que les philosophes
seraient portés à appeler « naturelles ». Mais justement,
ce que nous appellerions alors *naturel* n'est que la restauration de la *nature* telle que Dieu l'a voulue pour nous,
définie par son acte créateur et restaurée dans le Christ.

### 2.2.4. Le problème de la nature en théologie

Dans ces conditions, il devient possible d'étudier en
théologie la nature, l'ordre naturel, la loi naturelle, le
droit naturel. Ce sera une activité sapientielle régie par la
Sagesse divine elle-même, une réflexion à l'intérieur de la
foi où les données de l'analyse philosophique pourront
prendre place, à condition de subir cette refonte que la
grâce du Christ opère dans l'homme en le sauvant. Ce
sera une conpréhension admirative de la volonté de Dieu
sur un monde dont il est le Créateur, sur un homme
auquel il a donné une Loi pour régler son existence.

Tout cela peut être fait — à condition que l'on se place dans la perspective religieuse définie par l'Écriture.

Du même coup, il devient possible de dialoguer sur ces questions avec ceux qui ne voient pas les choses dans une foi explicite à la révélation. Celle-ci, en effet, nous assure qu'ils sont déjà atteints d'une certaine façon par l'action de la Sagesse et de l'Esprit de Dieu, au plus intime de leur conscience, si bien qu'en principe cette conscience peut les rendre sensibles aux diverses valeurs que Dieu a déposées dans leur être en les créant. De même que les chrétiens continuent d'expérimenter en eux-mêmes l'action du péché qui tend à pervertir leur nature, qu'ils demeurent des pécheurs même lorsqu'ils ont été justifiés par grâce, qu'il leur reste la possibilité d'errer et de rechuter, de même ceux qui ne partagent pas encore pleinement la foi chrétienne expérimentent aussi une action secrète du Christ en eux, qui les pousse à accomplir la volonté de Dieu. Dans le cadre du dialogue avec ces hommes, le témoignage des chrétiens sur la nature concrète de l'homme, telle que Dieu l'a révélée, doit permettre d'éveiller dans les autres consciences une pleine compréhension de leur être réel. Certes, ce témoignage va bien au-delà d'un tel résultat : il porte sur l'existence du Dieu vivant, de son dessein de salut, du Christ rédempteur, du don de grâce attaché au message évangélique. Mais avant même que les hommes puissent franchir les obstacles qui s'opposent à cette reconnaissance du vrai Dieu en Jésus-Christ, il reste une possibilité de porter devant eux un témoignage qui, sans viser directement au succès visible de la prédication chrétienne, lui prépare positivement les voies et s'inscrit à l'intérieur du dessein de salut.

Car, au fond, nul homme n'entrera jamais dans la foi que lorsque Dieu le voudra et l'y appellera, et quand sa liberté répondra à cet appel de la grâce. De ce fait, le témoignage externe des chrétiens ne suffit pas pour que leurs frères humains entrent dans la voie de la foi explicite. Or, avant qu'ils en soient là, ils n'en prennent pas moins déjà position par rapport à Dieu, lorsqu'ils acceptent ou repoussent les indications de leur conscience qui les éclairent et les impératifs de leur conscience qui les poussent à accomplir le bien. En les atteignant au niveau de ce problème fondamental de l'existence, le témoignage des chrétiens les atteint donc au cœur de leur relation au Dieu vivant et au Christ, tout en respectant pleinement le mystère de leur liberté aux prises avec la grâce. Étudié sous cet angle, le problème de la « nature » n'est plus une question technique qu'on pourrait abandonner aux discussions plus ou moins oiseuses des théologiens et des philosophes. Il se situe au cœur de la Pastorale. Il ne faudrait donc pas qu'une influence unilatérale des existentialismes ou des structuralismes contemporains, qui repoussent l'idée d'une « nature » ou d'une « essence » de l'homme conçue de façon statique à la suite d'une scolastique décadente, amène les théologiens à en méconnaître l'importance ou à le poser de travers. En tout cas, ce n'est pas l'Écriture sainte qui les y aura conduits.

*Chapitre III*

# LE FONDEMENT DES NORMES
# MORALES
# EN THÉOLOGIE CHRÉTIENNE

Une des thèses classiques de la morale fondamentale consiste à affirmer que l'« agir » humain est réglé par une norme *objective, universelle* et *immuable,* qui coïncide avec la morale « naturelle » et qui fait l'objet de la révélation sous la forme de la « loi évangélique ». Cette présentation de la doctrine provient lointainement de saint Thomas[1]. Celui-ci, partant de l'idée augustinienne de la « loi divine », retrouve effectivement la « loi naturelle » de l'homme dans le Décalogue, auquel il ramène tous les commandements de l'ancienne Loi, et il présente l'Évangile comme constituant la « loi nouvelle ». Il convient pourtant de se méfier, car le mot « loi » change de sens en cours de route et le mot « nature » oscille entre deux acceptions : celle qu'il tient de son origine augustinienne ou aristotélicienne, et celle qu'il revêt quand on le rattache à la théologie de la création. Pour clarifier cette question, il convient donc d'opérer un ressourcement biblique qui ramène la réflexion vers les textes fondamentaux où la foi trouve ses racines[2].

---

1. *Somme théologique,* Iª IIªᵉ, q.90-93, les lois en général et la loi éternelle ; q.94, la loi naturelle ; q.98-105, la loi ancienne ; q.106-108, la loi nouvelle (ou évangélique).

2. Ni le recours à l'autorité du Magistère, ni à plus forte raison l'appel aux théologiens qui ont fixé la « doctrine commune », ne dis-

Comment se présente, à ce point de vue, le fondement des normes morales en théologie chrétienne ? Pour le dire, il ne suffit pas de tirer des livres saints quelques textes arrachés à leur contexte. Leur répartition entre les deux Testaments ne fournit même pas, dans le cas présent, une solution adéquate. Il est vrai que ceux de l'Ancien ne sont « régulateurs » pour la foi que s'ils sont relus dans la lumière du Christ, en tant qu'« Écriture accomplie ». Mais dans l'ordre de la morale, ceux du Nouveau n'en reprennent pas nécessairement tous les éléments pour dire comment ils « s'accomplissent » et pour en préciser la portée définitive. Tout compte fait, il vaut mieux suivre de texte en texte le déroulement de l'économie du salut dans ses étapes successives, la vie terrestre du Christ Jésus occupant une place à part à la charnière des deux Testaments. C'est ce que je ferai dans la première Partie de mon exposé, qui sera aussi la plus longue. Après avoir ainsi mis en lumière les principes fondamentaux de la morale « chrétienne », dans la perspective de la révélation biblique, je m'efforcerai de dissiper quelques équivoques qui brouillent souvent sa présentation. L'enquête ne pourra être menée que d'une façon très succincte : chacun de ses points exigerait des développements considérables et, puisqu'il s'agit de la Bible, des justifications critiques incessantes. Mais il faut choisir entre les possibilités offertes : je choisis d'être bref, pour aboutir à une présentation synthétique de l'ensemble du sujet.

---

pensent de cette référence à l'Écriture. Celle-ci est le témoin « qualifié » (au sens juridique du terme) de la *Tradition fondatrice,* léguée par les apôtres à l'Église de tous les temps. Ce recours pose évidemment des problèmes d'herméneutique qu'aucune analyse (littéraire, structurale ou autre) ne suffit à résoudre. Mais les textes tirés de la tradition ecclésiastique n'en posent pas moins. Je pratiquerai donc ici une série d'opérations à l'aide des méthodes que je suppose connues. De même, je m'abstiendrai des justifications critiques qui feraient appel à une érudition démesurée. Mon propos reste beaucoup plus modeste.

## 1. L'AGIR HUMAIN ET SES NORMES DANS L'ÉCONOMIE DU SALUT

Les trois étapes essentielles de l'économie du salut ont, à première vue, une allure historique : elles suivent l'humanité, de sa création à sa condition pécheresse, de sa condition pécheresse à l'acte rédempteur du Christ qui la libère et la sauve, de l'acte rédempteur du Christ à la « nouvelle création ». Mais cette succession d'apparence temporelle a surtout une portée existentielle : elle définit les aspects contrastés de l'être humain dans sa vie quotidienne. Aussi bien au point de vue individuel qu'au point de vue social, chaque homme relève des trois, qu'il le sache ou ne le sache pas : l'annonce de l'Évangile a pour but de lui en faire prendre conscience d'une façon explicite. Tel est l'arrière-plan sur lequel se détache et prend sens l'« *agir* » moral, avec les normes qui en constituent la régulation.

### 1.1. DE LA CRÉATION A LA CONDITION PÉCHERESSE

Cette étape « originaire », inaccessible à toute enquête historique, n'est évoquée que sous une forme « mythique » dans le ch.1-11 de la Genèse et dans les textes des deux Testaments qui y font écho (notamment ceux de saint Paul). Elle a néanmoins une importance capitale pour la compréhension de l'« agir » humain dans la révélation chrétienne. En effet, elle présente concrètement les deux forces contradictoires entre lesquelles l'homme est tiraillé dans sa condition présente : le dynamisme du Bien qui manifeste en lui l'action créatrice de Dieu, et la résistance du Mal qui montre à l'action la force mystérieuse du péché dans l'existence humaine. On est donc dans une réflexion d'ordre anthropologique qui commandera ensuite la réflexion sur la morale.

### 1.1.1. L'action créatrice de Dieu

En se reconnaissant comme créature de Dieu, l'homme connaît trois choses de façon authentique : 1. la finalité de son « agir », en tant qu'il est inscrit dans son être ; 2. le sens des puissances intérieures qu'il met en acte pour se montrer « homme » par l'exercice de sa liberté ; 3. la norme qui détermine la qualité bonne ou mauvaise de cet exercice.

*1.1.1.1.* On présente souvent *la conception biblique de la création* comme si elle soulignait seulement la *dépendance* de l'homme par rapport à son Créateur : c'est sur ce point qu'on fonde alors la morale religieuse, en insistant d'une façon unilatérale sur l'*autorité* de Dieu qui donne à l'homme une loi pour régler sa conduite. Sans contredire cet aspect de la question, que les mythes païens n'ignoraient pas, les textes bibliques introduisent un élément nouveau dans la compréhension de la vie humaine en assignant des *finalités* aux activités qui s'y déploient.

— *Finalités immédiates.* — 1. Par rapport au monde, il s'agit de le maîtriser et de lui imprimer la marque de l'homme (Gn 1, 28-29 ; 2, 15 ; Ps 8 ; Si 17, 1-4). 2. Par les relations interpersonnelles d'ordre sexuel, il s'agit de réaliser l'aide mutuelle dans le couple (Gn 2, 18-24 ; Tb 8, 6-7 ; Mc 10, 6-8 et par.) et d'assurer la continuité de la race (Gn 1, 27-28 ; 9, 1-2 ; Ps 128, 3) : dans les textes bibliques ces deux finalités ne sont pas hiérarchisées, à proprement parler, mais plutôt enveloppées l'une dans l'autre. 3. Par l'organisation de la société, il s'agit non seulement de « remplir la terre » et de la « soumettre » (Gn 1, 28 ; 9, 1), mais aussi de rendre possible la prise de conscience qui résulte des trois expériences précédentes. Celle-ci fait de la « *nature* » humaine, comprise dans la perspective du dessein du Créateur, une réalité *dynamique* appelée à manifester ses virtualités au fil de l'histoire dans la diversité des races, des peuples, des cultures (cf. Gn 10 ; Ac 17, 26).

— *Finalité ultime.* — L'homme qui émerge ainsi de la terre (Gn 2, 7) et de l'animalité (Gn 2, 20) n'est toutefois pleinement lui-même que par son dialogue avec Dieu, auquel il est ouvert par sa conscience de soi : dialogue autour du commandement donné (Gn 2, 16-17), mais aussi accès à la familiarité avec Dieu et à la vie immortelle (Gn 2, 9 ; Sg 2, 23). L'idée se développera dans l'Ancien Testament sous la forme de la communion de vie et de l'amitié avec Dieu, en attendant que le Nouveau Testament parle d'une « participation à la nature divine » (2 P 1, 4). Si telle est la finalité de l'« agir humain », la norme morale doit être comprise en fonction d'elle, car la nature humaine n'existe pas à l'état pur, en dehors de cette vocation à ce qu'on peut appeler le « sur-naturel ».

*1.1.1.2.* A l'inverse des conceptions païennes du Destin, et à la différence des conceptions mécanistes auxquelles aboutit l'anthropologie de certains modernes, la conception biblique de l'homme met en avant *le caractère responsable de son activité individuelle et sociale.* C'est pourquoi celle-ci, quels qu'en soient les points d'application, se présente fondamentalement comme un *choix* entre le Bien et le Mal, le bonheur et le malheur, la vie et la mort (Gn 2, 16-17, sous le voile du symbole ; Dt 30, 15-20). Cette situation est parfaitement résumée dans le texte de Si 15, 14-17 : « Au commencement — c'est-à-dire en ce temps "mythique" qui permet d'évoquer le dessein permanent du Créateur et qui recouvre l'histoire entière — Dieu a fait l'homme et l'a laissé à son propre conseil (= la "conscience")... Il a mis devant toi le feu et l'eau : étends la main selon ton désir *(yèṣer).* Devant les hommes, il y a la vie et la mort : l'une ou l'autre leur est donnée selon leur gré. » Ainsi se trouvent soulignés, d'une part, le sens de la *raison* et de la *conscience* comme compréhension intérieure de la « nature » reçue de Dieu, et d'autre part, le sens de la *liberté* (le « désir » et le « gré ») comme *pouvoir de choix* par rapport à la finalité ultime, toujours sous-jacente aux finalités immédiates des activités humaines. Cette façon de voir laisse de côté tous les problèmes que peut soulever, en pratique, l'usage de la raison et de la liberté ; mais elle définit ce qui fait la dignité essentielle de l'homme.

*1.1.1.3.* Puisque cette dignité réside dans le pouvoir du choix, exercé en pleine conscience par le libre vouloir de l'individu ou des individus associés en communauté, *la détermination du Bien et du Mal* pour les activités qui font l'objet de chaque choix constitue donc un point essentiel pour l'évaluation des actes humains. Or, au-delà des normes particulières, qui peuvent régir les diverses activités humaines pour qu'elles aillent dans le sens de la finalité ultime à laquelle elles sont ordonnées, chaque liberté doit opérer un *choix fondamental* en face de la norme qui se rapporte directement à celle-ci. Ce choix est symbolisé dans la Genèse, en termes sapientiels, par « l'Arbre de la connaissance du Bien et du Mal » : l'homme accepte-t-il de *recevoir* de Dieu cette connaissance comme il reçoit de lui son être créé, où bien prétend-il *se donner à lui-même* la maîtrise sur cette loi de son être en devenant le créateur de ses propres valeurs — pour parler en termes de philosophie moderne (cf. Gn 2, 16-17 ; 3, 2-6) ? La « loi » de Dieu ainsi comprise n'est pas imposée à l'homme « de l'extérieur » : elle est la loi constitutive de son être, connaissable en principe par la conscience qui en répercute directement l'écho. Telle est la conception biblique de ce qui fonde, en termes de théologie scolastique, la « loi de nature », non au sens stoïcien ou aristotéliciens du mot, mais au sens où l'entend saint Paul dans quelques passages de ses lettres[3]. Quant au choix fondamental dont il s'agit, il est sous-jacent à tous les actes humains : c'est pourquoi la Genèse le projette sur les Origines comme « l'épreuve » par excellence.

---

3. Voir la « Note sur l'idée de nature en théologie morale », p. 39-65.

### 1.1.2. La condition pécheresse

La finalité ultime de l'« agir » humain, en tant que relation à Dieu et communion de vie avec lui, préside à l'histoire de l'humanité depuis ses origines, même si cet objectif du dessein de Dieu ne s'est dévoilé que peu à peu dans l'économie du salut. C'est donc en fonction d'elle qu'il faut comprendre : 1. la notion biblique du péché ; 2. la condition pécheresse dans laquelle se trouvent tous les hommes ; 3. les conséquences qu'elle entraîne dans leur activité pratique. Sur ces trois points, les notations dispersées de deux Testaments trouvent leur meilleure expression dans la théologie de sainr Paul.

*1.1.2.1.  Le péché,* dans la perspective biblique, ne se définit pas d'abord en terme de *lois relatives aux finalités immédiates des actes humains, mais en termes de relation* liée à la finalité ultime qui vient d'être définie. La relation dont Dieu a l'initiative est caractérisée par l'*amour* ; c'est la réponse de l'amour qui la noue. Le péché est essentiellement le *refus* de cette réponse, par *méconnaissance* de l'amour qui vient de Dieu et, finalement, de Dieu lui-même : telle est la perversion du jugement que saint Paul discerne à la racine du péché humain (Rm 1, 19-22). Sa conséquence est la *perversion* de l'« agir » humain dans tous les domaines où il s'exerce, par refus des finalités qui conviennent à chacun d'eux : la maîtrise du monde vire à l'idolâtrie (Rm 1, 23 ; cf. Col 3, 5 qui applique le thème à la cupidité) ; l'exercice de la sexualité se dégrade (Rm 1, 24-27) ; toutes les relations interpersonnelles dans la société sont perturbées (Rm 1, 28-32). En conséquence, la diversification des groupes humains et des fonctions dans chaque groupe donne lieu à des oppositions irréductibles sous l'effet de la convoitise dans l'ordre de l'Avoir, de la volonté de puissance dans l'ordre du Pouvoir, de l'orgueil dans l'ordre du Savoir (cf. les notations éparses dans les deux Testaments). Tous ces faits d'expérience montrent que les hommes violent les normes fondamentales de leur être. Bien plus, ils en viennent à faire de ces comportements les règles de leurs cultures (Rm 1, 32) : non seulement ils commettent les actes correspondants, mais ils approuvent ceux qui les commettent (Rm 1, 32)[4]. C'est pourquoi, sous ce rapport, « ils sont inexcusables » (Rm 1, 20 ; 2, 1).

*1.1.2.2.* La condition humaine qui en résulte comporte une détérioration des puissances naturelles grâce auxquelles l'homme prend en charge la responsabilité de sa vie. Cette *condition pécheresse* est d'abord, un fait social : nous sommes « par nature fils de la Colère » (Ep 2, 3), parce que nous naissons et prenons conscience de nous-mêmes au sein d'une race sur laquelle « la Colère de Dieu se révèle du haut du ciel » (Rm 1, 18), en raison « de ses raisonnements insensés et de son cœur inintelligent et enténébré » (Rm 1, 21). Puisqu'elle a méconnu Dieu (cf. *supra*), Dieu « l'a livrée » aux convoitises de son cœur, à ses passions avilissantes, à sa raison avilie (Rm 1, 24.26.28). En conséquence, d'une part, *la conscience est perturbée* au plan du jugement moral, pour discerner correctement le Bien et le Mal : elle peut donc faire des erreurs subjectives dans la compréhension de la « lex naturae » dont elle a théoriquement l'intuition. D'autre part, lors même que la raison joue normalement son rôle sur ce point, *le vouloir peut rester incapable* de réaliser ce qu'elle estime objectivement bon (Rm 7, 15-20). L'« homme charnel » (au sens paulinien du terme) apparaît ainsi comme « vendu au pouvoir du Péché » (Rm 7, 14) : sa liberté, comme pouvoir de choix qui devrait l'attacher à Dieu, est captive de la « loi du Péché » qui habite en lui (Rm 7, 23). C'est cette condition pécheresse que la théologie latine appelle « péché originel » à la suite de saint Augustin[5]. L'homme, pour être sauvé, a donc besoin de la grâce redemptrice.

---

4. Cf. « Théologie biblique du péché », dans *De la mort à la vie éternelle,* coll. « Lectio Divina » n° 67, Paris, 1971, p. 13-50. Pour l'analyse de Rm 1, 18-32, voir *Péché originel et rédemption, examinés à partir de l'épître aux Romains,* Tournai-Paris, 1973, p. 59-79.

5. On doit à saint Augustin l'expression « péché originel » : elle apparaît pour la première fois dans sa *Lettre à Simplicien* en 396/97. Mais elle désigne l'état concret de l'homme prisonnier du Péché (personnifié), sur la base de Rm 7, 14-25 : l'appel à Rom 5 (péché d'Adam ou péché des origines) ne vient, dans l'œuvre d'Augustin

*1.1.2.3.* L'homme est ainsi distendu entre la Loi de Dieu, en laquelle il se complaît dans la mesure où sa conscience la discerne, et la loi du Péché qui l'enchaîne (Rm 7, 16. 21-23. 25b). La condition présente de tous les hommes est caractérisée par cette *structure déchirée de la conscience individuelle,* quelles qu'en soient les modalités de détail[6]. Si on considère cette structure indépendamment de la grâce rédemptrice, elle prend la forme du combat entre la chair et la raison, au sens paulinien du mot « chair » qui englobe tout penchant mauvais de l'homme (Rm 7, 14-25). Même lorsque la grâce rédemptrice est intervenue pour libérer la volonté captive (Rm 7, 24), elle subsiste comme combat entre la chair et l'Esprit (Ga 5, 16-23a). Inscrite au plus profond de l'être « naturel », elle se manifeste dans tous les domaines de l'« agir ». C'est l'impuissance à maîtriser la sexualité pour la gouverner selon son ordre propre, afin d'en faire la traduction du don interpersonnel. C'est la brisure du lien fraternel entre les hommes dans la construction de la société : opposition entre nations et cultures au plan de l'histoire universelle ; dénaturation des fonctions diversifiées, qui donne naissance au *fait* des classes et, en conséquence, à leur lutte inévitable. C'est l'affrontement d'une nature hostile que l'humanité maîtrise à grand peine et qui impose finalement à tout individu l'expérience inéluctable de la mort, mystérieusement liée au péché comme indice de la tyrannie du Mal (cf. Rm 5, 12 s ; Gn 3, 19). Ainsi le destin de l'homme paraît scellé sans rémission : installé dans sa situation contradictoire, il est une question pour lui-même, mais l'aveuglement du Mal l'empêche de comprendre les termes exacts de cette question.

*1.1.2.4.* Dans cette réflexion sur la condition pécheresse qui contraste avec l'action créatrice de Dieu, la notion de *péché* présente des variations importantes. Elle a partout la même « objectivité », dans la mesure où elle est

---

qu'après 412, dans le cadre de la controverse antipélagienne (cf. *Péché originel et rédemption,* p. 14-16).

6. *Ibid.,* p. 89-105.

définie *en fonction des finalités* qui caractérisent l'activité authentique de l'homme et qui sont inscrites dans son être comme la loi même de sa « nature ». Mais au plan subjectif, il n'y a de péché « en acte » que dans la mesure où les *choix* — individuels et collectifs — refusent en pleine connaissance de cause et avec une volonté délibérée ces finalités et les normes pratiques qui en sont la traduction : matière, connaissance et consentement sont les éléments constitutifs du péché dans la théologie la plus classique. Or, les déchirures intérieures que la condition pécheresse due au « péché du monde » fait peser sur chaque individu et chaque groupe humain particulier, ont justement pour conséquence de *blesser* la « nature » humaine aux deux endroits précis où s'opèrent les choix moraux : la raison et le vouloir. On ne peut tenir l'individu pour responsable de cette tyrannie du Péché (personnifié), qui entraîne éventuellement des actes par lesquels il contredit les finalités de son être sans en avoir pleinement conscience et/ou sans y engager sa pleine liberté. Sous ce rapport, il y a toujours dans ses choix moraux un aspect mystérieux dont Dieu seul connaît le secret. Faut-il donc en attribuer la responsabilité à la société dont il naît et qui l'entoure ? Cela ne ferait que reculer le problème, car l'organisation de cette société résulte elle-même des choix opérés par les individus qui la composent. Il faut aller plus loin dans l'analyse et situer le « diagnostic » anthropologique qui vient d'être fait dans le déroulement total du dessein de Dieu.

## 1.2. DE LA CONDITION PÉCHERESSE A L'ACTE RÉDEMPTEUR DU CHRIST

Après la présentation de l'homme « naturel » et de ses oscillations entre deux pôles, il faut examiner les trois étapes par lesquelles a passé la révélation du Bien et du Mal moral dans sa conscience enténébrée : 1. avant l'ancienne alliance ; 2. sous le régime de l'ancienne alliance ; 3. avec la venue de Jésus dans le cadre de ce régime religieux.

### 1.2.1. Avant l'ancienne alliance

Le mot « *avant* » doit être entendu ici *dans un sens logique :* il englobe tous les hommes que l'« économie » d'alliance n'a pas encore touchés — du moins sous la forme qu'elle revêt avec les patriarches et au Sinaï. Il a donc des applications actuelles, car, d'une part, l'Évangile n'a pas encore atteint tous les hommes et, d'autre part, l'humanité post-chrétienne peut être elle-même imperméable à un Évangile qui lui reste étranger.

*1.2.1.1.* La connaissance authentique de Dieu, manifestée par un culte digne de lui, est la source première de toute droiture morale. Or, l'Ancien Testament l'attribue à des personnages représentatifs comme Abel (Gn 4, 4), Noé (Gn 8, 20-21), dépositaire d'une alliance qui englobe la totalité du genre humain (Gn 9, 1-17), Job (Jb 1, 1 — 2, 10 ; 42, 8). Les gestes religieux accomplis en dehors d'Israël sont donc pleins de sens, dans la mesure où ils ne sont pas corrompus, soit par l'idolâtrie (cette « méconnaissance » de Dieu que dénonce Rm 1, 20-23), soit par les mauvaises dispositions de ceux qui les accomplissent (cf. Gn 4, 5). Ainsi le Nouveau Testament pose en principe que, durant les « temps de l'ignorance » (Ac 17, 30), au « temps de la patience de Dieu » (Rm 3, 26), Dieu n'a jamais manqué de se rendre témoignage par ses bienfaits (Ac 14, 17), afin que les hommes le cherchent comme à tâtons et, si possible, le trouvent (Ac 17, 27). De fait, il en est qui l'ont trouvé, fût-ce en se tournant vers le « Dieu inconnu » (Ac 17, 23). Ce qui compte ici, c'est moins la connaissance *explicite* que l'*ouverture* du cœur à cette connaissance.

*1.2.1.2.* L'Ancien Testament reconnaît à ces mêmes « justes » une *conduite morale* conforme aux dispositions du Créateur et à la loi qui est inscrite au fond de leur être : ainsi Hénoch (Gn 5, 24) et Noé (Gn 6, 6-8) qui « marchent avec Dieu » ; ainsi Job (Jb 1, 8) ; ainsi chez Ézéchiel le trio légendaire de Noé, Daniel et Job (Ez 14, 14). On ne peut parler à ce sujet d'une « révélation » positive de la Loi de Dieu : on constate au contraire que le portrait du juste tel que Job le trace (Jb 31) synthétise les données de la « sagesse » authentique, à laquelle l'Écriture reconnaît une pleine valeur. Celle-ci n'énonce pas ses normes par déduction à partir de « principes premiers », mais par induction à partir de l'expérience, en se laissant guider par une intuition fondamentale qui correspond à l'existence « authentique » de l'homme. Cette source de la connaissance du Bien moral est précisée par saint Paul, lorsqu'il pose en principe que des membres des nations qui n'ont pas reçu le privilège de la Loi en accomplissant naturellement *(physèi)* les prescriptions et « se tiennent lieu de loi à eux-mêmes », parce que la réalité de cette loi est inscrite au fond de leur être, comme le prouve le témoignage de leur *conscience* (Rm 1, 14-15). C'est en ce sens, et sans aucun égard pour le concept grec de « nature » — ou plutôt, avec un regard *critique* sur lui —, qu'on peut parler d'une « loi de nature » accessible aux intuitions de la conscience droite où l'on reconnaît la trace du Dieu créateur.

*1.2.1.3.* Il s'en faut de beaucoup pour que cette droiture religieuse et morale se fasse jour partout dans la masse humaine. L'obscurcissement de la connaissance de Dieu et de la conscience morale est devenue au contraire, dans l'antiquité comme aujourd'hui, un trait caractéristique des traditions sociales et culturelles dans l'humanité pécheresse. Or, c'est par leur entremise que se fait l'éducation relieuse et morale des individus. Aussi la morale « sociologique », statique par essence[7], peut-elle contrecarrer les intuitions dynamiques de la conscience chez ceux qui tenteraient de la changer. Ce conflit latent doit toujours être pris en considération, quand on essaie d'évaluer les « vertus » des païens ou les systèmes de morale élaborés par les Sages et les philosophes en dehors du système de l'alliance : le pire peut s'y mêler inconsciemment au meilleur.

---

7. Je reprends ici le langage de BERGSON dans *Les deux sources de la morale et de la religion,* ch. 1.

### 1.2.2. Le sens de l'ancienne alliance

En Israël, le régime d'alliance est fondé sur la médiation d'une révélation prophétique, (au sens large du mot, cf. He 1, 1). Il manifeste l'initiative de Dieu lui-même dans l'histoire humaine : c'est pour cela qu'il met à part, au milieu des nations, la descendance des patriarches et le peuple d'Israël. Mais en matière de morale, plutôt que d'ajouter de nouvelles normes à celles qui viennent d'être définies comme « naturelles », il dévoile à ceux qui en bénéficient les véritables exigences de leur relation à Dieu, aux autres et au monde.

*1.2.2.1.* L'alliance accordée à Abraham puis à Israël comme peuple choisi (Gn 15 et 17 ; Ex 19, 5-6, etc.) rectifie *la relation des hommes au Dieu unique* en écartant l'idolâtrie : c'est la suppression du désordre dénoncé dans Rm 1, 20-23. En outre, cette relation n'est plus seulement définie en termes de maître à esclaves, mais en termes de père à fils premier-né (Ex 4, 22, etc.) et d'époux à épouse (Os 1 — 3, etc.). Or, *c'est la réalisation de cette relation qui constitue la finalité dernière des actes humains et le fondement ultime de la moralité,* au-delà de la « nature » considérée abstraitement ou de la « raison » considérée comme se suffisant à elle-même. La morale biblique est avant tout *une « morale de l'alliance ».* Le Bien s'y définit dans le cadre d'un dialogue : c'est un échange affectif d'ordre religieux entre Dieu et les hommes appelés à devenir son peuple. Le problème du *choix fondamental* entre le Bien et le Mal, entre la vie et la mort, doit être compris dans cette perspective (Dt 30, 15-20 ; cf. Dt 28 ; Lv 26) : il est expérimenté dramatiquement par Israël comme une affaire d'amour ou de refus d'amour (Dt 30, 20 ; cf. 6, 4-9). Ce fait essentiel révèle la nature profonde de tout problème moral dans l'existence concrète des hommes : Israël est, sur ce point, la « parabole vivante de l'humanité ».

*1.2.2.2.* C'est dans ce cadre que *la Loi* doit être comprise, en tant que *don de grâce* accordé par Dieu à son peuple. En introduisant des régulations pratiques dans les relations entre Israël et Dieu, dans l'exercice de la sexualité, dans le comportement social des individus à l'intérieur de la communauté et leurs rapports avec les autres communautés humaines, dans leur juste usage des choses créées, elle marque *les conditions auxquelles est suspendue toute la « morale de l'alliance »*. Si l'on met à part sa réaction absolue contre l'idolâtrie, le détail de ses commandements — dont le Décalogue n'est qu'un résumé en forme d'interdits — ne révèle rien de totalement nouveau : il ne fait que reprendre, trier, affiner, rectifier, cristalliser et finalement consacrer religieusement des indications spontanées de la *vraie* sagesse humaine, soit dans l'ordre de la conduite individuelle, soit pour l'organisation de la société au point de développement — politique, économique et culturel — où elle est parvenue. Cet arrière-plan de « *sagesse* », que beaucoup de parallèles antérieurs ou contemporains pourraient appuyer, explique que sa valeur puisse être reconnue par toutes les autres communautés humaines (cf. Dt 4, 5-6). Ce principe vaut moins pour ses *dispositions* détaillées, qui comportent des éléments adaptés aux conditions économiques et politiques d'une société particulière et ne peuvent être érigées en modèle intouchable, que pour les *finalités* qu'elle poursuit. Cela montre qu'il existe en principe une coïncidence entre son contenu et les intuitions spontanées de la raison et de la conscience. En ce sens-là, la loi « révélée » ne diffère pas de la « loi de nature », (au sens défini plus haut). Mais son intégration à la perspective de l'alliance la rapporte à une finalité ultime — la communion avec Dieu, qui lui donne une nouvelle signification.

*1.2.2.3.* L'inspiration divine du Législateur, des prêtres et des prophètes, auxquels on voit la fixation de la Loi puis ses adaptations et ses réformes successives, *ne les soustrait pas à la relativité des conditions socio-culturelles* dans lesquelles ils vivent. Elle ne fait pas non plus disparaître d'un seul coup le poids des habitudes qui se fait sentir dans la société traditionnelle. Il y a donc des points sur lesquels les prescriptions légales du droit positif, réalisation concrète de la morale, se ressentent encore de ce que Jésus, après les prophètes, appellera la « dureté des cœurs » (Mc 10, 5 et par., à propos du divorce). Ces reliquats de la morale « sociologique » n'empêchent pas l'ensemble de la Loi, dans son dynamisme profond, de viser à restaurer en Israël l'ordre « originel » — mot qu'il ne faut pas entendre ici au sens chronologique, mais dans une perspective ontologique correctement comprise, comme une façon de présenter l'intention du Créateur indépendamment du péché humain qui le contredit. Cet *Absolu* de la Loi est à chercher *dans l'ordre de ses finalités* plutôt que dans le détail des dispositions juridiques : celles-ci règlent les institutions *particulières* d'Israël en matière de vie sociale et de culte ; elles s'adaptent donc aux *possibilités pratiques,* pour intégrer les règles de la vie morale dans la législation de la nation entière.

Cette remarque vaut pour *le Décalogue* lui-même. A l'exception du respect dû aux père et mère et de la sanctification du sabbat, il ne définit qu'en termes négatifs l'idéal des relations religieuses avec Dieu, des relations entre les hommes et de l'usage du monde. Or, les deux commandements positifs sont à évaluer judicieusement : le respect des père et mère doit s'entendre en fonction du milieu socio-culturel d'Israël ; la pratique du sabbat correspond dans ses détails à l'organisation économique de ce même milieu et il s'agit d'un précepte de droit positif relié à un calendrier particulier qui n'a pas en lui-même une valeur absolue. Quant au caractère *négatif* des interdits énoncés, il indique *les conditions minimales à remplir pour participer au culte communautaire*[8]. La barrière ainsi dressée se situe encore au sein d'une morale « sociologique » que la législation s'efforce de réformer. Le dynamisme interne de la Loi est donc à chercher dans d'autres textes : « Soyez saints parce que je suis saint » (Lv 19, 2b) ; « Tu aimeras le Seigneur ton Dieu de tout ton cœur, de toute ton âme et de tout ton pouvoir » (Dt 6, 5) ; « Tu aimeras ton prochain comme toi-même » (Lv 19, 18). Même dans ce dernier texte, la notion de

---

8. Cf. « Décalogue et morale chrétienne », p. 109-114.

« prochain » reste ambiguë, car elle peut s'entendre en fonction d'une société close.

*1.2.2.4.* La coordination de l'alliance et de la Loi dans ce régime donné par grâce à Israël y laisse donc subsister des *limites* notables, qu'un regard critique peut mettre en évidence en l'observant de l'extérieur. 1. Le principe de l'*alliance,* en mettant Israël, à part, s'adapte à une situation où les rapports entre les communautés humaines — races, peuples, nations et cultures — subissent la conséquence des ruptures que la condition pécheresse des hommes y a introduites : il renoue positivement les liens entre Dieu et les hommes au cœur de la réalité historique, mais il instaure une contradiction entre son universalité de principe et son particularisme de fait. 2. Quant à la *Loi,* même si on l'entend au sens positif que le Judaïsme a toujours reconnu au mot *Tôrah* et si on laisse de côté les limites qui viennent d'être soulignées, elle énonce des prescriptions et des interdits sans « changer les cœurs » pour rendre possible sa pratique. Considérée en elle-même, elle ne fait que donner « la connaissance du péché » (Rm 2, 20b) ; par là, elle porte ainsi à son point maximal la contradiction qui a été relevée plus haut dans la conscience de l'homme pécheur (Rm 7, 7-25). Pour que cette contradiction soit levée, il faudrait que la structure d'alliance change elle-même de forme, pour « inscrire la Loi dans les cœurs » (Jr 31, 33) et pour donner aux hommes « un cœur nouveau » (Ez 36, 26-27). Cette nécessité fait bien l'objet d'une promesse positive de la part des prophètes ; mais elle ne modifie pas le rôle propre de la Loi en tant que *détermination normative* du Bien et du Mal dans l'économie du salut. La promesse est une pierre d'attente en vue d'un acte *futur* de Dieu : elle donne un objet à l'espérance sans modifier, par elle-même, la situation des hommes en face des exigences de la Loi.

### 1.2.3. Le sens de la venue de Jésus

La venue de Jésus, en tant qu'avènement du Fils de Dieu parmi les hommes, inaugure un « monde nouveau »[9]. Elle ne doit pas être séparée du régime de l'alliance patriarcale et sinaïtique, puisque Jésus, « né d'une femme », est aussi « né sous la Loi » (Ga 4, 4). Il faut mesurer les implications de ce fait au point de vue des problèmes soulevés par le régime de l'ancienne alliance. Jésus « accomplit la Loi » en trois sens différents : 1. il réalise en plénitude l'alliance de Dieu avec les hommes et met parfaitement en pratique les commandements ; 2. il achève de dévoiler la portée et le dynamisme interne de la Loi ; 3. il porte à son achèvement le système de l'alliance en fondant par sa mort l'alliance nouvelle, qui permettra aux hommes d'« accomplir » la Loi à leur tour. Ces trois points méritent qu'on s'y arrête.

*1.2.3.1.* Les textes évangéliques relèvent avec insistance, *dans les comportements de Jésus,* l'« accomplissement » du régime d'alliance et de la Loi qui y est liée.

— 1. En ce qui concerne *le régime d'alliance,* il est « vécu » par lui sur le mode affectif de la *relation filiale* avec Dieu, qui implique la plénitude de la connaissance réciproque (Mt 11, 27 et par.), la recherche unique du Règne de Dieu (Lc 11, 2), l'obéissance totale à sa volonté (Mc 14, 36 et par. ; cf. Jn 5, 30 b. ; 6, 38 ; 14, 30). C'est par là que Jésus est « le Juste » (Ac 3, 14), « le Saint de Dieu » (Mc 1, 24 ; Ac 3, 14), celui que nul ne peut convaincre de péché (Jn 8, 46). Tous les actes de sa vie ayant une orientation qui correspond exactement à la finalité ultime de l'existence humaine, il achève de dévoiler la « nature » de l'homme en présentant dans sa

---

9. Dans la théologie biblique de langue allemande, on a longuement discuté pour savoir si le passage de l'Ancien Testament au Nouveau s'effectuait au moment de la naissance de Jésus ou au moment de la croix, qui donnera le départ à l'Évangile « chrétien ». Mais cette question est mal posée. D'une part, Jésus appartient par tout son être de Juif au régime de l'alliance sinaïtique, qu'il conduit à son « accomplissement » en le vivant dans sa plénitude. Mais d'autre part, il inaugure en tant que « Fils » le régime nouveau dont il scellera par sa mort l'inscription dans l'histoire. Il importe donc de mettre à part tout ce qui le concerne, quelle que soit la difficulté des enquêtes historiques nécessaires, pour le relier à ce qui le précède et à ce qui le suit.

conduite une *norme vivante* qui constitue pour tous le
« modèle unique ».

— 2. C'est dans cette perspective qu'il faut comprendre sa *pratique de la Tôrah,* non comme document
juridique, mais comme instruction de sagesse. Non seulement il en recentre tous les commandements sur le
double principe de l'amour, posé par le Deutéronome et
le Lévitique (Mc 12, 28-31), mais il en dépasse la lettre
pour en rejoindre le dynamisme positif. Il y trouve ainsi
une régulation pour sa conduite personnelle : dans
l'usage du monde matériel, il manifeste son détachement
(Lc 11, 33 s ; 18, 22), mais sans ascétisme extraordinaire
(Lc 7, 33-34) ; dans la maîtrise de sa sexualité, son
célibat « en vue du Royaume de Dieu » (Mt 19, 11 s, lu
comme une confidence voilée) lui permet d'affronter sans
trouble les pires misères humaines (cf. Lc 7, 37-50 ; Jn 8,
3-11) ; dans tous les rapports sociaux, il montre une
pleine maîtrise de la convoitise dans l'ordre de l'Avoir,
du Pouvoir et du Savoir (il faudrait relever ici des exemples concrets, que récapitule en quelque sorte le récit de
la Tentation, Mt 4, 1-11 et par.).

*1.2.3.2. Les enseignements de Jésus* en matière de
morale doivent être lus à la lumière de ses comportements pratiques : ce sont des confidences indirectes, car
chez lui aussi « la bouche parle de l'abondance du
cœur » (Mt 12, 34 b).

— 1. Jésus n'est pas « venu abolir la Loi et les Prophètes, mais les accomplir » (Mt 5, 17) : ce principe ne
s'applique donc pas seulement aux *commandements,*
mais aussi aux *promesses* sur lesquelles débouchait le
régime de l'ancienne alliance. C'est là un aspect essentiel
de son Évangile. Sa réponse au riche notable qui l'interroge montre qu'il avalise pleinement les commandements
sociaux du Décalogue, en tant qu'interdits négatifs (Mt
19, 16-20) ; mais en outre, il invite l'homme à le suivre
dans le détachement de ses biens, s'il veut « être
parfait » (19, 21), et il constate que la richesse fait obstacle à l'entrée dans le Royaume des Cieux (= de Dieu)
(19, 23-26). Il se refuse à entrer dans la casuisitique des
juristes (par exemple, Mt 15, 1-6 ; 19, 1-3 ; 23, 16-26) ;

mais il pose une règle de perfection qui dépasse de très loin la lettre des anciens textes, afin d'imiter Dieu (Mt 5, 20-48) et de pratiquer ainsi envers lui l'esprit filial (Mt 5, 45). On peut d'ailleurs se demander pourquoi il peut parler ainsi : « On vous a dit... et moi je vous dis... » (Mt 5, 21.27.31.33.38.43). D'où lui vient cette « autorité » (Mc 1, 22) ? Sinon parce qu'il a conscience d'accomplir une mission « eschatologique » qui comble l'espérance d'Israël ?

— 2. Le recentrage de la Loi sur le premier commandement et le second qui est semblable au premier (Mt 23, 35-40 ; Lc 10, 25-37 ; cf. Jn 13, 34-35) ne supprime aucune des obligations morales qui s'attachaient précédemment aux préceptes particuliers : elle fait au contraire sauter les limites qui en relativisaient les implications pratiques, en attirant l'attention sur les dispositions intérieures du cœur (Mt 5, 27, à propos de la sexualité ; 12, 33-35, à propos des paroles ; 15, 10-20, à propos de la notion de pureté). Jésus ouvre ainsi à l'« agir » moral une voie indéfinie : personne ne pourra désormais se vanter d'être « en règle » avec la Loi. Sur ce point, l'Évangile énonce une *sagesse de vie* qui dépasse toute morale « sociologique ». Mais en même temps, il est l'Évangile du pardon annoncé aux pécheurs repentants (Lc 18, 9-14), comme le don suprême de Dieu (Lc 15, 1-33). La « morale de l'alliance » est ainsi conduite jusqu'à ses conséquences ultimes, au moment où les promesses prophétiques s'accomplissent. Sans énoncer une « nouvelle Loi », *Jésus révèle donc la finalité du dynamisme moral qui est inscrit dans l'être de l'homme,* autrement dit, la « loi de nature » (au sens biblique du mot) que sa conscience reflète avec une fidélité variable. Comme cette révélation oblige les auditeurs de l'Évangile à un *choix fondamental,* elle met à nu du même coup le fond des cœurs et coupe court à toute tricherie avec la conscience qu'elle éclaire.

*1.2.3.3.*  Cette nécessité du choix en face de l'Évangile et du messager qui l'annonce a pour résultat de dévoiler dans toute sa profondeur *le mal dont l'humanité pécheresse est atteinte.* Le refus que lui opposent les autorités

constituées, tant juives que païennes, peut avoir pour
excuse partielle l'ignorance et l'aveuglement dus à une
tradition sociale trop présente (cf. Ac 3, 17 ; Lc 23, 34).
Mais en conduisant Jésus à la croix, ce refus réalise le
drame de la mort du Juste qui s'est rendu solidaire des
pécheurs pour souffrir avec eux et en leur faveur (cf. Is
52,13 - 53,12, repris pour interpréter la mort de Jésus,
notamment dans Rm 4, 25, et 1 P 2, 21-25). Ce drame
est le point culminant du drame plus général[10] que la
Genèse évoquait symboliquement en le plaçant aux Origines (Gn 3) : il est présenté comme le suprême assaut du
« Prince de ce monde » contre Jésus, par Luc (Lc 4, 13 ;
22, 3) et surtout par Jean (Jn 6, 70 ; 12, 31 ; 13, 2.27 ;
14, 30 ; 16, 11) ; il consomme le « péché du monde »
que Jésus est venu prendre sur lui pour l'enlever (Jn 1,
29). Il ne manifeste plus seulement *la fragilité* que le
poids du Péché entraîne dans les consciences aveuglées et
les volontés affaiblies : il met en évidence *l'obstacle* que
les ténèbres humaines peuvent toujours opposer à la
lumière de Dieu (Jn 1, 5.10-11 ; 3, 19-20). Mais par sa
mort, Jésus scelle l'alliance nouvelle qui apportera le
pardon aux pécheurs (Mt 26, 28 et par.) : cette mort,
mystérieusement liée au péché, devient ainsi le moyen de
la victoire de Jésus sur le Péché et sur la Mort[11].

## 1.3. DE L'ACTE RÉDEMPTEUR A LA NOUVELLE CRÉATION

Les invitations que Jésus adressait, de son vivant, à
ses auditeurs directs se prolongent sous une nouvelle
forme après sa résurrection. A partir de ce moment, la
« nouvelle création » est inaugurée grâce au sacrifice qui
a fondé la nouvelle alliance. Cet avènement du « monde
à venir », annoncé par les promesses prophétiques,
achève de révéler la structure de la vie morale de
l'homme, la norme fondamentale à laquelle elle doit se
référer, les règles pratiques qui en découlent.

---

10. *Péché originel et rédemption,* p. 186-198.
11. *Ibid.,* p. 338-359.

### 1.3.1. L'homme recréé en Jésus-Christ

Puisque l'évocation des Origines sert, dans la Bible, à présenter le dessein du Créateur indépendamment du péché humain qui le contrarie, la reprise du même thème, sous la forme d'une « nouvelle création » dans le Christ, montre l'unité du dessein de Dieu, du commencement à la fin de l'histoire. Elle ne sert pas seulement à définir l'objet de l'espérance chrétienne (Rm 8, 22-23 ; Ap 21, 1-5 ; 2 P 3, 13) : la nouvelle création est inaugurée dès le temps présent (2 Co 5, 17 ; Ga 6, 15 ; cf. Col 1, 15-16), grâce à la réconciliation que la croix du Christ a opérée (Col 1, 20) et au don de l'Esprit qui constitue les prémices du « monde à venir » (Rm 8, 23 ; 2 Co 1, 22 ; Ep 1, 14).

*1.3.1.1.* Ce que la médiation du Christ dévoile ainsi dans l'homme au terme des temps préparatoires ne diffère donc pas de ce qui était virtuellement présent en lui depuis les Origines : *la rédemption révèle la « nature » qu'il avait reçue de Dieu dès son appel à l'existence.* L'action anticipée de la grâce du Christ et le don secret de son Esprit expliquent seuls qu'il y ait eu, avant l'ancienne alliance ou en dehors d'elle, puis sous le régime d'alliance accordé à Israël, des justes dont la conscience pressentait avec exactitude la « loi » de Dieu inscrite au fond de leur être et dont la liberté choisissait d'y obéir avec amour[12].

*1.3.1.2.* Quant à *la structure « déchirée » de l'humanité pécheresse,* elle subsiste dans l'homme recrée en Jésus-Christ. Ce n'est plus comme une tension insurmontable entre la chair et la raison que trahit l'impuissance du vouloir. C'est comme un combat intérieur entre la chair et l'Esprit qui confère à l'homme l'adoption filiale (Ga

---

12. Cf. « Décalogue et morale chrétienne », p. 145, note 44 ; « L'Église et l'enseignement de la morale », p. 237 s., avec les citations caractéristiques de saint Thomas. Cette doctrine est tout à fait traditionnelle ; j'avais déjà relevé des textes médiévaux en ce sens dans *Sens chrétien de l'Ancien Testament,* Tournai-Paris, 1961, p. 149-151 et 158.

3, 26 ; 4, 6 ; Rm 8, 15-16) : la force de l'Esprit permet à l'homme de vaincre les emportements de la chair (Ga 5, 25 ; Rm 8, 5-10) et d'accomplir ainsi les œuvres de justice exigées par la *Tôrah* de Dieu (Rm 8, 4). Sous son aspect psychologique, la vie morale de l'homme reste donc identique à elle-même. Mais les contradictions intérieures de la conscience au plan psychologique peuvent trouver une solution sur un autre plan, parce que Jésus-Christ a subi la tentation et expérimenté la mort pour assurer la victoire de l'homme sur le Mal. Cette compréhension chrétienne de l'existence souligne la dimension *spirituelle* de la vie *morale :* tout choix du Bien est, consciemment ou inconsciemment, suspendu à une décision de docilité à l'Esprit saint, même si la perception intuitive de ce Bien vient par la seule médiation de la raison, de la conscience, de la sagesse authentiquement humaine[13].

### 1.3.2. La norme du Bien moral

*1.3.2.1.* Puisque Jésus se trouve à la charnière de l'ancienne « économie d'alliance », qu'il a portée à sa fin (*télos,* au double sens d'achèvement et de terme : Rm 10, 4), et du « monde nouveau », qu'il a fondé en scellant la nouvelle alliance, il a du même coup assumé dans sa personne toutes' les valeurs morales de la conscience humaine, reprises et rectifiées par la révélation biblique. De ce fait, c'est dans la coordination entre son enseignement et son existence concrète qu'il faut désormais chercher *la norme de tous les actes humains* : norme vivante, non plus édictée comme une règle externe, mais devenue intérieure au croyant en tant que « loi du Christ » (Ga 6, 2 ; cf. 1 Co 9, 21). Cette norme ne peut être imitée servilement, dans la mesure où certains actes et comportements de Jésus correspondaient à son existence juive et à sa mission individuelle ; mais elle devient une source d'inspiration pour tout croyant, car toutes les aspirations au Bien peuvent se cristalliser autour d'elle.

*1.3.2.2.* Cette norme propose — et non impose — aux

---

13. « L'Église et l'enseignement de la morale », p. 256 s.

hommes *un idéal de vie librement soumise à l'Esprit Saint,* pour accomplir avec amour la volonté du Père. C'est en effet à cette condition que chacun peut expérimenter une *liberté* authentique (Ga 5, 1.13a). L'amour, « loi parfaite de la liberté » (Jc 1, 25), est sa règle (Ga 5, 14), commandement à la fois nouveau et ancien (1 Jn 2, 7). En s'y conformant, l'« homme nouveau » accomplit « la loi du Christ » (Ga 6, 2). Mais le mot « loi » change alors de sens, car la règle de l'existence n'est plus extérieure à celui qui l'observe : elle est inscrite dans son cœur même (2 Co 3, 1), comme loi « naturelle » de l'homme *recréé* en Jésus-Christ. Cela ne l'empêche pas d'entraîner des exigences pratiques dont le statut exact doit être compris à la lumière de l'Évangile.

### 1.3.3. Les règles pratiques de la vie morale

Le Christ rédempteur devient donc, pour l'homme racheté, le fondement et la norme vivante d'une éthique qui est à la fois exigeante dans ses règles et praticable par grâce, pleinement épanouissante pour la « nature » humaine mais finalisée par la vocation « surnaturelle » à une communion de vie avec Dieu. Sous ce rapport, la distinction — devenue classique depuis le XVIIe siècle — entre la *morale,* obligatoire pour tous, et la *spiritualité,* proposée à ceux qui cherchent « le chemin de la perfection », est étrangère au Nouveau Testament. Une fois « affranchis du Péché », nous sommes « au service de la Justice » (Rm 6, 18), ce qui entraîne des conséquences précises. Car ceux qui ont été « libérés par le Christ Jésus » (Ga 5, 1) « ont crucifié leur chair avec ses passions et ses convoitises » (Ga 5, 24). En conséquence, la morale évangélique conduit jusqu'à son terme la transformation amorcée, dans l'Ancien Testament, par la « morale de l'alliance » : elle est une morale de perfection, une morale dynamique, une morale d'espérance axée sur la docilité à l'Esprit Saint.

*1.3.3.1.* Le Christ « nous a libérés de la Loi » (Rm 7, 6), mais en quel sens ? De la loi, en tant que régime religieux donné au seul Israël et surtout en tant que système incapable de procurer le salut à lui seul. Mais les commandements moraux que contenait la Torah restent en place. La façon dont saint Paul renvoie au Décalogue dans ses instructions sur la vie chrétienne illustre parfaitement ce point (cf. implicitement, 1 Co 6, 9-10 ; Ga 5, 21 ; explicitement, Rm 13, 8-10). Il ne cite là que des préceptes *négatifs,* relatifs à la vie sociale (cf. Ex 20, 13-17), afin de montrer qu'ils sont tous englobés dans le précepte *positif* de l'amour du prochain (Lv 19, 18). Il décrit ailleurs les manifestations concrètes de cet amour dans son « hymne à la charité » (1 Co 13, 1-7) et il montre à quels signes on peut vérifier son authenticité en présentant le « fruit de l'Esprit » (Ga 5, 22). Or, « contre de telles choses, il n'y a pas de loi » (Ga 5, 23), au sens négatif des interdits que peut poser une morale « sociologique ». Mais il reste « la loi du Christ », que la pratique du soutien mutuel « accomplit » (Ga 5, 2) et dont la visée est entièrement positive. C'est ici que réside, au plein sens du mot, l'*Absolu* de la loi dans sa visée profonde, au-delà du système fondé sur la distinction entre « permis » et « défendu ». Peut-on parler de « loi nouvelle », pour reprendre une expression consacrée par l'usage mais étrangère au Nouveau Testament ? La formule est ambiguë, car l'Évangile ne se présente pas comme une loi. Il fait sauter les barrières que la « dureté des cœurs » et l'adaptation aux particularismes d'Israël imposaient à la Loi sinaïtique. Les objectifs que celle-ci visait imparfaitement pour conduire les hommes jusqu'à l'idéal fixé par le Créateur, sont intégrés à cette « *loi de perfection* » (cf. Mt 5, 48 ; Jc 1, 4) et de sainteté (1 P 1, 15-16), seule digne de l'homme. Mais il y a un passage de la « loi de la raison » (Rm 7, 23) à la « Loi de l'Esprit » (Rm 8, 2), ce qui modifie complètement le sens du mot « loi ». On voit s'ouvrir ainsi un champ de réflexion dans lequel toute la morale pratique pourra être intégrée, à condition d'être reconstruite dans une nouvelle perspective.

*1.3.3.2.* La perspective ancienne, qu'elle se référât aux exigences de la conscience ou aux prescriptions de la Loi sinaïtique, avait pour axe le *devoir* d'*obéir* à l'*autorité* souveraine de Dieu — connue explicitement ou reconnue d'une façon implicite —, avec la *crainte* d'une *sanction* qui menaçait les récalcitrants : saint Paul voit là une morale d'esclaves (Rm 8, 15a). L'attitude ainsi décrite ne peut en effet aboutir qu'à une *morale statique,* où chacun cherche à « être en règle » pour obtenir les récompenses promises et éviter les châtiments éventuels[14]. Or, l'Évangile y substitue une *morale dynamique* où la conscience se soucie principalement d'être *docile* aux suggestions de l'Esprit Saint, en s'engageant dans la voie ouverte par le Christ. Elle se voit proposer, au titre de l'*amour* et en réponse à l'amour prévenant de Dieu, un cheminement vers lui en dépit des obstacles que la « chair » lui oppose et des défaillances qu'elle peut provoquer. L'engagement sur cette route a pour horizon « la vie avec Dieu dans le Christ Jésus ». Il entraîne avec lui « charité, joie, paix, longanimité, serviabilité, bonté, confiance dans les autres, douceur, maîtrise de soi » (Ga 5, 22). Il y a là *une remise en ordre de tous les comportements* que la servitude du Péché avait déréglés, dans l'ordre de la sexualité, des relations sociales, de l'usage du monde matériel : c'est le contraire des péchés énumérés dans Rm 1, 24-32, comme conséquences de la méconnaissance de Dieu (1, 18-23). L'homme ainsi orienté garde conscience de la fragilité qu'il doit à sa condition pécheresse : cela le préserve de la démesure, de la « bonne conscience », de la prétention à réaliser par lui-même sa propre perfection, de la « gloriole » (Rm 3, 27). Mais il accède aussi à *l'espérance,* puique ses engagements moraux sont fondés sur une promesse de Dieu qui les prévient, les dépasse et fait déjà entrevoir le terme vers lequel son existence est en marche.

*1.3.3.3.* C'est dans cette perspective seulement qu'on peut parler *d'une morale spécifiquement chrétienne,* qui conduit à son accomplissement la morale de l'alliance. Si l'on en restait à une « morale de la loi », il en résulterait

---

14. Il faut regretter que cette présentation de la morale ait souvent pris le pas dans l'enseignement catéchétique élémentaire (cf. « L'Église et l'enseignement de la morale », note 165, p. 267).

nécessairement chez l'homme pécheur la mauvaise conscience et l'angoisse, car la loi ne donne que « la connaissance du péché » (Rm 3, 30b). Mais celles-ci peuvent faire place, si l'homme y consent activement, à *la force de l'Esprit* qui affranchit du Péché et de la Mort (Rm 8, 2) et qui donne la possibilité d'accomplir « la justice de la loi » (Rm 8, 4). Quant à la connaissance et à la pratique de ce que Dieu attend de lui, il n'est plus laissé aux errements possibles d'une raison aveuglée par les traditions culturelles de l'humanité pécheresse, ni à l'impuissance d'un vouloir qui désire le Bien sans pouvoir l'accomplir (Rm 7, 18b). Son souci de docilité à l'Esprit Saint, soit pour discerner le Bien, soit pour y appliquer ses forces, l'introduit dans la *morale de l'amour* à la suite du Christ, et l'expérience même du péché ne fait pas obstacle à son espérance. Mais il importe qu'il discerne les conséquences pratiques de l'amour authentique, qui transcende les différences entre les sociétés, les temps et les cultures et qui rejoint ainsi l'*universalité* humaine.

## 2. CONSÉQUENCES POUR L'ÉLABORATION D'UNE MORALE FONDAMENTALE

L'enquête sur le fondement de la norme morale dans l'Écriture sainte ne pouvait aboutir sans prendre le recul nécessaire, pour situer exactement le problème de l'« agir » humain dans l'ensemble de l'économie du salut. Il ne s'agissait pas, en effet, de construire une réflexion de type philosophique, à laquelle l'Écriture apporterait un appui latéral pour en prouver le bienfondé à l'aide d'une « autorité » supplémentaire, mais d'examiner *à quelles conditions la morale peut être présentée comme spécifiquement chrétienne sans perdre pour autant son caractère rationnel*. Il semble que cet objectif est maintenant atteint. Il reste à en tirer les conséquences, non point en élaborant tout un traité de théologie qui reprendrait critiquement les éléments fournis par la tradition ecclésiastique et confronterait les données de la révélation avec la philosophie et les sciences de l'homme, mais en dissipant quelques équivoques qui faussent souvent la position du problème, chez les fidèles comme chez les incroyants, chez les gens sans culture comme chez les théologiens. Ces équivoques sont caractérisées par des dilemmes : « Ou bien... ou bien... » Il faudrait choisir entre des conceptions de la norme morale qui s'excluraient réciproquement, et l'Évangile serait ramené à l'un ou l'autre des deux termes suivant le penchant personnel des moralistes. J'en énumérerai quelques exemples dont les réflexions précédentes montrent suffisamment le caractère sophistique.

## 2.1. MORALE DE LA LOI OU MORALE DE L'ALLIANCE ?

**2.1.1.** Cette question est ignorée par *ceux qui axent toute la morale sur l'idée de loi* jusqu'à y intégrer le précepte de l'amour, présenté comme le plus grave de tous. Ils tendent du même coup à ramener la morale au juridisme ; mais ils ouvrent ainsi la voie soit au rigorisme le plus sec, soit aux pires déformations de la casuistique. Sans même recourir au Nouveau Testament, on doit constater que, dès l'Ancien, la Tôrah faisait déjà partie d'un ensemble qui lui donnait son sens : *la structure d'alliance,* où toutes les relations sociales, l'usage de la sexualité et celui des biens de la terre étaient subordonnés à la relation avec Dieu. Il importe donc de situer l'idée de loi à sa juste place dans une « morale de l'alliance » que le Christ a conduite à son accomplissement en y introduisant la vocation de l'homme à la filiation divine.

**2.1.2.** En réaction contre ce moralisme sec, le dilemme « loi *ou* alliance » est mis en avant par ceux que l'idée de loi agace ou révolte, parce qu'ils ne supportent pas la représentation de Dieu comme législateur. Remarquant que le « sang de la nouvelle alliance » est au centre de l'espérance évangélique, ils majorent les textes où saint Paul proclame que « nous ne sommes plus sous la Loi », afin d'éliminer de la morale chrétienne ce qu'ils regardent comme un reliquat du Judaïsme. Mais ce raisonnement repose sur des sophismes.

— 1. Le mot « loi » *(nomos)* a plusieurs acceptions dans les épîtres pauliniennes (comparer, par exemple, Rm 3, 27 et 8, 2). Quand Paul déclare que le Christ nous a libérés (Rm 7, 4-6), il songe au *statut juridique* du peuple juif : d'une part, ses obligations ne s'imposent nullement aux non-Juifs (ainsi, la circoncision, les règles de pureté et autres interdits, adaptations culturelles particulières qui ne concernent pas la généralité des hommes dans l'espace et dans le temps) ; d'autre part, ses « œuvres » ne suffisent pas pour justifier celui qui les pratique.

— 2. Paul proteste toutefois contre ceux qui lui prêtent l'intention d'abroger *(katargé-ô)* ce régime religieux, dont il veut au contraire établir la vraie valeur *(histanomen :* Rm 3, 31) : c'est l'homme pécheur qui est dégagé de la Loi, mort à la Loi (Rm 7, 6), afin de servir Dieu dans la nouveauté de l'Esprit et non dans la vétusté de la lettre.

— 3. Si la Loi ne confère pas la justification, elle donne la connaissance du péché (Rm 3, 20b) ; or, c'est là un rôle indispensable pour empêcher toute vantardise humaine (1 Co 1, 31).

— 4. Toutefois *les aspects moraux de la Loi restent en place :* ce sont les commandements *(entolè :* Rm 13, 9), dont l'amour est la somme et la plénitude, puisqu'il inclut *positivement,* tous les éléments que le Décalogue signalait de façon *négative,* (Ga 5, 14 ; Rm 13, 10). La notion de *Loi,* comprise avec toutes les résonances du mot *Tôrah,* est donc un aspect essentiel du régime *d'alliance* où l'économie du salut trouve son aboutissement. Mais on a vu plus haut que *l'Évangile y introduit une mutation* que plus d'un moraliste néglige. Il importe de revenir, sur ce point, aux données essentielles du Nouveau Testament.

## 2.2. Loi naturelle ou loi révélée ?

**2.2.1.** Cette position de la question s'attache maladroitement à un *concept de nature* qui provient de la philosophie grecque, avec des connotations statiques de fixité et d'immutabilité. Elle ignore les réflexions modernes

entre nature et culture. En opposant « naturel » et
« révélé », comme si le second domaine se surajoutait au
premier qui aurait en lui-même sa pleine consistance, elle
introduit une distinction qui ne correspond pas aux arti-
culations du traité des lois dans la *Somme théologique* de
saint Thomas. Même si saint Thomas utilise en cet
endroit un langage aristotélicien pour parler de la « loi
naturelle », il ne fait que suivre les trois étapes de la
révélation dans l'économie du salut en distinguant la
« loi de nature », la « loi ancienne » et la « loi
évangélique ». L'élaboration théologique de la question
peut être reprise sous une forme et avec un langage plus
spécifiquement bibliques. On évitera ainsi que les mots
employés ne fassent écran entre la révélation et l'homme
d'aujourd'hui. Mais il ne faut pas cacher que son traité
sera complètement refondu.

**2.2.2.** Le point essentiel à clarifier est la notion de
*nature*. Il faut partir pour cela du Nouveau Testament,
qui emploie le mot *physis* et ses composés en les emprun-
tant à la philosophie vulgarisée du temps, mais en y pro-
jetant des sens que la tradition biblique impose ou du
moins colore[15]. Dans 1 Co 11, 14, le mot *physis* désigne
une particularité qui relève clairement de la culture. Dans
Rm 11, 21-24, il s'agit de la *nature* végétale. D'après Jc
3, 7, l'homme compte les animaux de toute *nature* grâce
à sa *nature* humaine : l'observation ne provient pas
d'Aristote mais renvoie à Gn 1, 28 et 2, 19. D'après Ga
2, 15, Pierre et Paul sont « juifs *de nature* », tandis que
les païens sont « *par nature* incirconcis » (Rm 2, 27) : il
s'agit d'une condition physique reçue de naissance ou par
incorporation au peuple d'Israël (cf. le sens de la circoncision). Les faux docteurs dénoncés par Jude et dans la
*II<sup>a</sup> Petri* sont voués *par nature* à la perdition (Jude 10 ; 2
P 2, 12) : la nature est ici la *condition* de l'homme que
le péché infecte jusque dans ses possibilités psychologiques. Dans un sens voisin, l'épître aux Éphésiens
explique que nous sommes « *par nature* fils de Colère »

---

15. Voir l'article cité plus haut (p. 39-65), dont je reprends ici en
résumé quelques indications fondamentales.

(Ep 2, 3) : telle est la *condition native* des hommes devant Dieu.

Cette condition, due au péché, contredit son dessein, qui détermine la *loi intérieure* de l'être humain et la finalité de ses actes ; c'est pourquoi il y a des usages de la sexualité que saint Paul qualifie de « contraires à *la nature* » (Rm 1, 26-27), c'est-à-dire en opposition avec le sens de la fonction sexuelle tel qu'il est défini dans Gn 1, 27 et 2, 18-24 : ici, le recours à un thème littéraire lointainement issu de Platon *(Les lois)* rend service à saint Paul pour exprimer une idée spécifiquement biblique. La « nature » humaine n'est pourtant pas pervertie au point d'être incapable de tout bien, puisqu'en suivant les indications de leur conscience, des païens accomplissent « naturellement » *(physèi)* la Loi (Rm 2, 14). Il y a donc une pleine coïncidence entre l'aspect moral de la Loi révélée à Israël et la loi « inscrite dans le cœur » dont témoigne la conscience (Rm 2, 17). C'est de ce point qu'il faut partir pour parler de la « loi de nature », en mettant sous ce mot un contenu déterminé par la conception biblique de la création, qui est liée elle-même à l'ensemble du dessein de salut. Mais il faut alors se rappeler que, concrètement, tout homme reçoit dans une certaine mesure une illumination de l'Esprit Saint qui restaure la réaction de sa conscience, pour voir (ou entrevoir) la vérité de sa « nature » authentique. Seulement, cette intuition est contrecarrée par les impulsions de la « nature » pécheresse, chez les individus comme dans les cultures où ils sont enracinés. Dès lors, le dilemme « loi naturelle » ou « loi révélée » est aussi dénué de fondement que la dichotomie qui partagerait les obligations morales de l'homme entre les deux.

### 2.3. LOI EXTERNE OU INTÉRIEURE, OBJECTIVE OU SUBJECTIVE ?

**2.3.1.** La peur de tomber dans un système de morale subjective, où chacun inventerait les normes de sa conduite en fonction des situations où il se trouve, amène certains moralistes à présenter la « loi de Dieu » comme *objective,* en entendant par là une imposée *de l'extérieur* par voie d'*autorité* à la créature humaine au nom d'une *toute-puissance* à laquelle celle-ci doit *se soumettre*. On ne nie pas que cette toute-puissance soit associée, par ailleurs, à la sagesse et à la bonté ; mais l'accent est mis sur elle d'une façon unilatérale. A la limite, le « dictamen » de la conscience, individuelle ou collective, serait presque récusé au profit de l'*autorité* de Dieu, du Christ et, finalement, de l'Église qui a mission de trancher en leur nom les questions difficiles. Inversement, d'autres moralistes tendent à récuser une autorité qui dicterait *de l'extérieur* la conduite des hommes, en exigeant un assentiment qui ne correspondrait pas aux intuitions de la conscience, *créatrice* des valeurs morales dans une civilisation pluraliste en évolution constante.

.2.3.2. Aucune de ces deux propositions ne rend justice aux données bibliques qui ont été analysées plus haut. Celles-ci mettent en relief *le rôle irremplaçable de la subjectivité humaine* dans la réalisation du dessein de Dieu, non seulement pour prendre des *décisions* libres devant la loi « objective » notifiée par Dieu, mais aussi pour en reconnaître intuitivement le contenu comme loi « naturelle » de l'être créé, grâce à la *conscience* morale et à la *raison* guidées par une *sagesse* authentique. Dès l'Ancien Testament, on a pu constater que l'opposition entre sagesse humaine et révélation divine était dépassée, même si la révélation du régime d'alliance accordé par Dieu à Israël entraînait de multiples rectifications dans les appréciations spontanées de la sagesse humaine. Il y avait un premier effet de la « grâce médicinale » de Dieu qui, sous ce rapport, anticipait sur la nouvelle alliance. Dans le Nouveau Testament, on ne comprendrait pas que saint Paul ait pu regarder la conscience comme « tenant lieu de Loi » aux païens de bonne volonté (Rm 2, 14-15), si les intuitions intérieures de la raison droite ne rejoignaient pas les desseins objectif du Créateur.

Il faut toutefois retenir que *la grâce du Christ rédempteur et la lumière de l'Esprit Saint peuvent seules assurer la parfaite rectitude de la raison,* si bien que leur *refus* conscient et délibéré entraînerait fatalement l'homme vers la dérive décrite dans Rm 1, 18-32. Le pire dérèglement de la raison consiste à croire et à faire croire que les hommes, en tant qu'invididus, groupes ou sociétés, sont *les créateurs des valeurs morales* qui les humanisent authentiquement : « Si vous mangez de ce fruit, vous serez comme des dieux, connaissant le Bien et le Mal » (Gn 3, 2-6). Ce péché-type, placé par la Genèse, « aux Origines », reste le péché fondamental qui sépare radicalement l'homme de Dieu. Mais comment la « loi de nature » inscrite par le Créateur dans l'être de l'homme, peut-elle être présentée comme « extérieure » à lui, alors que Dieu lui-même est *interior intimo meo* (saint Augustin) ? Ne faut-il pas rappeler que l'Esprit Saint agit dans le cœur de tout homme, la conscience étant le lieu où se manifeste son action ? Ainsi l'opposition entre intérieur et extérieur, objectif et subjectif, résulte d'une compréhension incorrecte de la doctrine attestée de la façon la plus ferme dans les deux Testaments. Saint Thomas, dans son traité de la « loi nouvelle » (ou « évangélique ») insiste justement sur le fait que l'Esprit Saint l'intériorise en l'instaurant dans nos cœurs [16].

**2.3.3.** C'est pour cette raison que *le dialogue au sujet des valeurs morales* reste possible entre les chrétiens, les croyants des autres religions et les incroyants, sur la base d'une réflexion rationnelle inspirée par le seul désir de la vérité sur l'homme, notamment quand l'évolution des conditions culturelles soulève des problèmes nouveaux dont la solution n'est pas immédiatement évidente. La lumière apportée par la révélation du salut en Jésus-Christ au sujet des principes fondamentaux de la morale authentique ne peut faire l'objet d'aucune vantardise — « Nous avons la vérité ! » — et elle ne résout pas *a priori* toutes les questions particulières qui relèvent du jugement pratique. Mais on ne peut aucunement préjuger de l'issue d'un tel dialogue. En effet, d'une part, on ignore si les erreurs éventuelles du jugement moral sont

---

16. Voir les textes cités dans « Décalogue et morale chrétienne », p. 144 s.

dues à un aveuglement coupable, ou au poids de traditions culturelles qui le vicient encore invinciblement, ou à
des déformations d'esprit individuelles dont les hommes
n'ont pas pris conscience. D'autre part, les décisions de
chaque conscience en matière d'appréciation et de comportement moral ne sont connues que de Dieu qui
« sonde les reins et les cœurs ». Le chrétien n'est pas
non plus infaillible dans sa réflexion sur les problèmes
humains. Il ne peut que *rendre témoignage* de ce que sa
raison, éclairée par la foi, lui fait reconnaître comme
vrai, afin que la Loi, en tant que règle du Bien moral,
joue son rôle de « pédagogue » auprès de ses interlocu-
teurs (Ga 3, 24) pour les conduire en direction du Christ.
Il ne peut préjuger du résultat de son témoignage, qui
résulte de sa vie autant et plus que de ses paroles.

### 2.4. MORALE DES COMMANDEMENTS OU MORALE DE L'AMOUR ?

**2.4.1.** Les excès d'une morale de la Loi qui verse aisément dans une casuistique abusive entraînent par réaction
un sophisme qui se prévaut à tort du mot prêté à saint
Augustin : *Ama et fac quod vis.* (Augustin écrit en
réalité : « Dilige... », dans son commentaire de la 1re
lettre de Jean.) On parle alors comme si le fait d'aimer,
subjectivement ressenti, supprimait toute obligation
définie par avance : les décisions à prendre seraient à
inventer au gré des circonstances dans une « *morale de
situation* » au sens strict. Mais on oublie que, pour
Augustin, l'amour authentique incline de son propre
poids vers les commandements de Dieu (« amor meus,
pondus meum »), suivant un principe fortement affirmé
dans l'évangile de Jean (Jn 15, 10 ; cf. 14, 15-21) : pour
Paul, l'amour est la plénitude de la Loi (Rm 13, 10b),
parce que celui qui aime en accomplit effectivement les
commandements (Rm 13, 8b).

**2.4.2.** Ce qui est vrai, c'est que *les commandements
changent de sens, à partir du moment où l'amour devient*

*leur principe d'intégration*[17]. Au-delà des barrières que dressent certains interdits devant les inclinations mauvaises de l'homme, ils promeuvent les attitudes positives qui sont les signes distinctifs de l'amour véritable (cf. Ga 5, 22-23 et 1 Co 13, 4-7). La présentation des *vertus* chrétiennes comme règles de vie dans ces textes comme dans 2 Co 6, 6-7 ; 1 Tm 4, 12 ; 2 P 1, 5-8, etc., reprend plus d'une indication qui a des parallèles chez les philosophes grecs, de même que la Loi et la Sagesse de l'Ancien Testament avaient des parallèles dans les autres Sagesses orientales. Puisqu'il y a coïncidence entre la « loi » inscrite dans l'être humain par le Créateur et les aspects moraux du message évangélique, il est normal que l'éthique chrétienne intègre tout cela. Mais si l'intégration se fait sous l'égide de l'amour authentique, elle n'est plus une simple affaire de raison : elle dénote une docilité de la conscience aux impulsions de l'Esprit Saint et à l'attirance du Père (suivant le beau commentaire de saint Augustin sur Jn 6, 44). *Les commandements prennent leur juste place à l'intérieur de la morale de l'amour.*

Ces brèves notes avaient pour seul but de repérer avec justesse le fondement de la norme « objective » qui

---

17. « ... C'est ainsi que nous a été donnée la loi évangélique, qui est la loi d'amour. (...) Il est clair que tous les hommes ne peuvent pas s'appliquer avec peine à acquérir la science. C'est pourquoi *le Christ a donné la loi en abrégé,* de sorte qu'elle puisse être connue de tous et que personne ne puisse arguer de l'ignorance pour s'en dispenser (...) ; cette loi, c'est celle du divin amour. (...) Il faut savoir que cette loi-là doit être la règle de tous les actes humains. De même en effet que nous regardons une œuvre d'art comme bonne et belle quand elle est conforme à sa règle, de même toute œuvre humaine est belle et vertueuse quand elle est en accord avec la dilection divine. Quand elle est en désaccord avec cette règle, elle n'est ni bonne, ni belle, ni parfaite. Pour que les actes humains soient rendus bons, il faut donc qu'ils soient en accord avec la règle de la divine dilection » (saint THOMAS, *In duo praecepta caritatis et in decem legis praecepta expositio,* nos 6 et 10-11 ; éd. avec tr. fr. par un moine de Fontgombault, Paris, 1970, p. 20-25 ; je ne suis pas la traduction donnée en cet endroit ; l'opuscule date de 1273).

donne une régulation aux actes humains, en référence aux données de l'Écriture. Il resterait à préciser les conséquences qui en découlent. Mais cela exigerait une autre enquête. Il suffit de constater que la théologie morale doit s'enraciner profondément dans l'Écriture pour être reliée, d'une part, à la christologie, et, d'autre part, à l'anthropologie chrétienne, qui trouvent là leur source essentielle.

*Chapitre IV*

# DÉCALOGUE
# ET MORALE CHRÉTIENNE :
## POUR UNE LECTURE CRITIQUE
## DE SAINT THOMAS D'AQUIN

La présente réflexion sur le Décalogue a pour point de départ une constatation très simple : dans les exposés classiques de la morale chrétienne, le Décalogue est présenté comme le résumé de la « morale naturelle », c'est-à-dire de la morale qui correspond aux exigences de la raison[1] ; il a été incorporé à ce titre dans la loi divine positive de l'Ancien Testament. Ces exposés dérivent tous de celui de saint Thomas dans la *Somme Théologique* (Iᵃ IIᵃᵉ, q. 94 : « La loi naturelle » ; q. 100 : « Les préceptes moraux de la loi ancienne »).

---

1. On trouve en réalité chez les théologiens trois présentations du Décalogue, qui sont utilement rappelées par N. LOHFINK, « Les dix commandements sans le mont Sinaï », *Sciences bibliques en marche* (= *Bibelauslegung im Wandel*, Francfort-sur-le-Main, 1967), coll. « Christianisme en mouvement », Tournai 1969, pp. 104-127 : 1) les dix commandements comme morale « naturelle » ; 2) les dix commandements comme abrégé catéchétique ; 3) les dix commandements comme texte fondamental de l'alliance avec Dieu. Mais l'étude critique, dans son histoire, fait justement apparaître la connexion interne de ces trois aspects du texte (p. 127). Au-delà de cette observation, je poserai un problème plus fondamental au sujet du Décalogue : est-il suffisant pour définir les règles essentielles de la morale ?

# 1. REMARQUES PRÉALABLES
## SUR LA TERMINOLOGIE DE SAINT THOMAS

Il faut toutefois remarquer d'emblée que saint Thomas emploie, à titre de langage auxiliaire, la terminologie de la philosophie antique (nature, raison, conscience[2]) en y coulant un contenu qui provient de l'Écriture : la « nature », telle qu'il l'entend, n'est pas autre chose que le résultat de l'acte créateur de Dieu, qui imprime à l'être de l'homme un mouvement vers la finalité surnaturelle à laquelle il est destiné. Dès lors, la loi[3], liée à l'ancienne alliance, et l'Évangile ne sont pas surajoutés de l'extérieur à un « ordre naturel » qui aurait sans eux sa consistance propre : saint Thomas reprend au contraire à propos de la « lex naturae » (ou « lex naturalis ») le principe posé dans les *Décrétales* de Gratien à propos du droit naturel : « Le droit naturel, c'est ce qui est contenu dans la Loi *et* dans l'Évangile (q. 95, art. 4, ad 1),

### 1.1. LOI NATURELLE ET LOI ANCIENNE

Cette « lex naturalis » est homogène à la raison dont l'homme est doué pour connaître le monde, se connaître

---

2. On notera que ces trois mots ont déjà fait leur entrée dans le langage de saint Paul : *physis, noûs, syneidèsis* (voir les articles correspondants du *TWNT* : t. 4, p. 956 s. ; t. 7, p. 912-917 ; t. 9, p. 265-268, où on relèvera spécialement l'identification de la Torâh et de la « loi naturelle » chez Philon, p. 262 s.). En dépit des apparences, cet usage paulinien prévaut sur l'origine aristotélicienne des mêmes concepts, que la lecture de l'Écriture oblige à placer dans un nouveau contexte. L'expression « préceptes naturels » est d'ailleurs appliquée au Décalogue dès le temps de saint Irénée (*Adversus haereses,* IV, XV, 1), en précisant que ces préceptes étaient « inscrits dans les cœurs » des Patriarches (IV, XVI, 3), comme dans la nouvelle alliance.

3. Il faut reconnaître que l'articulation de la morale sur le traité des lois (Iª Iᵃᵉ q. 90-108) dépend largement de l'*Éthique à Nicomaque,* bien que la réflexion théologique versée dans ce cadre ait sa source ultime dans l'Écriture. La place des lois dans cette philosophie morale très structurée est bien exposée par E. GILSON, *Le thomisme,* 4, Paris, 1942, p. 363-371. Mais on verra plus loin les inconvénients d'une telle option.

lui-même et organiser ses relations avec ses semblables, *dans le cadre du dessein de Dieu* qui englobe la totalité du genre humain dans l'ensemble de l'histoire. C'est pourquoi les préceptes moraux de l'Ancien Testament ne contiennent rien qui ne relèverait pas de la raison humaine et de la « loi de la nature » (q. 100, art. 1) ; du moins *en principe,* car il est possible qu'*en fait* la révélation de l'Ancien Testament rectifie sur certains points un instinct moral que la situation concrète de l'humanité pécheresse a blessé et partiellement obscurci. Quant aux préceptes moraux que renferme la Loi donnée à Israël, ils sont tous réductibles aux dix préceptes du Décalogue (q. 100, art. 3 ; art. 11, in corp.).

## 1.2. LOI NATURELLE ET LOI NOUVELLE

Si l'on passe de l'alliance sinaïtique à la nouvelle, on ne peut pas dire que celle-ci *ajoute,* à proprement parler, de nouveaux préceptes à ceux de la « loi de la nature » que la loi ancienne avait repris. En effet, l'essentiel de la « loi nouvelle » (ou « évangélique ») est *la grâce du Saint Esprit qui intériorise la Loi et porte l'homme à l'accomplir spontanément*[4] (q. 106, art. 1 et 2). La loi nouvelle

---

4. Il va de soi qu'on échappe ici complètement au concept aristotélicien de la «loi», même en le comprenant au sens métaphysique qui est corrélatif à la « nature » d'un être : on est dans la logique de la seule révélation qui ordonne la « nature » de l'homme à une participation de la vie de Dieu. Il ne faut pas perdre de vue cet horizon, si on veut apprécier avec justesse ce qui est dit de la « loi de la nature » : celle-ci n'est pas considérée abstraitement, mais dans le cadre du dessein de Dieu dont la révélation s'achève en Jésus-Christ. Tous les médiévaux n'adoptent d'ailleurs pas le langage de saint Thomas. Dans son *De sacramentis christianae fidei* (PL 176, 173-618), Hugues de Saint-Victor avait distingué, « après la chute », l'étape de la Loi naturelle, puis celle de la Loi écrite, en attendant l'avènement du Verbe ici-bas. Alexandre de Halès ne suit pas l'ordre adopté par Pierre Lombard dans son livre des *Sentences ;* mais il examine successivement la Loi naturelle, la Loi de Moïse et la Loi évangélique (cf. *Sens chrétien de l'Ancien Testament,* Tournai-Paris 1961, p. 55-58, avec les références nécessaires). Or, cette division est reprise dans l'opuscule de saint Thomas (1273) : *In duo pracepta caritatis et in decem legis praecepta expositio,* Prol. nos 2-6 (loi de nature contre-

se manifeste donc par des œuvres externes « qui sont produits par l'instinct de la grâce », en vertu de la loi opérant par la charité (q. 108, art. 1). Mais le Sermon sur la montagne fournit, pour pousser à sa perfection la pratique de la loi de Dieu, toute l'information nécessaire à la vie chrétienne, autrement dit, tout ce par quoi les mouvements intérieurs de l'homme sont parfaitement ordonnés à la finalité que Dieu lui a assignée (q. 108, art. 3).

### 1.3. LA QUESTION POSÉE

Telle est la vue d'ensemble qui résulte de la *Somme théologique*. Elle serait à compléter par les passages des commentaires bibliques qui la fondent, notamment dans celui de l'évangile selon saint Matthieu (Sermon sur la montagne) et celui de l'épître aux Romains (là où les mots « nature », « raison » et « conscience » donnent à saint Thomas l'occasion de s'expliquer sur le sens qu'il leur donne dans ses exposés théologiques). Ces remarques préalables étant faites, pour éviter toute équivoque sur la visée authentiquement biblique de saint Thomas, on peut s'interroger sur le bien-fondé de son recours au Décalogue comme exposé fondamental de ce qu'il regarde comme la « loi de la nature ».

---

dite par la loi de la convoitise, loi de crainte [= A.T.], loi d'amour [= N.T.] ; voir l'éd. avec tr. fr. : *Les Commandements,* Paris, 1970. Quant aux concepts de « loi naturelle » et de « droit naturel » au XIIIe siècle, il faut les comprendre en fonction de ce principe que la « nature incréée », c'est Dieu, de sorte qu'il y a une équivalence entre la loi naturelle et la loi divine. En outre, la « nature » de l'homme est toujours vue sous son aspect concret et dans son intégration au dessein surnaturel de Dieu : l'idée de « nature pure », qui deviendra plus tard un cheval de bataille chez les théologiens, n'entre pas en considération. Sur tous ces points, cf. O. LOTTIN, *La loi naturelle chez saint Thomas et ses prédécesseurs*[2], Bruges 1931 ; Ph. DELHAYE, *Permanence du droit naturel,* Louvain, s.d., p. 66-84.

## 2. REMARQUES EXÉGÉTIQUES
## SUR LE DÉCALOGUE

Le Décalogue a fait l'objet d'études exégétiques très nombreuses. Il est hors de question de les énumérer et de les analyser ici[5]. Mais on peut en tirer plusieurs remarques fondamentales qui obligent à mettre en question l'usage qu'en a fait saint Thomas et qui, de ce fait, invitent les moralistes à construire autrement leurs traités de morale fondamentale.

---

5. Tous les commentaires de l'Exode et du Deutéronome exposent cette question à propos d'Ex 20, 2-17 et Dt 5, 6-21, en donnant la bibliographie nécessaire. Je relève seulement quelques titres auxquels renverra l'exposé qui suit : S. MOWINCKEL, *Le Décalogue,* Paris 1927 (cf. aussi : « Zur Geschichte der Dekaloge », *ZAW* 55, 1937, p. 218-235) ; H.H. ROWLEY, « Moses and the Decalogue », *BJRL* 34 1951, pp. 81-118 (reproduit dans *Men of God : Studies in Old Testament History and Prophecy,* Londres, 1963, p. 1-36) ; A. ALT, « Die Ursprünge des israelitischen Rechts » (1934), dans *Kleine Schriften zur Geschichte des Volkes Israël,* I, Munich 1953, p. 278-332 (cf. p. 302-332, analyse des formules « apodictiques » dont relève le Décalogue) ; W. KESSLER, « Die literarische, historische und theologische Problematik des Dekalog », *VT),* 1957, p. 1-16 ; J.J. STAMM, *Der Dekalog im Licht der neueren Forschung*[2], Berne 1962 (tr. fr. *Le Décalogue à la lumière des recherches contemporaines,* coll. « Cahiers théologiques » 43, Neuchâtel 1959, sur la première édition) ; G. AUZOU, « Esprit, genre et signification du Décalogue », dans *De la servitude du service : Étude du livre de l'Exode,* Paris, 1961, p. 279-316 (orientation vers le contenu positif qu'implique le texte, dans le cadre de l'alliance) ; G. VON RAD, *Théologie de l'Ancien Testament* (tr. fr.), t. 1 : *Théologie des traditions historiques d'Israël,* Genève 1963, p. 168-193 ; N. LOHFINK, *Das Hauptgebot. Eine Unterschung literarischer Einleitungsfragen zu Dtn 5-11,* coll. « Analecta Biblica » 20, Rome 1963 (étude spéciale de quelques formulaires, à compléter par l'art. cit. dans la note 1, en trad. fr.) ; id., « Zur deut. Fassung von Dt 5 », *BZ* 9 1965, p. 17-32 ; id., *Écoute Israël ! Explications de textes du Deutéronome,* tr. fr., Lyon 1967, pp. 55-69 (relations entre le Décalogue et le premier commandement de Dt 6, 4 s.) ; J. SCHREINER, « Die Zehn Gebote im Leben des Gottesvolkes », *Deut. Forschung und Verkündigung,* Munich 1966 ; H. VAN OYEN, *Éthique de l'Ancien Testament,* tr. fr., Genève 1974, p. 101-131 (le Décalogue est censé résumer l'éthique de la Torah) ; G. EBELING, *Die Zehn Gebote,* Tübingen 1973 ; Schalom BEN-CHORIN, *Die Tafeln des Bundes,* Tübingen 1979 (actualité du Décalogue, vue à partir de la foi juive).

## 2.1. Origine prophétique ou cadre cultuel ?

Dans une ligne parallèle à l'appréciation thomiste du
Décalogue, la première critique biblique, liée originairement au protestantisme libéral, avait vu dans le Décalogue le parfait exemple du « monothéisme moral »
qu'elle attribuait aux prophètes d'Israël. Du même coup,
elle avait tendu à en abaisser la composition jusqu'à une
époque relativement tardive. La réaction amorcée par S.
Mowinckel en 1928 l'a au contraire, rapproché du cadre
actuel en le comparant à des séries parallèles[6], comme
celles qu'on trouve dans Dt 27, 11-26 ; Ps 15 ; Ps 24, 3-
6 ; Is 33, 13-16 ; Ez 18, 6-8. 11-13. 15-17. Le Décalogue
apparaît alors comme une liste d'interdits qui énonce *les
conditions minimales à remplir pour participer au culte
communautaire,* quel que soit le cadre concret auquel on
songe pour la promulgation de cette liste (la fête du
Règne de Dieu lors de la fête d'automne, selon S.
Mowinckel ; le renouvellement de l'alliance, selon A. Alt
que suivent pratiquement J.J. Stam, G. von Rad, H. van
Oyen, etc.). Le lien ainsi décelé avec le culte amène certains critiques à supposer l'existence primitive d'un Décalogue qui aurait été exclusivement composé d'interdits,
mais cette hypothèse est plus discutable. L'existence
d'Israël comme communauté sacrale, à laquelle Dieu seul
peut assurer les biens promis en vertu de l'alliance et
dont la relation à Dieu se traduit dans le culte authentique, donne à l'interprétation globale du texte une pro-
babilité très grande : le Décalogue résume les conditions
essentielles à remplir pour qu'Israël puisse entrer en communion avec Dieu en tant que peuple de l'alliance. En
conséquence, la situation du texte dans le récit de
l'alliance sinaïtique (Ex 20, 1-17) constitue une execel-

---

6. On notera que ces séries ne sont pas seulement formées
d'interdits : le Ps 15 mentionne « celui dont la conduite est parfaite,
qui pratique la justice et dit la vérité » ; le Ps 24 promet l'accès au
sanctuaire à « celui qui a les mains innocentes et le cœur pur » ; Is
33, 13-16 l'assure à l'« homme qui se conduit avec justice et parle
avec droiture ». Ez 18 ouvre son énumération d'interdits par l'éloge
de l'homme juste, qui pratique droit et justice. Cette morale est donc
positivement orientée vers les vertus dont il sera question plus loin.

lente mise en place. Mais il est clair que, dans l'état actuel du Pentateuque, les deux recensions du Décalogue (Ex 20 et Dt 5, 6-22) ont amplifié les dix « paroles » primitives[7], qu'il est impossible de reconstituer aujourd'hui sous leur forme originelle.

## 2.2. EXAMEN DU DÉCALOGUE

Le choix du nombre 10 est conventionnel et mnémotechnique (il est sans doute en rapport avec les dix doigts des deux mains).

### 2.2.1. Question posée par la forme des interdits

Le prologue du texte montre au nom de quelle autorité il est énoncé : « Je suis Yahwé ton Dieu, qui t'ai fait sortir du pays d'Égypte. » Ce n'est pas là un recours au concept du Dieu *créateur*, mais à l'acte de Dieu *libérateur* qui a choisi Israël et l'a appelé positivement à devenir « son » peuple[8]. Tout ce qui est dit par la suite se situe donc *à l'intérieur de la relation d'alliance,* établie dans l'histoire humaine par un événement unique en son genre. Dieu parle lui-même en énonçant ses exigences fondamentales ; mais celles-ci ont une forme d'interdit, sauf pour l'honneur dû aux père et mère et pour la pratique du sabbat. Cette *forme négative* des

---

7. La terminologie employée est importante. On n'a dans le Décalogue ni des décrets (*ḥuqqîm*), ni des sentences coutumières (*mišpatîm*), ni des prescriptions (*miṣwôt*), ni des stipulations d'alliance (ʿ*ēdôt*), ni des sentences oraculaires rendues par les prêtres *(tôrôt)* mais des « paroles » désignées par le même terme que les « paroles » prophétiques (*debarîm*). Bien que, dans le Deutéronome, le même mot puisse englober toutes les paroles de la Tôrah, qu'il ne faut pas traduire alors (au singulier) par « loi », il ne relève pas du vocabulaire juridique. Voir l'enquête sémantique de W.H. SCHMIDT, art, « Dabar », *TWAT,* t. 2, col. 101-133. Cela n'implique par que la collection des dix « paroles » soit postérieure aux prophètes, mais simplement que Dieu n'indique pas sa volonté à l'égard de son peuple en termes de loi.

8. W. ZIMMERLI, « Ich bin Jahwe », *Festschrift Bertholet,* Tübingen 1950, p. 179-209 ; cf. G. VON RAD, *Theologie de l'A.T.,* t. 1, p. 185 s.

« commandements » pose d'emblée une question évidente : est-il possible de les présenter comme un résumé suffisant des obligations religieuses et morale de la loi « naturelle », au sens défini plus haut, c'est-à-dire dans la perspective ouverte par la révélation biblique ? On ne peut que répondre négativement à cette question, en dépit de tout ce qu'ont pu dire sur ce point les moralistes chrétiens « classiques »[9]. En effet, l'énumération des conditions en dehors desquelles on ne peut ni participer à la vie cultuelle de la communauté liée à Dieu par l'alliance ni avoir part aux biens que Dieu promet à cette communauté, ne suffit pas pour que l'on sache *quelles règles de conduite positives* il faut suivre dans les circonstances concrètes de la vie quotidienne.

### 2.2.2. Interdits et commandements religieux

*En matière religieuse,* il faut exclure le culte des faux dieux et les pratiques idolâtriques : soit ! Mais en quoi consiste la relation authentique avec le Dieu vivant, non seulement dans la perspective de sa révélation reconnue comme telle, mais même dans celle de la conscience qui témoigne pour tout homme de sa présence et de ses exigences ? Le Décalogue, à lui seul n'en dit rien. Le commandement relatif au Nom divin vise probablement son usage dans les malédictions et les opérations magi-

---

9. H. VAN OYEN semble les présenter comme le résumé suffisant des exigences éthiques de Dieu (*op. cit.,* p. 107-131). Mais G. VON RAD remarque avec justesse : « Pour être une "loi" au sens strict du mot, c'est-à-dire un guide de vie morale, il manque au Décalogue l'élément essentiel : le contenu positif sans lequel une loi n'est guère pensable. Bien au contraire — à l'exception des deux cas déjà indiqués — il se garde d'imposer une norme positive au contenu de l'existence ; il se limite à quelques négations fondamentales et se contente de placer aux frontières d'un vaste cercle vital quelques signes qu'aura à observer celui qui appartient à Yahvé » (*op. cit.,* p. 172). Ph. DELHAYE, *Le Décalogue et sa place dans la morale chrétienne,* Bruxelles 1963, revalorisait le texte en se plaçant dans la perspective de saint Thomas. Mais il transformait en *positif* ce que le Décalogue exprime en négatif, pour y montrer les exigences essentielles de la charité dans tous les domaines auxquels le texte touche. On passe ainsi de sa « matière » à son « esprit » (p. 89-93). Mais c'est une transformation radicale, sur laquelle je reviendrai plus loin.

ques, regardées comme opératoires par elles-mêmes : peut-on dire que les règles relatives à la « sanctification » du Nom divin sont du même coup virtuellement précisée et qu'il suffit de tirer les conséquences du principe posé ? Le commandement relatif au sabbat est formulé d'une façon positive. Les développements donnés dans les deux développements du Décalogue (Ex 21, 8-11 et Dt 5, 12-15) en font même une loi sociale dans la communauté sacrale à laquelle participent toutes les classes de la société. Mais il est lié, en lui-même, à un calendrier particulier dont le rythme septénaire, finalement rattaché à une représentation symbolique de l'acte créateur, ne peut pas être regardé comme un principe de droit « naturel » : on est ici devant un article de droit positif. Ainsi, sous l'angle strictement religieux, le précepte et les interdits énoncés dans le Décalogue sont insuffisants comme résumé de la « loi » divine.

## 2.3. LES COMMANDEMENTS MORAUX

Sous l'angle strictement moral il en va de même.

### 2.3.1. L'honneur dû aux parents

Le commandement de l'honneur dû aux père et mère est le seul qui se présente sous une forme positive ; on en trouverait ailleurs des équivalents négatifs (cf. Dt 27, 16 et Ex 21, 17, qui parlent de les maudire ou de les traiter indignement). Mais on reste dans l'ordre de la morale « sociologique » qui fixe les règles nécessaires au fonctionnement d'une vie communautaire, civique et religieuse à la fois, où la famille occupe une place fondamentale et où les adultes doivent prendre en charge leurs père et mère. En outre, la promesse d'une « longue vie » reste dans les perspectives de la rétribution temporelle qui caractérise l'ancienne alliance. Enfin, le texte ne va pas très loin dans la définition des rapports entre les générations, aux points de vue affectif et moral. Cette remarque vaut à plus forte raison pour les autres commandements qui ont une forme négative. Leur portée est finalement limitée. Il faut même le préciser en fonction du vocabulaire employé.

### 2.3.2. L'homicide

Il est dit : « *Tu ne tueras pas* » ; mais le verbe *raçaḥ* ne désigne pas n'importe quelle mise à mort. La traduction grecque (*phoneuô*, « tuer, assassiner ») a un sens plus général[10]. L'hébreu vise la mise à mort *illégale*, compte tenu du droit coutumier qui peut fort bien justifier certaines mises à mort. Il s'agit donc essentiellement d'assurer un ordre social où la vie de tous les participants est protégée. Mais cela suffit-il pour définir le respect de la vie d'autrui et, plus précisément, les devoirs des individus ou de la société elle-même pour que cette vie soit positivement soutenue en fonction de ses besoins pratiques ?

### 2.3.3. L'adultère

De même, l'interdit de certaines *relations sexuelles,* traduit par l'expression : « Tu ne commettras pas l'adultère », s'entend en fonction d'un droit coutumier où la femme est la propriété de son mari, en vue de la procréation d'une descendance légitime ayant le statut des personnes libres. En conséquence, le droit exclusif de tout mari sur sa femme est protégé, soit contre les infidélités de celle-ci, soit contre les entreprises d'un autre homme. Mais rien n'empêche l'homme de posséder plusieurs épouses, d'avoir commerce avec des esclaves qui lui appartiennent et qui lui donneront une postérité de statut servile, de fréquenter des prostituées — hormis les cas de prostitution sacrée liée aux cultes idolâtriques. Bref, il y a deux morales différentes pour les hommes et les femmes. Même les restrictions qui, au cours des âges,

---

10. Du texte hébreu à la traduction grecque que suivra le Nouveau Testament, il y a naturellement un développement notable. Mais celui-ci suit le développement des structures sociales : on n'est plus devant les conditions fondamentales qu'il faut remplir dans une société fondée sur les clans, mais devant une prohibition du meurtre telle qu'on peut la comprendre dans une société où s'exerce une autorité et où il y a des institutions judiciaires.

introduiront progressivement dans le Judaïsme le mariage monogame (cf. le livre de Tobie) laisseront en place la lettre du commandement, et celle-ci ne précise aucun devoir positif dans l'ordre des relations interpersonnelles entre époux, par exemple en matière d'amour conjugal et de soutien mutuel. Cela ne suffit certainement pas pour définir la morale « naturelle » dans ce domaine.

### 2.3.4. Le vol

*L'interdiction du vol* ne suffit pas davantage pour la définir dans l'ordre de la répartition des biens matériels, qu'il s'agisse des biens d'usage ou des biens productifs. Telle qu'elle est formulée, elle protège les droits acquis : c'est un minimum indispensable pour la vie d'une société. Mais les problèmes posés par la justice distributive, par la pauvreté ou la misère de certains, par les cas de nécessité, etc., sont laissés hors de cause. Faudrait-il en conclure que ces questions ne relèvent pas de la morale naturelle, c'est-à-dire de l'ordre de choses voulu par le créateur lui-même ?

### 2.3.5. Le faux témoignage

*L'interdiction du témoignage mensonger* n'englobe évidemment pas le problème de la vérité des paroles dans l'ensemble des relations sociales : elle concerne exclusivement le cas des procès, de quelque nature qu'il soient, où les témoins sont nécessaires pour que le juge « dise le droit » en l'appliquant aux circonstances établies par leur déposition. La seule chose en cause est encore le fonctionnement de la société ; la rectitude intérieure de la pensée manifestée par celle des paroles est laissée de côté.

### 2.3.6. La « convoitise »

Enfin, l'interdiction de ce qu'on nomme habituellement la « *convoitise* », sur la base de la traduction grecque d'Ex 20, 17 et Dt 5, 21 (avec le verbe *épithyméô*), semble avoir visé primitivement les voies de fait et les manœuvres entreprises pour s'approprier indûment une personne (femme, serviteur, servante) ou un objet (maison, animal, etc.) appartenant à autrui. C'est encore un principe d'ordre social dont il est difficile de tirer une morale « naturelle », au point de vue des dispositions intérieures qui donnent une qualification intentionnelle aux actes humains. L'interprétation grecque du texte hébraïque (qui renferme en cet endroit deux verbes différents : *ḥamad* et *hit'awwah*) a évolué dans cette direction, mais sous une autre influence que celle de la Loi comme telle.

## 2.4. INSUFFISANCE DU DÉCALOGUE

### 2.4.1. Caractère négatif des interdits et morale « sociologique »

Une conclusion s'impose donc. S'il est vrai que les domaines envisagés par le Décalogue englobent les principaux aspects de la vie : relation religieuse à Dieu, sexualité et mariage, possession des biens de diverses sortes, usage de la parole, — le caractère négatif de huit prescriptions sur dix, les limites des impératifs ainsi énoncés, leur relation éventuelle à des institutions de droit positif (sabbat, fonctionnement des tribunaux), *ne permettent aucunement d'y voir un résumé suffisant de la « morale naturelle »*. Le rôle fondamental du Décalogue reste conditionné par sa visée primitive, qui concerne le fonctionnement de la société, civile et religieuse à la fois, du peuple de l'alliance[11]. Ainsi compris, il indique *un minimum* pour la conduite de tous les membres de cette société. Ce n'est certainement pas suffisant pour définir *positivement* les principes de la morale. Même si la référence au Dieu de l'alliance introduit une dimension religieuse qui donne aux exigences de la conscience un fondement transcendant, l'ensemble des prescriptions ou des interdits formulés *se situe sur le plan d'une morale « sociologique »* : celle-ci impose aux individus les règles

---

11. Le fait est heureusement souligné par N. LOHFINK, « Les dix commandements... », *Sciences bibliques en marche,* p. 115 ss.

de comportement sans lesquelles il n'y aurait pas de société possible — c'est le sens des commandements sociaux, dans la perspective ouverte par la reconnaissance de Dieu — c'est le sens des commandements religieux. Peut-on restreindre les principes fondamentaux de la morale « naturelle » à ces dix règles de « vie en société sacrale », comme si toutes les autres règles plus précises pouvaient en être déduites comme autant d'applications dans les cas particuliers? Il faut répondre négativement à cette question.

### 2.4.2. Illusions sur l'origine du texte

La présentation des règles en cause comme des paroles directes *de Dieu* énoncées dans le cadre de l'alliance sinaïtique, à la différence des lois civiles et cultuelles énoncées par Moïse dans les codes, a pu faire illusion aux moralistes chrétiens des premiers siècles et du Moyen Age, comme on le voit clairement dans l'article de la *Somme théologique* qui ramène toutes les autres lois au Décalogue (Iᵃ IIᵃᵉ, q. 100, art. 3). Mais il s'agit là d'un montage littéraire qui ne résiste pas à l'examen critique des textes[12].

---

12. La lecture « historicisante » des récits bibliques ne peut être reprochée aux théologiens du XIIIᵉ siècle, qui ont derrière eux une longue tradition éxégétique, juive et chrétienne : tous les détails de la présentation littéraire qui figurent dans Ex 19-20 sont pris au pied de la lettre. Leur rappel dans Dt 4, 10-20 supposait le même genre de lecture : à l'Horeb, le peuple entendait directement la voix de Dieu. Mais le but de ce rappel était différent : il s'agissait seulement d'expliquer que le peuple avait entendu Dieu *sans le voir* et que, en conséquence, il fallait exclure toute représentation idolâtrique, suivant le premier commandement du Décalogue (4, 16-19a). Cette exploitation du récit traditionnel, faite pour illustrer un commandement fondamental, diffère profondément du raisonnement construit par saint Thomas, qui attribue à Dieu la promulgation du Décalogue *sans aucun intermédiaire humain,* même prophétique. Les ressources de l'imagination orientale dans la construction de la scène du Sinaï/Horeb sont complètement ignorées. De ce fait, les conclusions tirées reposent sur une base extrêmement fragile. Quant à la réduction systématique de toute la « Loi » au Décalogue, on la trouvait déjà chez Pierre Lombard, que saint Thomas a commenté (cf. *In Sent. 3,* dist. 37, art. 2, q. 1, in corp. ; *In Sent 4,* per tot.). Il semble pourtant

## 3. LE DÉCALOGUE
## DANS LE NOUVEAU TESTAMENT

On pourrait faire ici une objection importante : les références au Décalogue dans le Nouveau Testament ne confirment-elles pas sa suffisance, aux yeux de Jésus et des apôtres, comme résumé de la morale énoncée dans le cadre de l'ancienne alliance ?

### 3.1. LES PAROLES DE JÉSUS

Examinons d'abord les paroles de Jésus.

### 3.1.1. L'épisode du riche notable

Dans l'épisode où Jésus est interrogé sur les conditions à remplir pour entrer dans la vie éternelle (Mt 19, 16-22 ; Mc 10, 17-22 ; Lc 18, 18-23), Jésus répond effectivement en renvoyant d'abord son interlocuteur au Décalogue, avec des variantes dans le détail : meurtre, adultère, vol, faux témoignage (+ tort fait aux autres), honneur rendu au père et à la mère, chez Marc ; adultère, meurtre, vol faux témoignage, honneur rendu au père et à la mère, chez Luc ; meurtre, vol, faux témoignage, honneur rendu au père et à la mère (+ « tu aimeras ton prochain comme toi-même »), chez Matthieu. Il n'est pas nécessaire de rappeler les interdits et le précepte relatifs à Dieu : leur observation va de soi pour un Juif. Ceux qui sont cités recouvrent les domaines essentiels de la vie sociale : respect de la vie, des biens, des droits d'autrui en matière sexuelle, vérité de la parole, sans compter la relation aux père et mère. Mais en les interprétant ainsi, *on retourne les formules négatives* pour leur donner un contenu positif dont les énoncés sont à chercher ailleurs. C'est pourquoi Marc complète le formulaire en recourant

---

qu'au XIIIᵉ siècle l'Ordre dominicain organise la morale autour des vertus, alors que l'Ordre franciscain vulgarise le Décalogue en tant que résumé pratique (communication orale de Mgr Ph. DELHAYE).

à Dt 24, 14, et Matthieu plus encore en introduisant la
formule de Lv 19, 18, donnée ailleurs comme le « second
commandement » qui est semblable au premier (Mt 22,
39 et par.).

### 3.1.2. La référence de Jésus au Deutéronome

La citation est probablement faite d'après le Deutéronome. En effet, elle répond à une question sur
l'« héritage de la vie éternelle ». Ce thème est absent de
la Bible hébraïque en dehors de Dn 12, 2 ; mais c'est un
développement normal du thème de la « vie » qui est
courant dans le Deutéronome (cf. Dt 6, 24). En outre, il
est très probable qu'au temps de Jésus[13] la prière quotidienne de tous les Juifs associait le Décalogue (Dt 5, 6-
21) au *Shema' Israël* (Dt 6, 4-8), que Jésus cite explicitement dans sa réponse au scribe qui l'interroge sur
le premier commandement (Mc 12, 28-34 ; Mt 22, 34-40 ;
Lc 10, 25-28). On peut même remarquer que la question
posée est identique, chez Luc, dans les deux épisodes
rapprochés ici : « Que dois-je faire pour hériter de la vie
éternelle ? » (Lc 10, 25 et 18, 18). Ainsi Jésus renvoie

---

13. Cf. I. ELBOGEN, *Der Jüdische Gottesdienst in seiner geschicht-
lichen Entwicklung,* Francfort-s.-M. 1931, p. 242 (cf. 236) ; G.F.
MOORE, *Judaism in the First Centuries of the Christian Era,*
Londres 1931, t. 3, p. 95, note 44. La valorisation du Décalogue
comme loi venant directement de Dieu, à la différence des prescriptions venant de Moïse, est déjà attestée par le Pseudo-Philon : « Nous
avons voulu en ce temps-là scruter le livre de la Loi pour savoir si
Dieu avait réellement écrit ce qu'il y a dedans ou si Moïse l'a enseigné
de son propre chef » (25, 11 : cf. éd. des « Sources chrétiennes »,
n° 229, p. 202). Cette place privilégiée, au détriment des autres prescriptions rituelles et civiles, amena une réaction des autorités juives
qui, vers la fin du Iᵉʳ siècle, exclurent le Décalogue des prières du
matin du sabbat. Il est probable que la valorisation du texte par le
Nouveau Testament joua un rôle dans cette décision (cf. G. VERMES,
« The Decalogue and the Minim », *In Memoriam Paul Kahle,* Berlin
1968, p. 232-240 (= *Post-Biblical Jewish Studies,* Leyde 1975, p. 169-
177). L'association du Décalogue au *Schema'* est confirmée par les
phylactères retrouvée à Qumrân ; cf. J.T. MILIK, dans *Qumrân Grotte
IV,* t. 2 (DJD, VI), Oxford 1977 : 4 Q 135 (= Phyl. H), p. 60-62 ;
4 Q 140 (= Phyl. M), p. 71-73 ; 4 Q 142 (= Phyl. O.), p. 74 s. Voir
le répertoire donné p. 38 s. On notera que le papyrus Nash comportait déjà une copie du Décalogue (Milik y voit une Mezûza, p. 39).

simplement son interlocuteur, dans les deux cas, à la pratique commune fondée sur la Tôrah.

### 3.1.2. Le dépassement du Décalogue

A partir de là, Jésus se réserve de proposer une pratique qui va plus loin afin d'« être parfait » (Mt seul), d'avoir un trésor dans le ciel (Mt, Mc et Lc), et finalement d'entrer dans le Royaume de Dieu (ou des Cieux) pour « être sauvé » (Mc 10, 26, et par.). Or, l'homme riche qui renonce à le suivre en qualité de disciple semble bien tourner le dos à ce Royaume (Mc 10, 23-27 et par.). Jésus l'avait invité à passer, d'une morale « sociologique » correcte et conforme aux vues du Créateur, à une morale « personnelle » de vocation individuelle et d'inspiration intérieure à laquelle l'homme n'a pu se résoudre. Dira-t-on que cette seconde perspective est étrangère à la « nature » de l'homme, alors qu'elle a pour fin l'entrée dans le « Royaume de Dieu », autre nom de la « vie éternelle » ? La morale qui régit les actes humains n'est-elle pas spécifiée par leur *fin,* pour reprendre un langage scolastique ? On pourrait d'ailleurs remarquer que l'importance des commandements cités par Jésus n'avait pas échappé à la tradition juive. Le Targoum palestinien de l'Exode et du Deutéronome[14], dans toutes ses recensions, amplifie spécialement les commandements relatifs au meurtre, à l'adultère, au vol et au faux témoignage, en précisant que tous les maux humains — l'épée, la peste, la famine, les bêtes sauvages — sont la punition de ces fautes. Il est vrai que le Targoum du dernier commandement ajoute à l'énumération « les convoiteurs » ; mais on va voir que saint Paul les cite aussi nommément dans sa référence au Décalogue. De toute façon, la proposition évangélique dépasse cette perspective.

---

14. Voir la traduction du Targoum palestinien du texte, avec toutes ses variantes, dans l'édition de R. LE DÉAUT, *Targum du Pentateuque,* t. 2 : *Exode-Lévitique,* « Sources chrétiennes » 256, p. 166-169 (sur Ex 20, 13-17), et t. 4 : *Deutéronome,* « SC » 271, p. 64-69 (sur Dt 5, 17-20). On trouve une synopse araméenne et un commentaire de ces textes dans J. POTIN, *La fête juive de la Pentecôte,* coll. « Lectio Divina » n° 65, Paris 1971.

## 3.2. LES TEXTES DE SAINT PAUL

### 3.2.1. Épître aux Romains (13, 9-10)

Passons maintenant aux *textes de saint Paul.*

C'est dans l'épître aux Romains qu'on trouve la citation du Décalogue, à propos de la seule dette qui soit digne des hommes : celle de l'amour mutuel. Car « celui qui aime autrui accomplit *la Loi* ». Il s'agit de la loi morale sans plus de précision, mais la suite est nette : « Le texte :"Tu ne seras pas adultère, tu ne tueras pas, tu ne voleras pas (tu ne porteras pas de faux témoignage[15]), tu ne convoiteras pas", et quelque autre précepte qu'il y ait, se résume dans cette parole : "Tu aimeras ton prochain comme toi-même". L'amour ne fait aucun mal au prochain. L'amour est donc la plénitude de la loi » (Rm 13, 9-10). Ainsi le renversement s'opère, des interdits *négatifs* au commandement *positif,* qui les implique plutôt qu'il ne les englobe. Mais les règles de la morale devraient être déduites du précepte fondamental, « second commandement semblable au premier » (dans le texte évangélique allégué plus haut), moins par inversion des interdits que par application de cette obligation générale aux domaines que les interdits visaient. Formulée en repoussoir dans le Décalogue, la morale reste ainsi à construire *au-delà* du décalogue lui-même.

### 3.2.2. Épître aux Galates (ch. 5)

Un texte parallèle de l'épître aux Galates y pourvoit quelque peu. Après avoir rappelé que toute la loi s'accomplit — ou se résume — en une seule parole : « Tu aimeras le prochain comme toi-même » (Ga 5, 14), saint Paul énumère d'abord une série de péchés qui sont

---

15. Le texte court est représenté par la plupart des grands Codices ; l'addition figure dans le *Sinaiticus,* plusieurs minuscules, la Vulgate sixto-clémentine, la version copte bohaïrique. Comme le mention du faux témoignage figure dans les trois Synoptiques, il s'agit probablement d'un alignement secondaire sur le texte évangélique. Cette discussion de critique textuelle est traitée dans les grands commentaires de l'épître, qu'il est nécessaire d'énumérer ici.

« les opérations de la chair » (Ga 5, 19-20) ; comme
l'énumération est volontairement incomplète, on y intro-
duirait aisément les péchés qu'interdisent les commandements du Décalogue cités par Paul et, avant lui, par
Jésus. A cela s'oppose le « fruit de l'Esprit », qui n'est
autre chose que les attitudes humaines les plus fondamentales en matière de vertus : « amour, joie, paix,
patience, serviabilité, bonté, fidélité, douceur, continence
(ou maîtrise de soi) » (Ga 5, 22-23a). Voilà les *règles
positives* de la morale. Il faut ajouter : de la morale
« naturelle », même si elles ne peuvent être réalisées pratiquement que sous la conduite de l'Esprit de Dieu.
Aussi Paul peut-il ajouter : « *Contre* de telles choses, il
n'y a pas de loi » (5, 23 b), c'est-à-dire, d'interdit semblable à ceux qu'on trouve dans le Décalogue [16].

### 3.2.3. La « convoitise » dans Ga 5, 16-17 et Rm 7, 7

Quant au dernier d'entre eux : « Tu ne convoiteras
pas », le Targoum palestinien du Pentateuque en mon-
trait ainsi les conséquences dans la vie des sociétés :
« ... car c'est à cause des convoiteurs que les empires se
jettent sur les enfants des hommes et que l'exil vient sur
le monde » (Fragment de la Guéniza, N + gl sur Ex 20,
17) ; « ... que les empires se jettent sur les enfants des
hommes, convoitent leurs richesses et les emportent » (N
sur Dt 5, 21, repris pour le sens dans le Ps-J sur Ex 20
et Dt 5). La citation de la convoitise dans Rm 13, 9
dépasse vraisemblablement cette application aux seuls
biens matériels, car Paul donne à la convoitise une
amplitude particulière : « Ceux qui sont au Christ Jésus
ont crucifié leur chair avec ses passions et ses
convoitises » (Ga 5, 24). D'une certaine manière, la con-

---

16. Cela ne veut évidemment pas dire que les interdits sont abolis.
Saint Paul rappelle lui-même que certains péchés *excluent* du
Royaume de Dieu (cf. 1 Co 6, 9-10 ; Ga 5, 21 ; Ep 5, 5) : leur liste
peut aisément s'inscrire en marge du Décalogue. Celui-ci retrouve
ainsi sa fonction primitive : énumérer les conditions *minimales* à remplir pour participer à la vie du peuple de Dieu, qui a maintenant pour
horizon ultra-terrestre son « Royaume ». Mais cela ne donne toujours
pas d'indication positive sur les normes positives de la conduite chrétienne.

voitise, c'est-à-dire la perversion du désir (cf. Ga 5, 16-17), englobe tous les aspects du mal, si bien que la loi entière, en tant qu'interdiction du mal, peut se résumer[17] dans l'expression : « Tu ne convoiteras pas » (Rm 7, 7). Le dernier commandement du Décalogue acquiert ainsi une portée universelle. Mais il ne s'ensuit pas que ses *interdits* précisent les *règles positives* de conduite qui répondent à la volonté du Créateur et au régime d'alliance fondé sur le Sinaï. Ils recouvrent *tous les domaines de la conduite humaine,* dans les rapports à Dieu comme dans les relations interpersonnelles et sociales. Ils invitent à la réflexion pour discerner le bien et le mal, pour préciser les normes du bien, pour en découvrir les applications concrètes dans la vie pratique. Mais ils restent sur le seuil — sauf dans le cas de l'honneur dû au père et mère et pour le commandement du sabbat, qui relève du droit positif. On voir donc *qu'il faut trouver d'autres moyens pour découvrir dans l'Écriture les normes positives de la morale « naturelle »* — c'est-à-dire, de la morale qui correspond aux intentions du Créateur sur la fin des actes humains et sur les moyens propres à l'atteindre.

---

17. Cf. S. LYONNET, « Tu ne convoiteras pas », « *Neotestamentica et Patristica* (Festschrift Oscar Cullmann), Leyde 1962, p. 157-165. A la suite de Rm 7, 7, l'entrée en scène du Péché personnifié qui « séduit » (7, 11) le « Je » du texte, démarque le drame de Gn 3,1 s. Dans le texte hébreu de la Genèse, le verbe du désir et de la convoitise (*hamad*) est appliqué à l'arbre du Paradis (il est *nehmad* pour acquérir l'intelligence). Le même verbe est repris dans le Targoum *Neofiti 1* (*thmd*, dit plus qu'« agréable aux yeux »). Les Tg d'Onqelos et du Ps-Jon recourent au verbe *raggeg,* qui concerne aussi le désir et la convoitise. Cette référence aux origines donne une valeur universelle à la convoitise interdite, puisque le péché du Paradis est le péché-type que la Bible place au point de départ de l'histoire ; cf. mes exposés dans *Réflexions sur le problème du péché originel,* Tournai-Paris 1969, p. 31-69 ; *Péché originel et rédemption, examinés à partir de l'épître aux Romains,* Tournai-Paris 1973, ch. 4 et 5.

## 4. LES COMMANDEMENTS POSITIFS
## DE LA TÔRAH

Trouve-t-on des *préceptes positifs* dans l'Ancien Testament ?

### 4.4. LA TÔRAH EST-ELLE UNE LOI ?

Il faut d'abord se demander si le mot « loi » est exactement approprié pour traduire le vocable hébraïque *tôrah*[18].

### 4.1.1. Sens fondamental du mot dans la Bible

Employé au pluriel, le mot désignait primitivement ses réponses de style oraculaire données par les prêtres, pour résoudre les questions posées par les cas pratiques qu'on leur soumettait. Employé finalement au singulier pour englober toutes les règles de vie contenues dans les écrits de la tradition mosaïque[19], il désigna le recueil de livres

---

18. La bibliographie essentielle sur l'origine, les emplois et la sémantique du mot *tôrah* est donnée par H. CAZELLES, art. « Loi israélite », *DBS*, t. 5, col. 497-530, précisé et corrigé en partie dans l'article : « Tôrah et Loi : Préalables à l'étude historique d'une notion juive », dans *Hommage à Georges Vajda*, éd. par G. Nahon et Ch. Touati, Louvain, 1980, p. 1-12 ; cf. G. LIEDKE — C. PETERSEN, art. « Tôrah », *Theologisches Handwörterbuch zum Altem Testament*, dirigé par E. Jenni et C. Westerman, t. 2, col. 1032-1043 (avec la traduction du mot par « instruction ») ; W. GUTBROD, art, « Nomos », *TWNT*, t. 4, p.1029-1051 ; G. LIEDKE, *Gestalt und Bezeichung alttestamentlicher Rechtssätze*, Neukirchen 1971, p. 195-200. Bonne présentation d'ensemble par P.-M. BOGAERT, « Signification et rôle de la Loi dans l'Ancien Testament », *La loi dans l'éthique chrétienne*, ouvrage coll., Bruxelles 1981, p. 111-138.

19. Ce sens est attesté à partir du Deutéronome. Il commande l'attitude de la piété juive à l'égard de la Tôrah dans les Psaumes ; cf. J. DE VAULX, « Spiritualité de la Loi dans le Psaume 119 ». *L'Année canonique* 21 [1977], p. 85-98. Voir l'enquête de A. ROBERT, « Le sens du mot "Loi" dans le Psaume 119 (Vg 118) », *RB* 46 [1937], p. 182-206, et 48 [1939], p. 5-20 : « Le Deutéronome envisage l'ensemble de la révélation faite à Moïse au Sinaï, consignée par écrit, renfermant des prescriptions et des discours parénétiques, et s'impo-

qui constituait, dans l'empire perse, la base du statut du peuple juif reconnu et protégé par l'État. La traduction par le vieux-perse *dātâ* (Esd 7, 14. 25-26) lui conférait sûrement une résonance juridique très supérieure à celle de l'hébreu *tôrah,* qui gardait pour les Juifs sa valeur ancienne de règle de vie donnée par Dieu[20]. La Tôrah comportait assurément une part notable de droit positif en matière cultuelle, civile et pénale : coutumes, prescriptions, préceptes, interdits, etc. Mais elle comprenait aussi un cadre d'histoire sainte qui fondait sa valeur en la situant dans le dessein de Dieu et en la rattachant à l'alliance accordée par lui à Israël, son peuple avec, à l'horizon, les biens promis par lui. Cette histoire sainte elle-même était tissée de récits étiologiques ou exemplaires qui n'avaient pas moins de valeur que les énoncés juridiques pour expliquer ce que Dieu attendait de son peuple. Bien plus, les prescriptions cultuelles, civiles et pénales pouvaient être accompagnées de motivations qui en explicitaient le sens ou en montraient la raison d'être. En plus d'un endroit, le droit lui-même virait à l'exhortation, comme dans les homélies du Deutéronome, sans qu'on sortît pour autant de la Tôrah.

---

sant aux Israélites comme une règle générale de vie. Le sens ''légaliste'' et le sens prophétique du mot ''parole'' se trouvent ainsi synthétisés dans une notion unique qui devient celle de ses synonymes » (*RB* 1937, p. 205). On peut certes projeter rétrospectivement cette valence du mot sur les emplois de « lex » dans la *Somme théologique*. Mais il faut alors effacer les résonances juridiques, liées au concept d'autorité, que le mot tient de l'*Éthique à Nicomaque*.

20. On perçoit une notable différence de ton entre le firman d'Artaxerxès, qui accrédite Esdras en tant que « secrétaire d'État pour la Loi (*dātâ*) du Dieu du ciel » (Esd 7, 12) et l'émotion des Juifs durant la fête des Tentes où cette Loi est promulguée, lue et expliquée (Ne 8). Le document officiel de la chancellerie donne au peuple juif dispersé une charte nationale dont le texte est fixé, pour qu'il soit observé par les Juifs comme « loi d'État » et reconnu comme tel pour eux par toutes les autorités de l'empire. Mais la lecture du texte dans le Temple lui garde son caractère de « Tôrah de Dieu », si bien que le cœur et le sentiment religieux y sont attachés dans la perspective ouverte par le Deutéronome.

### 4.1.2. Évolution juridique du mot « Tôrah »

Du point de vue des autorités perses, puis grecques, puis romaines, la Tôrah juive était donc la « loi » particulière d'Israël ; celle-ci spécifiait à la fois les devoirs et les droits de cette communauté dispersée qui avait un grand-prêtre à sa tête et qui tenait à son particularisme et à son autonomie. Mais du point de vue juif, son contenu juridique était subordonné à une finalité plus large et plus haute. Même la traduction de l'hébreu *tôrah* par le grec *nomos* dans la version du Pentateuque n'opéra pas, sur ce point, la réduction juridique que le vocabulaire grec pouvait faire supposer : le mot grec s'est au contraire surchargé de résonances nouvelles[21]. Plus tard, la confrontation des juristes juifs avec le droit romain put accentuer leur attention au contenu juridique de la Tôrah, notamment pour établir une haie protectrice de valeur indiscutable autour de l'autonomie juive[22] : mais

---

21. Sur les emplois de *Nomos* dans le grec classique et hellénistique, cf. H. KLEINKNECHT, art. « Nomos », *TWNT*, t, 4, p. 1016-1029. Sur la Septante, voir l'enquête de L. MONSENGWO PASINYA, *La notion de "Nomos" dans le Pentateuque grec*, « Analecta Biblica », Rome 1973. Il va de soi que, pour l'administration grecque d'Égypte, cette traduction de le Loi de Moïse fait autorité *en matière de droit*, car le statut reconnu aux Juifs par l'empire perse a été reconduit dans les royaumes héritiers d'Alexandre. Les juristes juifs ont, de ce point de vue, un rôle essentiel pour assurer la protection de l'autonomie accordée à leurs compatriotes. Par exemple, la pratique du sabbat dispense les soldats juifs de tout service qui serait interdit par leur loi ce jour-là, dans un calendrier qui ne coïncide aucunement avec ceux de l'Égypte traditionnelle ou de la Grèce. Mais cet aspect des choses ne concerne que les rapports entre Juifs et étrangers : dans le Judaïsme, *la valeur propre de la Tôrah* reste intacte. La place de la « Loi » dans l'*Éthique à Nicomaque* ou la conception grecque de la « nature » qui commande la morale des stoïciens n'ont rien à voir ici (cf. C.H. DODD, *The Bible and the Greeks*, Londres 1935, p. 25-41). Si les Juifs engagent sur ce point le dialogue avec les étrangers, c'est pour montrer que leur législateur, Moïse, a promulgué une sagesse de vie et des institutions supérieures à toutes les autres (cf. *Lettre d'Aristée*, nos 128-170 ; éd. de A. Pelletier, « Sources Chrétiennes no 89, p. 167-183). Mais on ne comprend cela que si on voit la Loi de l'intérieur, en devenant juif.

22. L'influence latérale du droit romain est relevé au passage par H. CAZELLES, « De la coutume au droit de Jésus-Christ à travers la Bible », *L'année canonique* 21 [1977], p. 63, dans les écoles rabbini-

elle n'abolit pas l'amplitude originelle du mot qui désignait la règle de vie d'Israël.

### 4.1.3. Les emplois de « Nomos » dans le Nouveau Testament

C'est pourquoi, au niveau du Nouveau Testament, on observe une oscillation du mot *nomos* (littéralement : « loi ») entre des acceptions presque opposées entre elles[23]. Chez saint Paul, les polémiques contre le légalisme des judaïsants qui veulent astreindre les païens convertis aux observances juives, n'ont de sens que par rapport aux prescriptions juridiques et cultuelles qui définissaient — et protégeaient — le statut particulier de la « nation » juive dans l'empire romain : les convertis d'origine non juive ne sauraient être soumis à ce statut. Plus fortement encore, ces polémiques visent la théorie qui attribuerait la justification de l'homme aux mérites acquis par l'observation des œuvres prescrites — juridiques, cultuelles ou même morales — et non à la médiation rédemptrice du Christ et au don de l'Esprit qui en résulte. Mais soumettant ainsi les hommes à une « loi de foi » (Rm 9, 27), Paul n'a pas l'intention d'*abolir* la Tôrah ; bien au contraire, il l'*affermit* dans son vrai sens (3, 31). Dans les évangiles même, les polémiques de Jésus s'en prennent à la « tradition des anciens » qui se surajoute à la Loi (Mc 7, 5. 8-13, avec le rappel positif d'un commandement du Décalogue), au juridisme excessif des scribes (Mt 23, 15-24), aux limites du droit ancien qui pouvait contredire les intentions clairement révélées du Créateur (Mt 19, 3-9 et par., avec une interprétation stricte du commandement du Décalogue relatif à l'adultère), à l'interprétation superficielle de la lettre des textes sans égard pour leur visée profonde (Mt 5, 21-47, avec

---

ques pharisiennes de Hillel et de Shammaï : « C'était un problème d'interprétation et il s'agissait d'appliquer d'anciens textes à une société et à des problèmes nouveaux. » On notera que cette réflexion prend place, non dans un travail de théologie morale, mais dans une session destinée à des canonistes, soucieux de confronter le droit positif et l'Écriture sainte.

23. Cf. W. GUTBROD, art. « Nomos », *TWNT,* t. 4, p. 1051-1077.

allusion à trois interdits du Décalogue et au commandement de l'amour du prochain d'après Lv 19, 18). Mais
par là Jésus n'a pas pour but d'*abolir* la Loi : il l'*accomplit*[24] (Mt 5, 17-19).

### 4.1.4. Nouvelle position du problème : le « centre » de la Tôrah

Toutes ces constatations invitent à scruter la Tôrah de
plus près en évitant de reconstruire, sur la base du Décalogue ou des conséquences qu'on peut en tirer, une nouvelle « morale de la loi » qui réintroduirait un juridisme
que la Tôrah ne comportait pas à l'origine. On irait
d'ailleurs à l'encontre d'un courant d'interprétation qui
existait chez les docteurs juifs. Le Talmud de Babylone a
conservé un aphorisme de Hillel [25] qui résume toute la

---

24. L'attitude de Jésus par rapport à la Loi se catactérise, d'après
W. GUTBROD, *art. cit.*, p. 1051-1057, par un Non et un Oui : un Non
à la Loi comme médiatrice de justification et de salut ; un Oui,
comme expression de la volonté de Dieu qui requiert de l'homme
l'obéissance. Il s'agit là de deux compréhensions différentes de la
Tôrah et de son rôle dans le dessein de Dieu. La même opinion est
présentée d'une façon plus radicale par R. BULTMANN, « La signification du Jésus historique pour la théologie de Paul » (1929), dans *Foi
et compréhension. I. L'historicité de l'homme et la révélation,* tr. fr.
de A. MALET, Paris 1970, p. 214-226. Cette vue serait assez juste, si
elle n'avait pour arrière-plan l'*opposition* entre la Loi et l'Évangile,
telle qu'elle est présentée par Luther dans son second commentaire de
l'épître aux Galates (cf. le texte cité par BULTMANN, p. 225, note 2).
La Tôrah étant réduite à la promulgation des préceptes et des interdits
que l'homme pécheur est incapable d'observer, son seul rôle est de
donner la connaissance du péché. L'Évangile est l'annonce du pardon
accordé par Dieu aux pécheurs, et c'est en ce sens-là que la Loi s'y
trouve accomplie : plus l'homme se sait pécheur, et plus il désire le
pardon de Dieu et s'y attache.

25. Le texte est traduit par G. F. MOORE, *Judaism in the First Centuries of the Christian Era*, t. 2, p. 86 s. L'aphorisme est introduit par
le Targoum du Pseudo-Jonathan (= TJ[1]) dans la paraphrase de
Lv 19, 18, où figure le commandement de l'amour du prochain. En
cet endroit, les recensions du Targoum palestinien adoptent des politiques diverses. *Neofiti* met le texte biblique au pluriel. Sa glose margi-
nale est restrictive : « Vous aimerez votre ami qui est comme vous-
même » (cf. R. LE DÉAUT, *Targum du Pentateuque, II. Exode et
Lévitique,* 442-443). Le commandement est répété à propos de l'immi-
grant en Lv 19, 34 : au pluriel dans N ; en précisant qu'il s'agit des

Loi en ces termes : « Ce que tu hais pour toi-même, ne le fais pas à ton compagnon ; c'est là toute la Loi et tout le reste n'est qu'explication » (bT *Shabbat,* 31a). L'aphorisme était déjà cité dans le livre de Tobie (Tb 4, 15). Sa contrepartie positive constitue la règle d'or dans l'évangile de Matthieu (Mt 7, 12) : encore fallait-il opérer ce renversement qui en change la portée du tout au tout, en stimulant l'action au lieu de mettre en garde contre ses abus. La littérature rabbinique a aussi conservé l'opinion de R. Aqiba [26] qui présente le précepte de Lv 19, 18 comme la règle fondamentale de toute la conduite envers les autres hommes (*Sifra* sur Lv 19, 18 ; jT *Nedarîm* 9, 3, commentant le texte de la Mishna qui cite Lv 19, 17.18.25 ; *Bereshit Rabba* 24, 7, sur Gn 5, 1). Jésus et Paul à sa suite prolongeaient donc un type de réflexion morale qui avait des antécédents chez les docteurs juifs et qui sortait déjà du légalisme vers lequel l'attention exclusive au Décalogue risque de ramener indûment. L'essentiel n'est pas de savoir d'abord ce qui est *permis* ou *défendu,* mais de connaître les *buts* vers lesquels l'action humaine doit être *positivement* dirigée pour répondre à ce que Dieu en attend.

## 4.2. LA TÔRAH ET LES RÈGLES DE LA MORALE

Comment faut-il donc s'y prendre *pour extraire de la Tôrah les règles positives de la morale,* si le Décalogue n'est pas un point de départ suffisant ? Contrairement à une opinion courante qui laisse de côté *les règles du droit positif* — familial, civil, pénal ou même religieux — en tant que relatives à un état social dépassé et à des institutions qui concernaient seulement Israël, il faut au contraire en repérer les *principes* fondamentaux et les *visées* profondes. On peut ainsi voir comment la révélation

---

« compagnons » dans N<sup>gl</sup> ; en reprenant l'aphorisme de Hillel dans Ps-J (*ibid.,* p. 448-449). Mais l'aphorisme *négatif* n'a pas du tout la même portée que le précepte *positif* de Mt 7, 12 : il *retient* l'homme sur la pente du mal ; il n'ouvre pas encore la voie à une recherche indéfinie du bien de l'Autre, dans la perspective de l'amour.

26. Voir le texte traduit dans G. MOORE, *op. cit.,* p. 86.

sinaïtique et son développement au cours des âges tendirent à transformer la société israélite en lui assignant un idéal de relations interpersonnelles et de vie communautaire digne du Créateur qui voulait en faire *son* peuple.

### 4.2.1. Le droit israélite et le droit des « nations »

En faisant cette opération, on constate évidemment que la législation en cause recoupe sur beaucoup de points celle des autres peuples de l'ancien Orient : non seulement à propos des institutions et des règles de droit qui avaient des parallèles ailleurs, mais aussi à propos de certains buts généraux comme l'établissement d'une société juste, pacifique et heureuse. C'est justement par ce biais que *la Tôrah rejoint la « morale naturelle » authentique,* puisqu'elle entérine (ou redresse l'occasion) *une recherche du « bien commun »* qui n'était pas étrangère aux *sagesses pratiques* de la Mésopotamie, de l'Égypte et de Canaan. Toutes ces sagesses étaient *religieuses :* c'est sur l'ordre divin du monde qu'elles voulaient fonder le droit promulgué par les rois locaux. La différence, en Israël, c'est que le *monothéisme* ne reconnaît d'ordre social que dans la perspective ouverte par la révélation du Dieu unique, qui est aussi le Dieu de l'alliance ; c'est pourquoi toute autorité humaine s'efface derrière la Tôrah qu'il inspire aux dépositaires de sa révélation. Mais cette Tôrah impose aux autorités comme aux individus les mêmes qualités humaines qu'ailleurs, en les portant éventuellement jusqu'à leurs possibilités extrêmes.

### 4.2.2. Un exemple : le Code de Hammourapi

A titre de comparaison, on peut confronter les codes bibliques (*Code de l'alliance,* Ex 20,22 — 23,33 ; cf. 34, 10-27 ; *Loi de sainteté,* Lv 17 — 26 ; *Deutéronome* 12 — 28, auquel il faut joindre les discours des ch. 1— 11 et 29 — 31) avec le *Code de Hammourapi*[27] qui subsiste au

---

27. J'utilise la traduction de A. FINET, *Le Code de Hammourapi,* coll. « LAPO » n° 6, Paris, 1973 : on y retrouvera aisément les textes auxquels je renvoie ici. Pour les lois assyriennes, voir la traduction et le commentaire de G. CARDASCIA, coll. « LAPO » n° 2, Paris 1969.

complet. Les articles de forme casuistique, analogues à ceux des lois assyriennes et de beaucoup d'autres codes anciens, peuvent être aisément rapprochés des articles semblables que renferment les codes bibliques. On extrairait des uns comme des autres certains *principes généraux* qui seraient en rapport étroit avec l'organisation sociale mais renseigneraient assez peu sur les préoccupations morales des législateurs. Par contre, le *Prologue* et l'*Épilogue* du Code de Hammourapi, derrière le panégyrique sans réserve du roi, contiennent une sorte de *philosophie du droit* qui énonce ses intentions : assurer l'honneur des dieux, éliminer le mauvais et le pervers, faire que le fort n'opprime pas le faible, assurer le bonheur des gens (I, 29-50), régler correctement les cultes *(passim),* « connaître la sagesse » (III, 19) pour assurer la prospérité agricole *(passim)* et gouverner sagement (IV, 8), proclamer la vérité (IV, 51), « rendre la justice aux gens, enseigner au pays la bonne voie, répandre dans l'esprit public la vérité et le droit » (V, 12-21), faire que « le fort n'opprime pas le faible, rendre justice à l'orphelin et à la veuve (R XXIV, 60s.), « faire droit à l'opprimé » (R XXIV, 74 ; cf. XXV, 6-7), ouvrir ainsi la voie à tout roi qui paraîtra dans le pays (R XXV, 59-97). Cette énumération des vertus royales relève bien de l'ordre moral : elle suppose une conception du *bien commun* qui trouve ses principes dans la sagesse humaine et dont on retrouverait la trace dans les psaumes royaux d'Israël (par exemple, le Ps 72) ou dans les oracles connexes (par exemple, Is 9, 5-6 ; 11, 1-5 ; 32, 1-5).

### 4.2.3. Du droit à la morale : les vertus nécessaires

Toutefois, en Israël, *le roi n'est pas le législateur ;* il est soumis lui-même à un idéal de justice qu'il doit chercher dans la Tôrah *de Dieu* (cf. Dt 17, 18-20). Car cette

---

Sur la conception de la justice royale dans l'ancien Orient, voir H. CAZELLES, « De l'idéologie royale orientale », *The Gaster Festschrift,* New York 1974, p. 59-73, repris en résumé dans « Quelques dettes de l'Ancien Testament envers les cultures ambiantes », *Foi et culture à la lumière de la Bible* (Pontificia Commissione Biblica), Turin 1981, p. 23-25.

Tôrah, dont l'inspiration divine est soulignée sans cesse, a justement pour but et pour effet de faire d'Israël « un peuple sage et avisé » dont « les lois et coutumes sont justes » (Dt 4, 6-8) [28]. Il conviendrait donc de repérer d'abord *les vertus qu'elle veut promouvoir* [29] chez les rois

---

28. La jonction entre la Tôrah et la Sagesse est donc effectuée dans le Deutéronome. C'est pourquoi les formulaires de la littérature de sagesse y sont repris sur deux point : 1) dans un grand nombre de cas, les articles du Code sont accompagnés de motivations qui font appel à la réflexion pour montrer leur bien-fondé ; 2) le Code est accompagné de discours exhortatifs qui, tout en ayant l'allure d'homélies sacerdotales, reprennent le genre habituel des exhortations sapientielles. C'est précisément le cas dans le texte de Dt 6, 1-13, où figure le « premier commandement » (6, 5). Si celui-ci a une forme « apodictique » (« Tu aimeras, etc. »), peut-on le ramener pour autant à une prescription juridique ? Dans Dt 5 — 11, le droit est intégré à une parénèse (cf. N. LOHFINK, *Das Hauptgebot,* p. 271-280). Or, cette parénèse est une partie intégrante de la Tôrah : c'est par ce biais que la Tôrah prélude le plus directement aux instructions morales de Jésus et de tout le Nouveau Testament.

29. La méthode suivie par G. VON RAD dans sa *Théologie de l'Ancien Testament* le conduit à rattacher la morale aux commandements, partie intégrante de « la révélation de Dieu au Sinaï » (t. 1, p. 168-193, suivi par l'étude du Deutéronome et de la législation sacerdotale). L'étude de la *sedaqâh* — de Dieu et d'Israël — est renvoyée à la finale, qui traite d'« Israël devant Yahvé : La réponse d'Israël » (p. 320-331). Les concepts apparentés (*ḥèsèd, yašar, tamm,* etc.) n'ont droit qu'à une note additionnelle (p. 321, note 4). Dans le volume sur la théologie des prophètes (*ibid.,* t. 2), l'attention se porte vers l'avenir, et les préoccupations morales des prophètes disparaissent presque complètement. Les Sages font l'objet d'un volume spécial (*Israël et la sagesse,* tr. fr., Genève 1970) ; mais la morale n'y est pas traitée systématiquement. Le plan systématique adopté par P. VAN IMSCHOOT, *Théologie de l'Ancien Testament,* t. 2, Tournai-Paris 1956, est finalement plus heureux, car toutes les données des livres sont rapprochées dans le ch. 3 : « Les devoirs envers l'homme » (p. 216-277), et les vertus à promouvoir prennent le pas sur les interdits du Décalogue. En tête vient la pratique du *ḥèsèd,* accompagné de *'èmèt/'émûnâh* et *raḥamîn* (p. 218-220). Suivent les questions, toutes positives, de l'amour du prochain, du pardon des offenses, du respect de la vie, des personnes, des biens, de la vérité, des parents, et finalement de la morale sexuelle. Malheureusement, la saisie des prescriptions morale à partir du droit positif dans lequel elles revêtent leur forme pratique, n'est pas facile à opérer, car l'exposé est essentiellement descriptif. L'exposé de W. EICHRODT, *Theologie des A.T.s.,* t. 2-3, Stuttgart 1961, p. 218-263, étudie successivement les normes, les biens et les motifs de la conduite morale, après avoir examiné les

et les gouvernants, les prêtres et les fonctionnaires, les sujets et le peuple entier : justice (*ṣèdèq* et *sedaqâh*), sens du droit (*mišpāṭ*), vérité ou fidélité (*èmèt* et *'èmûnâh*), droiture (vertu de l'homme qui est *yāšār*), affection loyale envers autrui (*hèsèd*) et compassion (*raḥamîm*), etc. *Ces qualités humaines ont leur modèle dans le Dieu d'Israël lui-même* (cf. Ex 34,6, etc.). C'est pourquoi elles s'enracinent finalement dans la crainte et l'amour de Dieu, attitudes fondamentales de ceux qui veulent garder son alliance (cf. Dt 6, 5 ; 10, 12, etc.). Tel est le centre de gravité auquel se réfère toute morale, individuelle et sociale. C'est en fonction de lui qu'il faut relire tous les articles du droit civil, pénal, religieux, pour en découvrir les principes.

### 4.2.4. Morale pratique et imitation de Dieu

Le fait est particulièrement sensible dans les articles de codes qui n'ont pas une formulation casuistique mais une forme prescriptive, en positif ou en négatif, comme les commandements du Décalogue. Par exemple, la compassion envers les immigrés (Ex 22, 21-23) ou les pauvres (Ex 22, 25-26) a pour motivation ultime l'*imitation* du Dieu compatissant (Ex 22, 26) qui se fait redresseur des torts (Ex 22, 22-23) : ce principe, posé dès le code le plus ancien, est encore amplifié dans ses refontes plus tardives (cf. Dt 24, 10-15. 17-22). Les articles considérés ici renferment des interdits juridiques précis ; mais des injonctions positives les accompagnent et des motivations en expliquent le sens et la raison d'être. Leur reprise dans la *Loi de sainteté* (Lv 19, 9-10. 13. 33-34) les rapproche d'ailleurs du précepte que le Nouveau Testament présentera comme le « second commandement » : « Tu aimeras ton prochain comme toi-même » (Lv 19, 18b, repris dans Lv 19, 34 à propos de l'immigré). Le tout est coiffé par

---

relations de l'homme avec Dieu (p. 184-217) : les vertus sont intégrées aux normes. Les perspectives ainsi ouvertes sont évidemment meilleures que celles de saint Thomas, beaucoup plus proches de celles du Nouveau Testament : elles ne sont pas enfermées dans le concept de la « loi ». La traduction grecque de la Bible joue encore ici son rôle d'intermédiaire ; cf. C.H. DODD, *The Bible and the Greeks,* p. 42-75.

*le principe de l'imitation de Dieu :* « Soyez saints, car moi, Yahwé, je suis saint » (Lv 19, 2b). C'est là tout autre chose qu'une « morale d'interdits », comme la formulation habituelle du Décalogue pourrait amener à le croire. Faut-il même parler d'une « morale de la loi » ? Assurément, l'autorité du Créateur y est engagée, au nom de l'alliance qu'il a donnée à son peuple pour en assurer le bien et le bonheur. Mais ni les motifs mis en avant pour montrer la raison d'être des prescriptions énoncées, ni surtout le principe de l'imitation de Dieu, ne se présentent comme des affaires d'autorité. *On est sur la voie d'une sagesse pratique dont Dieu lui-même s'est fait le maître.* C'est bien là le sens final de la Tôrah.

### 4.2.5. L'interprétation juridique de la Tôrah et la théologie morale de saint Thomas

Sur ce point, la rencontre du droit romain et de la philosophie grecque a, pour une part, donné le change aux moralistes chrétiens en leur faisant lire tout le Pentateuque comme l'énoncé de la « loi » ancienne, alors que la morale qu'il inculque a un autre caractère, même dans les passages où ses principes et son esprit prennent en charge des énoncés juridiques : les préceptes juridiques (« praecepta judicialia » de saint Thomas (Iᵃ IIᵃᵉ, q. 104-105). Celui-ci a noté occasionnellement que toutes ces lois visaient à rendre facile la communication entre les hommes, dont l'amour de charité comporte l'accomplissement (q. 105, art. 2, ad. 1). Mais les seuls textes auxquels il pouvait se référer pour apprécier la valeur de ces « praecepta judicialia » étaient ceux d'Aristote et de Cicéron (ce dernier étant lu à travers saint Augustin [30]).

---

30. Il faudrait introduire ici plus d'une nuance, car saint Thomas avait derrière lui toute une tradition théologique, quand il regroupait toutes les années de la morale autour du thème des lois. Ce point est fort bien exposé par J. TONNEAU, dans son édition du traité de « *La loi ancienne* » (Iᵃ IIᵃᵉ, q. 98-100, 101-105), éd. de la Revue des jeunes, Tournai-Paris 1971, t. 1, p. 201-223. Le point de départ choisi (la « loi éternelle ») provient de saint Augustin, qui est lui-même « héritier de Cicéron et des Stoïciens, mais aussi en continuité avec les livres sapientiaux » (p. 219). Il est exact que saint Thomas intègre sa

Il y trouvait une *Philosophie* des institutions civiles et pénales qui, sur la base de l'expérience des Anciens, évaluait les mérites de tous les régimes et leur capacité de promouvoir le bien commun. C'est à partir de là qu'il se demande si les « praecepta judicialia » de l'Ancien Testament ont été établis de façon correcte et convenable (« convenienter ») pour répondre à leur but (q. 105, art. 1 à 4). L'intégration de la morale et du droit, strictement réalisée dans les textes bibliques, est alors perdue de vue. En outre, comme les « préceptes moraux » (« praecepta moralia » : q. 100, art. 1-12) sont eux-mêmes classés dans la catégorie des « lois », quoique à titre de « loi divine » positivement révélée dans le cadre de l'ancienne Alliance, leur *interprétation juridique* est en quelque sorte obvie. La « *morale des vertus* » n'est certes pas oubliée, mais elle est elle-même ramenée à la « *morale de la loi* » : « Il est évident que la Loi divine pose de façon convenable des préceptes relatifs aux actes de toutes les vertus. Mais elle le fait toutefois de telle manière que certaines dispositions sans lesquelles l'ordre vertueux, qui est l'ordre même de la raison, ne peut être observé, *tombent sous l'obligation du précepte*, tandis que d'autres, qui concernent le parfait développement de la vertu, *tombent sous les exhortations du conseil* » (q. 100, art. 2, in corp.). Il y a assurément plus qu'une nuance entre les exhortations du Deutéronome et ses textes proprement juridiques. Mais les deux sont englobés dans la notion de *Tôrah,* si bien que la distinction de saint Thomas, énoncée à propos des préceptes moraux, ne correspond pas à la visée exacte des textes du Pentateuque. Or, elle reparaît sour une autre forme dans le Commentaire de l'épître aux Romains [31] (Lectura 8, sur Rm 1, 26-32). Les péchés énumérés par saint Paul dans le tableau

---

présentation des lois (naturelle, ancienne et évangélique) dans un ensemble historique qui suit les étapes de l'économie du salut. Mais à l'occasion de la « loi ancienne » en général et des « préceptes moraux » en particulier, il n'en allègue pas moins 17 fois l'*Éthique à Nicomaque* et 5 fois la *Politique* d'Aristote, à côté de 15 citations de saint Augustin.

31. *Super epistolas S. Pauli lectura,* éd. R. Cai, Turin-Roma 1953, p. 27-30.

du monde païen y sont classés en deux catégories : les *transgressions,* relatives aux préceptes négatifs, et les *omissions,* relatives aux préceptes positifs (nᵒˢ 157-165). Les transgressions sont naturellement rapportées aux préceptes du Décalogue et à leurs conséquences directes, en tant que définissant « la sauvegarde même du bien commun, ou l'ordre même de la justice et de la vertu » (q. 100, art. 8, in corp.). Mais une telle conception fixiste du bien commun, ou de l'« ordre de la justice et de la vertu », dans la mesure où elle répond à un modèle aristotélicien, laisse tomber en route le caractère dynamique de la Tôrah en ne retenant que son aspect de morale « sociologique », au lieu de repérer le mouvement intérieur qui l'anime et qui cherche à promouvoir la pratique des vertus [32].

### 4.3. LA TÔRAH, LES PROPHÈTES ET LES ÉCRITS DE SAGESSE

Si la Tôrah est relue dans cette perspective non-légaliste, qui correspond à l'orientation fondamentale de la « morale de l'alliance [33] », on s'aperçoit que les livres prophétiques et sapientiaux fournissent à leur tour une ample moisson de textes pour connaître les exigences morales de l'Ancien Testament.

---

32. A l'appui du commentaire qui concerne les péchés du monde païen, on ne trouve pas moins de 30 citations bibliques. Or, aucune n'est empruntée au Pentateuque : elles proviennent des Psaumes, des livres sapientiaux et du Nouveau Testament.

33. Prenant pour point de départ les Codes et les formulaires d'alliance qu'on trouve dans le Pentateuque et dans les livres d'Esdras et de Néhémie, à l'occasion de sa promulgation, J. L'Hour montre bien que la stipulation fondamentale de l'alliance, « qui fait de la réponse d'Israël une véritable obéissance et non une pure observance », est, de soi, une réfutation de tout légalisme. C'est pourquoi la morale qui en résulte est une « marche » dans la voie de Dieu, une « recherche » de Dieu qui n'est jamais terminée (*La morale de l'alliance,* « Cahiers de la Revue biblique », Paris 1966, p. 67-69). Cf. P. GRELOT, « L'Ancien Testament et la morale chrétienne », *Seminarium,* 11, 1971, p. 575-594, spécialement les p. 576-579 (= *supra,* p. 13-37). Sur les prophètes, voir C. TRESMONTANT, *La Doctrine morale des prophètes d'Israël,* Paris 1958.

### 4.3.1. La morale des prophètes

Chez les prophètes, la dénonciation des péchés d'Israël se relie étroitement aux interdits portés par le Décalogue — ou par des documents similaires comme Lv 18 — 19 ou Dt 27, 11-26 —, puisqu'elle porte sur les transgressions qui s'opposent directement à la communion de vie entre Dieu et son peuple. On pourrait trouver aisément les parallèles juridiques de textes comme Os 2, 7 ; 4, 1-2 ; Is 1, 16-23 ; Jr 7, 6-9 ; Ez 18, 6-9 ; 22, 6-12, etc. Bien mieux, cette condamnation des péchés humains atteint même les nations étrangères, ce qui montre le caractère universel de la morale liée à la Tôrah (par exemple, Am 1,3 — 2,3 ; Is 10, 5-11, etc.). Mais en sens inverse, on pourrait relever aussi des invitations pressantes aux vertus fondamentales qui doivent régler les attitudes des individus et de la société entière, par exemple : le souci de la justice sociale dans Am 5, 15 ; Is 1, 16 et 11, 3b-5 (pour le roi) ; 58, 6-10 (où la compassion envers le prochain prolonge les « devoirs » définis juridiquement) ; Ez 18, 5-9 ; Ml 2, 14-16 (qui inverse l'interdit de l'adultère prononcé par le Décalogue), etc. Ainsi *les exigences positives de la vie en alliance avec Dieu constituent l'horizon de la vie individuelle, familiale et sociale,* comme un *idéal* à poursuivre ou, si l'on veut, une Utopie qui fait l'objet de l'espérance (cf. par exemple, Is 2, 2-5, vision de paix universelle rendue possible par l'obéissance à la Tôrah ; Is 11, 1-8, vision de société juste rendue possible par le don de l'Esprit de Dieu ; So 3, 11-13, vision du peuple humble et vertueux à qui Dieu réserve ses promesses, etc.).

### 4.3.2. Les transformations internes de la Tôrah

Cet idéal passe d'ailleurs progressivement dans la Tôrah elle-même. La protection des pauvres y a toujours tenu une place importante (cf. Ex 22, 20-26 ; 23, 6-9). Mais le code réformateur du Deutéronome énonce expressément l'idéal d'une société sans pauvres (Dt 15, 4-5), en présentant l'aumône comme un devoir et en prévoyant même la remise des dettes tous les sept ans (Dt 15, 1-2. 7-11). La morale sociale ainsi comprise va

bien au-delà des prescriptions ou des interdits du Décalogue. Elle s'adapte assurément à des situations économiques et culturelles qui comportent encore, comme un
héritage du passé, l'infériorité de la femme et
l'esclavage ; mais elle se soucie de promouvoir leurs
droits (v.g. Dt 15, 12-18, pour les esclaves hébreux).
Quant à l'échange des biens, elle va jusqu'à interdire le
prêt à intérêt à l'intérieur de la communauté, afin de
prévenir les excès de l'usure (Dt 23, 20-21 ; Lv 25, 35-
38 ; et déjà Ex 22, 24). L'adaptation d'un tel droit à la
société du temps est évidente ; mais sa *visée* profonde et
la *philosophie sociale* sur laquelle il repose ne perdent
pas leur valeur avec les mutations de la société [34] : elles
relèvent d'une morale qu'il faut bien appeler
« naturelle », dans la mesure où elle met en évidence un
aspect essentiel du « bien commun » dans toute société
humains.

### 4.3.3. La Tôrah et la sagesse

Il est vrai qu'en se développant ainsi, la Tôrah montre,
chez ses rédacteurs, l'exercice d'une réflexion rationnelle.
Celle-ci est marquée à la fois par un souci profond de la
vie « en alliance avec Dieu » et par la sagesse pratique
où l'appel aux données de l'expérience s'allie au tact et à
la volonté du bien de l'homme, créature et image de
Dieu. Sous ce rapport, *la Tôrah de Dieu assume ce qu'il
y a de meilleur dans les anciennes sagesses orientales,*

---

34. La promotion des droits de tous dans la société et par rapport
à elle, contre les excès de pouvoir venant des détenteurs de l'autorité
politique ou de la puissance économique, est un leitmotiv constant de
la Tôrah, des prophètes et des Sages. L'engagement actuel de l'Église
pour la défense des droits de l'homme ne fait que prolonger ce mouvement en l'appliquant au monde présent. Que peut-on penser des
nigauds qui voient là un simple héritage de la Révolution française ?
(Cf. les positions intégristes hostiles au Concile Vatican II.) Il vaut
mieux constater avec regret que les autorités ecclésiastiques, à la fin
de l'âge « classique » et au XIXe siècle, avaient perdu conscience du
devoir « prophétique » que l'Église doit remplir, à cet égard, vis-à-vis
de la société qui l'entoure, même et surtout si elle se définit comme
« chrétienne ». (Mais quand une « société » peut-elle se définir ainsi ?
Quelle société, hormis l'Église, est « capable » de l'acte de foi qui
définit le chrétien ?)

*avec lesquelles elle est en connexion constante.* Cette constatation invite à ouvrir, en marge du Pentateuque qui est la charte d'Israël, tous les *recueils de sagesse :* à côté de leurs observations très fines sur le monde tel qu'il est, on y trouve en effet les expressions variées de l'idéal moral proposé aux futurs fonctionnaires royaux d'abord, ensuite à tous les Israélites. Même dans les anciennes traditions, plus d'un récit relève de cette littérature sapientielle qui donne des leçons de vie pratique en proposant l'exemple des ancêtres à l'imitation des jeunes générations (cf. l'histoire de Joseph dans la Genèse) ou en présentant sur une forme concrète les intentions profondes du Dieu créateur (cf. la création du couple dans Gn 1, 26-31 et 2, 18-24 : réflexions de sagesse et non énoncés de « lois », car l'idée d'une « loi originelle », comprise selon l'acception *historique* du mot, n'a pas de sens). A plus forte raison peut-on glaner dans les Proverbes, les livres de Job et de Tobie, la Sagesse de Jésus fils de Sira, la Sagesse (grecque) de Salomon, un nombre considérable de textes qui montrent, par leur progression même, *l'approfondissement de l'idéal moral que la révélation de l'Ancien Testament a promu dans le peuple de Dieu,* avant même que l'Évangile n'entre dans l'histoire.

## 5. VERS L'ÉVANGILE

Il faut voir maintenant comment cette morale positive prépare les voies à celle de l'Évangile : c'est le but de toute la recherche faite ici.

### 5.1. LA MORALE BIBLIQUE

#### 5.1.1. Morale de la loi ou morale de la sagesse ?

Il est curieux de constater que ce trésor « sapientiel » est généralement laissé de côté par les moralistes chrétiens. Cela vient, me semble-t-il, de ce que leurs traités sont construits, à la suite de la *Somme théologique* de

saint Thomas, autour de l'idée de « loi » et non autour
de la réflexion sur les « vertus », sans prendre garde au
fait que le mot « loi » change de sens chez lui, quand il
parle de la « loi nouvelle » (grâce dynamique du Saint-
Esprit) et qu'il a quelque peine à articuler les vertus grecques sur cette « loi de l'Esprit ». En conséquence, l'idée
de « loi » réduit alors considérablement celle de la
« Tôrah » biblique, et la classification des vertus
« morales » perd ses racines bibliques pour se ramener à
la philosophie morale héritée de l'Antiquité [35]. Or, le
Siracide nous apprendrait justement à reconnaître une
équivalence entre la sagesse authentique issue de la
Sagesse divine elle-même, et la Tôrah de Moïse, livre de
l'Alliance du Très-Haut (Si 24, 23). La *réflexion de
sagesse* était, dans l'antiquité le bien commun de tous les
peuples : elle avait un *universalisme* virtuel qui n'excluait
ni le progrès, ni les mutations historiques [36]. En s'implan-

35. Cf. Iª IIᵃᵉ, q. 58-61. On pourra relever là au passage les citations d'Aristote (*Éthique à Nicomaque*). Cela n'a rien d'étonnant, car
*toute morale est un domaine « mixte » où la théologie ne peut trouver
son expression sans faire appel aux données philosophiques des temps
et des cultures où elle exerce sa fonction.* C'est pourquoi la Sagesse de
l'Antiquité orientale, qui prélude à la philosophie grecque, a une telle
place dans l'Ancien Testament. Or, cette Sagesse, comme la philosophie grecque, fait appel avant tout à l'expérience et à la réflexion
rationnelle : elle a donc de soi, la forme d'une morale « naturelle », à
condition seulement que la « nature », soit comprise en fonction du
dessein de Dieu qui, par son activité créatrice et salvatrice, préside au
déroulement de l'histoire humaine. Ainsi l'ordination de la nature à la
grâce fait partie de la révélation.

36. En termes modernes, la « nature » universelle ne se réalise
jamais que dans des « cultures » particulières, où ses éléments constitutifs s'organisent suivant des « structures » diverses sans perdre leur
finalité globale en tant que « systèmes ». Toute mutation culturelle
entraîne un changement de structure, où les éléments du système doivent trouver un nouvel équilibre dans une combinaison inédite. Mais
l'ensemble ainsi reconstitué, en tant qu'il est authentiquement
humain, garde la même *finalité* : c'est par là que l'universalité de la
« nature » est rejointe. Quant à l'immutabilité de la norme qui la
régit, il faut la comprendre en fonction de cette fin, tout en tenant
compte des mutations qui interviennent dans les cultures. En faisant
ces remarques, on ne sort aucunement des perspectives de la Bible,
mais on échappe — et c'est heureux — à une conception fixiste de la
« nature » dont une certaine philosophie « essentialiste » est seule responsable. Remarquons que celle-ci n'est pas l'Aristotélisme repris par

tant en Israël, elle a reçu de sa liaison avec la tradition de l'alliance un surcroît de lumière et des principes de critiques qui laissaient intact son caractère foncièrement *rationnel*. S'il faut chercher dans l'Ancien Testament, les traces d'une morale « naturelle », c'est bien là qu'on peut la trouver. Mais la Tôrah elle-même ne faisait-elle pas déjà une opération semblable en matière de droit ? On oublie trop souvent que les énoncés du droit et ceux de la sagesse pratique dans l'Ancien Testament ont leurs racines dans le bien commun de toutes les cultures environnantes : ils y opèrent des tris pour y faire des choix ; ils relient les éléments retenus au principe de l'alliance donnée par le Dieu unique à la communauté humaine dont il a fait son peuple.

C'est par là que la morale de l'Ancien Testament prend forme dans l'Écriture : *morale de sagesse* et non *morale de loi ;* promotion des *vertus* positives de l'homme dans ses comportements individuels, sa vie familiale, sa vie sociale, ses relations internationales, plus que collection d'*interdits* visant les défauts et les péchés humains. Les interdits sont indispensables, comme l'envers des préceptes et des propositions positives qui veulent promouvoir une morale humaine authentique. Mais il ne faut pas fonder la morale naturelle sur cet « envers », où le Décalogue a une place centrale ; il faut regarder d'abord l'endroit. Un simple exemple pris dans le livre de Job : l'aspect négatif de la morale passe dans les questions du ch. 24, qui brosse le tableau du monde pécheur ; mais l'aspect positif est à chercher dans la tirade de Jb 30, 24-25 + 31, 1-37, sous l'aspect paradoxal de la « protestation d'innocence ». Ces textes sont à relire attentivement par les moralistes chrétiens, autant et plus que le Décalogue. De même, l'idéal du mariage

---

les théologiens médiévaux, même si ces derniers n'ont pas posé, — et pour cause ! — les questions soulevées aujourd'hui : la « nature » de l'homme (ou son « essence ») est une « puissance » que l'« existence » peut « actuer » suivant les modalités diverses ; mais les « existants » ainsi constitués gardent entre eux assez de points communs pour que la « communication », consécutive à la « compréhension » mutuelle, puisse encore s'effectuer entre les individus et entre les communautés diversifiées. Est-on loin du concept moderne de « structure » ?

dans le livre de Tobie [37] prélude directement à l'Évangile
et à saint Paul : ne faut-il pas lui donner le pas sur les
collections d'interdits d'une certaine morale sexuelle ?

### 5.1.2. La morale « naturelle » et le Dieu de l'alliance

On pourrait cueillir dans les livres de Sagesse mille
autres traits positifs de morale axés sur les vertus du
sage. Il n'est pas question de faire ici cette enquête, mais
seulement d'ouvrir la voie à une recherche. Celle-ci
renouvellera la question de la morale « naturelle »,
d'abord en écartant toute référence à l'idée abstraite de
« nature pure », ensuite en intégrant cette morale dans le
dynamisme de l'économie du salut qui trouve son
« accomplissement » dans l'Évangile. On ne sera plus
dans la perspective classique de la morale de la « loi »,
où la notion d'obligation tend à prendre un sens juridique même si Dieu est le Législateur : l'image de Dieu
qui en résulte correspond-elle exactement au Dieu *de
l'Alliance* révélé à Israël par les patriarches, Moïse et les
prophètes ? En revenant plus expressément à la « morale
de l'alliance », en rendant toute son ampleur du mot
« Tôrah », en reconnaissant Dieu comme le vrai maître
de « sagesse » qui guide les hommes vers leur vrai bien,
on retrouvera le mouvement intérieur de l'Ancien Testament. Les interdits du Décalogue seront alors situés dans
le contexte plus large où ils prennent leur vrai sens, en
manifestant aussi leurs limites. On ne sera pas loin de
l'Évangile, qui se présente lui-même comme une sagesse
de vie. Du même coup la morale « naturelle » se reliera
sans difficulté à la notion de « conscience », telle que
saint Paul l'a reprise dans Rm 2, 14-15. Mais ce point
mériterait à lui seul une étude approfondie, puisque saint
Paul a fait là un emprunt au vocabulaire des philosophes
grecs [38]. Il suffit pour l'instant de constater que le Déca-

---

37. Cf. P. GRELOT, *Le couple humain dans l'Écriture,* coll,
« Lectio divina », Paris, 1964, (= coll. Foi vivante » 118,
Paris 1969), p. 58 s.

38. Cf. Chr. MAURER, art. « Synoida — Syneidèsis », *TWNT,* t. 7,
p. 887-918 (sur saint Paul, p. 912-917) ; C. SPICQ, « La conscience
dans le Nouveau Testament », *RB* 47 1938, p. 50-80 ; *Théologie*

logue, pris à part, est insuffisant pour fonder une morale
« naturelle » conforme à la « raison ». La théologie
chrétienne doit s'enraciner beaucoup plus profondément
dans l'Ancien Testament pour l'intégrer lui-même dans la
révélation évangélique.

## 5.2. LA CONCEPTION BIBLIQUE DU PÉCHÉ

Si l'on adopte cette base de réflexion, on peut prévoir
un changement dans la façon d'aborder la question du
péché.

### 5.2.1. Présentation classique du péché chez saint Thomas

Dans une présentation qui est devenue classique [39],
celui-ci est apprécié en fonction de sa « matière », la gravité subjective de chaque acte peccamineux faisant aussi
entrer en ligne de compte les problèmes de la « pleine
connaissance » et du « plein consentement ». Mais la
« matière » est entièrement appréciée en fonction du concept de « loi », ou plus exactement, en fonction de cet
aspect de la loi qui pose des interdits devant la convoitise
mauvaise de l'homme. Le texte du commentaire de saint
Thomas sur l'épître aux Romains cité plus haut (Lect. 8,
sur Rm 1, 26-32), ne laisse aucun doute à cet égard. Cela
ne veut pas dire que saint Thomas n'établit pas de rapport entre les questions relatives aux lois et celles qui

_____

morale du N.T., Paris 1965, p. 592-612 (surtout 602 ss.) ;
« Syneidèsis », Notes de lexicographie néo-testamentaire, Fribourg-
Göttingen, t. 2, 1978, p. 854-858 (étude lexicographique avec une
bibliographie mise à jour).

39. La bibliographie de la question du péché est presque indéfinie.
Je me contente donc de renvoyer aux exposés classiques de
M. HUFTIER, dans Théologie du péché, « Bibliothèque de théologie »,
Série II : Théologie morale, n° 7, Tournai 1960 (ch. 6 : « Le péché
actuel » ; ch .7 : « Péché mortel et péché véniel »), où l'on trouvera
une présentation de la doctrine à partir de saint Augustin et de saint
Thomas, avec des bibliographies arrêtées à la date de l'ouvrage. Mais
les discusions entre moraliste sur la « matière grave » et sur
l'« intrinsece malum » sont postérieures à cette date. Je n'ai pas ici
l'intention d'entrer directement dans cette « quaestio disputata ».

traitent des vertus, entre la loi « naturelle » et les vertus morales (cardinales et autres) : on peut le constater dans le détail de ses développement (Iª Iᵃᵉ, q. 58-61, 62-66). Mais les vices et les vertus, contradictoires entre eux, sont compris en fonction de « l'ordre de la nature » qui prend forme dans la « loi naturelle » ; comme celle-ci est résumée dans le Décalogue qui est une collection d'inter- dits, *la présentation de la morale tend à mettre en avant les interdits qui donnent la connaissance du péché* : « Il est clair que les péchés sont connus par la *prohibition* des préceptes moraux » (*Ad Romanos,* Lect, 2, n° 297) : « La loi est en effet donnée à l'homme pour qu'il sache ce qu'il doit faire, ce qu'il doit éviter. Mais du fait que l'homme connaisse le péché qu'il doit éviter comme interdit, il ne s'ensuit pas immédiatement qu'il l'évite — ce qui relève de l'ordre de la justice... » (*Ibid.* n° 298) [40]. Ces textes commentent le passage de l'épître qui porte : « Par la loi vient la connaissance du péché » (Rm 3, 20, repris dans 7, 7, que saint Thomas explique plus loin, Lect, 2 in cap. 7, n° 536).

### 5.2.2. Péché de transgression et péché d'omission

L'objectif *positif* de la Tôrah et de la Sagesse s'efface ainsi derrière la proscription du péché par la Loi, sans égard pour le contexte de polémique où la phrase de saint Paul prend place ni pour l'interprétation juridique de la Tôrah qui entre seule en ligne de compte dans cette polémique. Or, l'objectif visé par Tôrah, les prophètes et les écrits de Sagesse est la promotion des vertus humaines. Les tendances de notre convoitise les rendent effectivement difficiles [41]. Mais le but à atteindre est bien

---

40. *Super epistolas sancti Pauli lectura,* éd. R. Cai, p. 52.
41. L'étude du problème de la convoitise (ou concupiscence) est étroitement liée aux discussions théologiques sur le péché originel (« originatum » et « originans »). Je n'ai pas à l'aborder ici. Je l'ai fait, à partir de l'épître aux Romains, dans *Péché originel et rédemption, étudiés à partir de l'épître aux Romains,* Tournai-Paris 1973, notamment p. 80-113 (position du problème de « l'existence déchirée » auquel répondra la grâce rédemptrice) et p. 390-430 (présentation de « la liberté retrouvée », par le don de l'Esprit qui vainc la tyrannie du péché sur l'homme).

leur pratique, qui rend possible la communion avec Dieu par l'adhésion à sa volonté et par l'imitation de l'exemple qu'il donne. Dans cette perspective, les « *péchés d'omission* » relatifs aux préceptes positifs (*Ad Romanos,* n° 165), beaucoup plus étendus que ne le laissent entrevoir les brèves citations alléguées par saint Thomas, ont la préséance sur les « *transgressions* » relatives aux préceptes négatifs (*ibid.,* n°s 158-164) : ils les englobent, en manifestant le mauvais vouloir (ou la faiblesse ?) de l'homme en face de ce que Dieu attend de lui, dans la logique de l'alliance qu'il lui a donnée comme une grâce. Le péché doit être compris en fonction de la *relation* à Dieu avant de l'être en fonction de la *loi* [42]. Il reste donc légitime de distinguer ce qui, dans les préceptes positifs, concerne les choses « sans lesquelles l'ordre vertueux, qui est l'ordre même de la raison, ne peut pas être observé » et ce qui concerne les choses « qui se rapportent au parfait développement de la vertu » (I$^a$ II$^{ae}$, q. 100, art. 2, in corp.). Mais ce n'est pas sur la base des seuls interdits qu'on peut définir « l'ordre vertueux » qui est aussi « l'ordre de la raison », ou « l'ordre de la nature », compris dans la perspective de l'économie du salut et non en fonction de la conception de la « nature » fournie par la philosophie grecque.

42. Cf. *ibid.,* p. 156-161, et déjà : « Théologie biblique du péché », *De la mort à la vie éternelle,* coll. « Lectio divina » 67, Paris 1971, p. 13-50. La *loi* n'est pas supprimée pour autant, mais elle est intégrée à la *relation* avec Dieu où elle prend sens. Pour emprunter une analogie à S. Freud, l'accès à la liberté dans la relation à Dieu-Père passe par l'acceptation de la « loi du Père », qui est structurante pour la personnalité. Mais si cette « loi du Père », n'est perçue que sous son aspect d'« interdit », tandis que la figure du Père comme protection et comme promesse s'efface en quelque sorte, l'évolution du « sujet » (du « Moi » moral) ne peut guère aboutir qu'à la révolte et au désir de cette fausse libération que constitue précisément le péché. C'est pourquoi je pense que la présentation des exigences de la morale chrétienne comme des collections d'*interdits,* qui prolongent ceux du Décalogue, produit l'effet inverse de celui qu'on escompte : on est alors aux antipodes de l'annonce de l'Évangile.

## 5.3. DE LA TÔRAH A L'ÉVANGILE

Il faudra finalement montrer comment cette sagesse de vie, indiquée dès l'Ancien Testament par la Tôrah, est reprise en sous-œuvre et réinterprétée dans le Nouveau Testament, à partir du moment où la grâce du Christ et le don de l'Esprit *intériorisent* la Tôrah elle-même en l'inscrivant dans les cœurs. Alors l'Esprit de Dieu lui-même devient par ses impulsions, la « loi intérieure de l'homme » : « Si une loi est en effet donnée, c'est pour que les hommes soient orientés par elle vers le bien (ici, la citation d'Aristote est tout à fait secondaire). Or, la loi humaine ne fait cela qu'en faisant connaître ce qui doit être fait. Mais l'Esprit Saint, en habitant la raison, n'enseigne pas seulement ce qu'il convient de faire en éclairant l'intelligence au sujet de la conduite à tenir, mais il incline aussi l'affectivité pour la tenir correctement (cf. Jn 14, 26). En d'autres termes, la "loi de l'Esprit" peut être identifiée plus exactement encore à l'effet produit par l'Esprit Saint, à savoir, la foi opérant par amour. En effet, d'une part, elle instruit intérieurement de ce qu'il faut faire (cf. 1 Jn 2, 27) et, d'autre part, elle incline l'affectivité à le faire (cf. 2 Co 5, 14). C'est cette "loi de l'esprit" qu'on appelle "loi nouvelle", soit parce qu'elle est l'Esprit Saint lui-même, soit parce que l'Esprit Saint la produit dans nos cœurs (cf. Jr 31, 33) » (*Ad Romanos* 8, Lect. 1, nos 602-603, sur Rm 8, 4 ; cf. S. Th., Ia IIae, q. 105, art. 2) [43].

---

43. *Super epistolas saint Pauli lectura,* éd. Cai, p. 110. Ici le texte de saint Paul, qui parle paradoxalement de la « loi de l'Esprit » pour l'opposer à la « loi du péché et de la mort », c'est-à-dire au signe de leur maîtrise sur l'homme, permet à saint Thomas de dépasser complètement le concept grec de « loi », tout en notant que le précepte de la Loi (mosaïque) est accompli pour ceux qui vivent selon l'Esprit. Mais alors l'expression « lex nova » échappe à tout juridisme : la « loi du Père » est parfaitement intégrée à la personnalité du « fils adoptif », qui agit par amour. Ce point est excellemment commandé dans les sermons donnés à Naples en 1273 : *In duo praecapta caritatis...* (cf. note 4), nos 11-65, où les commandements du Décalogue sont rattachés au précepte de l'amour (No 66). Sur la notion de « Loi » dans le Nouveau Testament, voir la présentation synthétique de J. GIBLET, « La loi du Christ », dans *La loi dans l'éthique chrétienne* (cf. note 18), p. 139-184.

Il ne s'agit donc pas d'une *loi* surajoutée à celle que la raison et la conscience peuvent déjà faire connaître à tous les hommes d'une façon quasi instinctive — quoique avec des erreurs possibles d'appréciation dans le détail ; il s'agit d'une *clarté* et d'une *puissance* intérieure qui entraînent l'homme dans la direction que Dieu lui indique. Le mot « loi » change ainsi de sens. L'Évangile est l'annonce de cette grâce qui « accomplit la Tôrah et les Prophètes » : il dévoile par Jésus le dernier mot de la Sagesse divine et il met dans les cœurs un « instinct » nouveau, qui éclôt au centre même de la raison et de la conscience [44]. Le tout est de savoir si l'homme lui sera fidèle et le suivra docilement : le péché d'*omission* précède ici les *transgressions* et les explique. Mais c'est bien

-------

44. Dans Rm 2, 14-15, saint Paul écrit : « Quand des membres des nations, privés de la Loi (mosaïque) accomplissent naturellement (*physèi*) les prescriptions de la Loi, ces hommes, sans posséder de Loi (mosaïque), se tiennent lieu de Loi à eux-mêmes et ils montrent la réalité de la Loi écrite dans leurs cœurs, leur conscience y ajoutant son propre témoignage. » L'allusion à Jr 31, 33 (LXX 38,33) est claire : la « loi écrite dans leurs cœurs » reprend l'expression de la Septante : « j'écrirai (mes lois) sur leurs cœurs. » En conséquence, ces hommes à qui leur conscience rend un bon témoignage relèvent sans le savoir explicitement, de l'alliance nouvelle. Ils sont sous la mouvance du Saint Esprit, en vertu de l'unique médiation de salut accomplie par le Christ. En eux, la « loi de la raison » libérée de la « loi du péché » (Rm 7, 23) se trouve dans cette situation par l'intervention de la « loi de l'Esprit de vie » (Rm 8, 2). Dès lors la « loi de nature », autre désignation de la «loi de raison » exprime concrètement la « lex evangelica », suivant la mesure de grâce qui est accordée à ces hommes. C'est dans cette perspective qu'il faut traiter le problème du salut des infidèles. Mais on comprend du même coup la place que Newman accorde à la conscience, comme voie qui conduit à Dieu, dans sa *Grammaire de l'assentiment.* Les passages essentiels sont aisément accessibles dans la traduction de S. JANKÉLÉVITCH : *Œuvres philosophiques de Newman,* préface et notes de M. NÉDONCELLE, p. 558-575. Le point de départ empirique de Newman qui constate le phénomène de la conscience morale et raisonne pour en donner l'interprétation en y montrant l'expérience indirecte de la relation de tout individu avec le Dieu vivant, s'ouvre sur la découverte de l'attirance de Dieu (cf. S. AUGUSTIN, *Tractatus in Johannem,* 36, 4, sur Jn 6, 44) et de la « loi de l'Esprit » qui agit dans l'homme. Mais Newman, en philosophie et en apologiste, reste au seuil de cette découverte finale où l'objectivité de la Loi se manifeste dans la subjectivité de la conscience.

dans cette perspective totale que la morale chrétienne peut se construire. Je pense qu'en pratiquant cette « lecture critique » de saint Thomas, je suis resté profondément fidèle à son esprit au-delà de sa « lettre ». Celle-ci était conditionnée par une position des problèmes dont il avait lui-même hérité, notamment par l'intermédiaire de la tradition augustinienne où la notion de « loi divine » recevait une coloration philosophique particulière sans perdre pour autant son enracinement biblique. Mais la lecture des textes qui appliquent ce mot à l'Évangile pour faire entrer celui-ci dans le cadre des « lois » met finalement en évidence un réel embarras : saint Thomas ne se tire d'affaire qu'en employant le mot « loi » en un sens analogique [45], exactement comme le mot « péché » qu'on utilise pour désigner analogiquement les actes peccamineux et la condition originelle de l'homme. Les épigones du Docteur angélique n'ont pas toujours pris les mêmes précautions : combien de traités classiques font de la morale chrétienne une « morale de la loi », en un sens qui n'est même plus celui de la *Tôrah* juive ! C'est de cette équivoque qu'il importe de sortir, en se souvenant du mot cruel qu'on attribue au P. Sertillange : « Saint Thomas est un phare, non une borne. »

---

45. Ce fait ressort clairement du passage où saint Thomas se demande si la « loi nouvelle » est une « loi écrite » (Iª IIᵃᵉ, q. 106, art. 1, in corp.). Puisque cette loi « est avant tout la grâce du Saint Esprit donnée aux chrétiens », il s'ensuit qu'elle est « inscrite dans les cœurs », comme saint Augustin l'a reconnu en reprenant à ce propos le texte de Jérémie 31, 31-34 (*De spiritu et littera*, ch. 17 et 26). Elle a donc principalement le caractère d'une exigence intérieure (« lex indita »), et secondairement celui d'une « loi écrite ». Les articles 1 à 4 de la q. 108 sont consacrés à l'examen des conséquences pratiques qu'entraîne cette exigence intérieure de l'Esprit Saint. On en trouvera une traduction allégée dans le petit recueil de A.-I. MENESSIER, *Saint Thomas d'Aquin : L'homme chrétien*, Le Cerf 1965, p. 200-205 (p. 200, rectifier la référence : art. 1 et non art. 2). Cet ouvrage donne un bon choix de textes extraits des commentaires bibliques, qui donnent fort heureusement une saveur spirituelle aux articles plus secs de la *Somme Théologique*. Mais la forme littéraire adoptée reste celle qui convient aux exposés d'un professeur. L'intégration de la « spiritualité » à la théologie morale n'en est que plus remarquable.

## Chapitre V

# L'ÉGLISE ET L'ENSEIGNEMENT
# DE LA MORALE [1]

On voudra bien ne pas regarder ces notes comme un traité de « morale fondamentale ». Les propositions qu'elles rassemblent veulent seulement aider à réfléchir sur quelques points essentiels qui font actuellement l'objet de discussions, d'hésitations, d'avis contradictoires, faute d'être définis avec une précision suffisante et reliés organiquement les uns aux autres. Je n'oublie pas que le domaine habituel de mon travail théologique se situe dans l'exégèse biblique ; c'est pourquoi l'Écriture restera toujours à l'arrière-plan de ma réflexion. Mais l'exégèse n'a pas pour unique but de cerner « le » sens *originel* des textes, dans le cadre historique où ils ont été écrits [2] : en repérant la *fonction* qu'ils ont alors jouée,

---

1. Cette étude a paru, sous une forme abrégée, dans *Esprit et vie*, 1981, pp. 465-476 et 481-489.
2. Laissons ici de côté une querelle inutile. Sous prétexte qu'on ne peut jamais rejoindre exactement l'*intention* (subjective) d'un auteur du passé — j'ajouterais volontiers : et du présent —, certains proposent une conception du « texte-objet », soustrait aux visées d'une « herméneutique » impuissante, mais livré aux « lecteurs » qui deviennent « créateurs de sens » par le « travail » opéré sur cet « objet ». On échapperait ainsi, même pour les textes bibliques, à la nécessité d'une *enquête historique*, vouée par définition à l'échec. Cette vue unilatérale du problème appelle plusieurs observations. 1. La prétention de « coïncider » avec l'intention originaire des auteurs, au point de les comprendre mieux qu'ils ne se sont compris eux-mêmes, est une exagération manifeste dans laquelle une certaine théorie de l'herméneutique a versé (W. DILTHEY : voir la citation caractéristique donnée

elle met en évidence la *fonction* qu'ils continuent de
jouer dans des circonstances différentes, comme témoins
permanents de la Parole de Dieu au sein de l'Église et du
monde. Celui qui la pratique est obligé, pour ainsi dire,

---

par F. MUSSNER, *Histoire de l'herméneutique*, tr. fr., Paris, 1972,
p. 28). Cet effort de compréhension « psychologique », qui n'aboutit
d'ailleurs jamais qu'à une approximation, débouche manifestement
sur une impasse. 2. Mais cela ne retire rien au fait de l'« historicité »
du texte qui conditionne en toute hypothèse son langage, sa forme et
son contenu : cet « objet » linguistique reste une « parole » qui
engage le dialogue avec son lecteur actuel, si bien qu'il faut recourir à
toutes les méthodes d'analyse possibles pour entendre ce qu'il peut —
et ne peut pas — dire, ce qu'il veut dire, ce qu'il dit réellement avec
une polyvalence possible de significations liées en gerbe. 3. Tout
texte, quel qu'il soit, reste « parlant » *pour nous*, parce qu'il fut
« parlant » dès l'origine pour ses premiers lecteurs (ou ses premiers
auditeurs, avant sa fixation écrite), parce qu'il est resté « parlant »
pour tous les lecteurs au cours des âges (l'histoire de ses « effets de
sens » fait intégralement partie de son sens), parce qu'il le demeure
aujourd'hui dans la mesure où il éveille chez ses lecteurs actuels une
certaine « expérience » — sans quoi nous ne lui trouverions aucun
intérêt. 4. Cette observation invite à déplacer la question de l'herméneutique en mettant l'accent sur la « *fonction* » remplie à l'origine
par le texte, dans le dialogue entre son auteur et le milieu social pour
lequel il parlait et écrivait : un texte, quel qu'il soit, n'est pas apte à
remplir n'importe quelle fonction, et il existe certainement un rapport
fondamental entre sa fonction originaire et celle qu'il est susceptible
de remplir encore aujourd'hui. 5. De ce fait, un va-et-vient s'institue
nécessairement entre sa lecture « historique », qui tente de cerner sa
(ou ses) fonction(s) originaire(s), et sa lecture actuelle, qui a nécessairement une dimension herméneutique, quelles que soient les méthodes
auxquelles elle recourt : analyse littéraire, sémiotique, analyse psychologique, éclairage ethnologique, étude sociologique — qui touche déjà
de près l'histoire proprement dite. 6. Quand le chrétien lit les textes
bibliques, il ne le fait pas en analyste « neutre » : il trouve dans ces
textes la traduction d'une *expérience de foi* qui suscite la sienne ; mais
l'*objet* de cette foi n'est pas constitué par les textes, il est constitué
par le Christ et par la trace que l'économie du salut a laissé dans
l'histoire humaine. 7. C'est en ce sens et sous ce rapport que les
textes sont les témoins autorisés de la Parole de Dieu, inscrite jadis
dans le temps par la médiation de l'expérience humaine et encore
actuelle grâce à l'Église de Jésus Christ et à l'action de l'Esprit Saint
qui l'accompagne à travers les siècles : l'« objectivité » du (ou des)
sens inscrits dans les textes est à comprendre dans cette perspective
exacte. C'est d'ailleurs pourquoi l'herméneutique pratiquée sur les
textes bibliques au cours des âges continue d'intéresser le lecteur
d'aujourd'hui : il suit à travers elle la trace de l'expérience qu'il
s'efforce de saisir sur le vif pour y participer à son tour.

d'élargir son horizon pour se tourner vers les problèmes que soulève l'« actualité » chrétienne. L'enseignement de l'Église en matière de morale en est un.

En parlant de l'« Église », je ne songe pas seulement au Pape et aux Congrégations romaines : les évêques, les prêtres, les théologiens, sont à des titres divers les dépositaires et les organes de cet enseignement. Or, il faut regarder en face la situation actuelle. Le conflit des opinions humaines est tel que, s'ils touchent aux questions de morale sociale ou sexuelle, on les accuse vite de s'occuper de ce qui ne les regarde pas ou de ce qu'ils ne connaissent pas. Mais s'ils ne parlent pas, on les accuse d'être étrangers au monde auquel ils prétendent apporter l'Évangile. Cela n'est pas nécessairement le signe d'une mauvaise foi généralisée : plus simplement, beaucoup espèrent d'eux la confirmation d'opinions acquises à l'avance, larges ou étroites suivant les goûts de chacun. Ne faudrait-il pas plutôt s'attendre à ce que l'Évangile dérange un peu tout le monde, les uns plus, les autres moins, non pour le plaisir de contredire, mais afin de stimuler et d'ouvrir la voie de la véritable espérance ? Un second facteur peut intervenir pour faire écran entre les enseignements de l'Église — plus précisément : celui du « Magistère » ecclésiastique — et l'attente parfois anxieuse des fidèles, des non-croyants et de ceux qui ne savent plus où ils en sont dans leur foi : c'est la différence entre les registres de langage qui sont employés de part et d'autre. Tout domaine technique engendre son propre jargon. Ceux des psychanalystes, des sémioticiens, des sociologues, etc., ne le cèdent en rien sur ce point à celui des moralistes catholiques de la Contre-Réforme, héritiers d'une Scolastique usée qui était déjà en décalage avec la langue commune du temps. Tous ces jargons sont nécessaires pour définir avec précision les « objets » dont parlent leurs spécialistes respectifs, mais ils constituent souvent des systèmes clos dans lesquels le profane ne se retrouve guère. Comment peut-on faire, dans ces conditions, pour établir une véritable communication entre les documents ecclésiastiques et le grand public, croyant ou non ? Les moyens dits « de communication sociale » sont le plus souvent incapables de jouer convenablement leur rôle dans ce domaine où ils sont mal à l'aise : ils ont trop besoin du sensationnel, ils sont trop habitués à schématiser les nouvelles, pour prendre en compte les nuances et les distinctions qu'exige la morale chrétienne authentique. Telle est la situation où l'Église doit néanmoins exercer son ministère. Je tenterai d'en rappeler simplement les grandes lignes.

## 1. LE MINISTÈRE DE L'ÉGLISE ET LA MORALE

L'Église a pour mission essentielle de proclamer l'Évangile en rassemblant ceux qui l'accueillent avec foi autour du Christ ressuscité, afin qu'ils en vivent et qu'ils le fassent passer dans leur prière commune et dans leurs actes. *Dans leurs actes* : l'annonce de l'Évangile comporte donc nécessairement un aspect *pratique*, un engagement *actif*, sans lesquels le sentiment religieux s'installerait dans l'illusion : « Ce n'est pas en me disant : "Seigneur, Seigneur !" qu'on entrera dans le Royaume des Cieux ( = le Règne de Dieu dont Jésus annonce la "Bonne Nouvelle"), mais en faisant la volonté de mon Père qui est dans les cieux » (Mt 7, 21). Faire la volonté de Dieu en tant que régulatrice de la conduite authentiquement humaine : on touche ici à la racine même de la morale. Le discernement exact de cette volonté est donc un aspect essentiel de l'Évangile lui-même.

### 1.1. L'ÉVANGILE, RÈGLE DE LA VIE PRATIQUE

Il est courant, chez les moralistes chrétiens, de parler à ce sujet d'une « *loi nouvelle* » qui aurait conduit à sa perfection l'« *ancienne loi* ». L'expression ne se trouve pas dans le Nouveau Testament et elle risque d'introduire une équivoque fâcheuse. Jésus, en effet, ne s'est pas comporté en législateur [3]. Il est venu, « non pour abolir

---

3. J'emploie ici à dessein un langage différent de celui du Concile de Trente. On lit dans le Canon 21 de la Session VI : « Si quelqu'un

la Loi ou les Prophètes », mais pour « accomplir »
(Mt 5, 17) ; seulement cet « accomplissement » n'a pas
pris la forme d'une « loi » qui aurait rectifié l'ancienne
ou s'y serait surajoutée. Jésus n'en a pas aboli les
prescriptions : il s'est contenté d'en mettre les limites en
évidence et d'inciter ses auditeurs à les dépasser afin de
rejoindre la volonté fondamentale du Créateur (cf. Mt 5,
20-47 ; 19, 1-9), en visant une « justice » d'un autre
ordre (cf. Mt 5, 20) : « Vous serez parfaits comme votre
Père céleste est parfait » (Mt 5, 48). Tel est le principe
fondamental de la morale évangélique.

Il faut d'ailleurs se rappeler que la *Tôrah* d'Israël
n'était pas une « *Loi* » au sens juridique que le droit
romain a donné à ce terme. Assurément, elle incluait les
bases du statut qui définissait, en droit, le caractère spécifique d'Israël au milieu des empires qui lui reconnais-
saient, sous ce rapport, sa pleine autonomie. Mais pour
la piété juive, elle était essentiellement une
« *instruction* » divine qui indiquait à Israël le droit
chemin pour vivre en communion avec Dieu [4]. Ainsi Dieu
guidait son peuple au milieu des embûches de l'existence,

---

dit que le Christ Jésus a été donné par Dieu aux hommes comme le
rédempteur en qui ils doivent avoir confiance ("cui fidant"), et non
pas aussi comme le *législateur* à qui ils doivent obéir ("cui oboe-
diant"), qu'il soit anathème » (Denz.-Schönm., n° 1571 ; les mots
« par Dieu » sont omis dans la traduction de G. DUMEIGE, *La foi
catholique*, éd. nouvelle, Paris, 1975, n° 603). Le texte est dirigé
*contre* une théorie de la foi-confiance qui négligerait l'obéissance aux
« commandements » du Christ, obéissance inspirée par l'amour.
L'analyse détaillée des 16 chapitres de cette Session n'indique aucun
passage qui se rapporterait directement à ce Canon ; mais on peut
renvoyer à la finale du ch. 7 (n° 1531) et au ch. 11 (n°s 1536-1537).
Seulement, le terme de « législateur » est pris au sens où l'entend
saint Thomas dans son traité de « la Loi nouvelle » (ou évangélique),
là où il parle des « préceptes » donnés par le Christ (par exemple : Iª
IIᵃᵉ, q. 108, art. 1, in corp.) ; le Décret « sur la justification » cite à
ce propos Mt 19, 17 (n° 1531), 1 Jn 5, 3 (n° 1536) et Jn 14, 23
(n° 1536). En outre, la définition de la « loi nouvelle » comme inté-
riorisation des préceptes et effusion de l'amour dans les cœurs
(q. 106, art. 1 et 2 ; q. 107, art. 1) montre que son « législateur » ne
se comporte pas en « juriste », comme on peut le dire de Moïse. C'est
à ce point de vue que je me place ici.

    4. Cf. l'exposé donné dans « Décalogue et morale chrétienne »,
p. 122-134 et 137-141.

à la façon d'un maître de sagesse qui éduque ses élèves,
ses « fils » (cf. Dt 4, 5-6), si bien que la Tôrah pouvait
être identifiée à la Sagesse divine elle-même (Si 24, 23-
33). Par-delà le juridisme excessif de certains scribes,
Jésus a renoué avec cette perspective fondamentale pour
donner à son tour des instructions pratiques qu'on ne
saurait qualifier de « Loi », au sens courant du mot. La
Tôrah elle-même est tout entière recentrée autour du
« premier commandement », celui de l'amour de Dieu
(Mt 23, 36 s.) emprunté au Deutéronome, et du « second
commandement qui lui est semblable » (Mt 22, 37), tiré
du Lévitique : toute la Tôrah s'y rattache, ainsi que les
Prophètes (Mt 22, 40). Deux détails méritent ici d'être
relevés. D'une part, la religion, qui règle les rapports
entre les hommes et Dieu, et la morale, qui règle les relations des hommes entre eux, ont partie liée : tous les
actes humains ont à la fois deux dimensions, verticale et
horizontale, si bien qu'en oubliant l'une ou l'autre on
dénaturerait l'Évangile. D'autre part, Jésus ne sépare pas
« la Loi et les Prophètes » pour déterminer la règle des
actes humains : on est aux antipodes de la morale
« légaliste », puisque l'expression de la volonté de Dieu
doit être cherchée dans toute l'Écriture et que son principe premier est l'amour, disposition intérieure et attitude
pratique au sujet desquelles on ne peut jamais se flatter
d'être « en règle »[5]. La double référence de Jésus à la

---

5. On relèvera ce commentaire de saint Thomas, dans l'article de la
*Somme* consacré à la distinction entre les préceptes et les conseils,
pour définir la « perfection » chrétienne (II$^a$ II$^{ae}$, q. 184, art. 3) :
après avoir cité Dt 6, 5 et Lv 19, 18, allégués dans Mt 22, 40, il
explique : « La perfection de la vie chrétienne consiste, en elle-même
et essentiellement, dans l'amour de charité, d'abord en ce qui concerne l'amour de Dieu, en second lieu en ce qui concerne l'amour du
prochain ; c'est là-dessus que portent les commandements principaux
de la loi divine (cf. II$^a$ II$^{ae}$, q. 44, art. 2 et 3). Or, l'amour
("dilectio") envers Dieu et le prochain ne fait pas l'objet du commandement suivant une mesure déterminée, de telle sorte que le surplus ne
serait qu'objet de conseil ; cela ressorte de la forme même du commandement qui vise à la perfection de l'amour. Quand il est dit : "Tu
aimeras le Seigneur ton Dieu de tout ton cœur", le "tout" équivaut à
la "perfection" [ici une citation d'Aristote] ; et quand il est dit : "Tu
aimeras ton prochain comme toi-même", on sait que chacun s'aime
lui-même au maximum. Il en est ainsi parce que, comme dit l'apôtre,

Tôrah montre qu'il ne s'agit pas, à proprement parler d'un commandement « nouveau ». La nouveauté réside dans la façon dont Jésus ouvre la voie à ses disciples sur ce point : c'est par ses actes, ses comportements, sa mort même, qu'il donne aux siens la preuve du plus grand amour (cf. Jn 15, 13). *Il devient ainsi la norme vivante de la morale pour ceux qui croient à l'Évangile* : « Aimez-vous les uns les autres *comme* je vous ai aimés » (Jn 15, 12 ; cf. 13, 34).

Tel est l'Évangile que l'Église a reçu mission de proclamer au cœur du monde pécheur que le Christ veut sauver. Toutefois *elle ne remplirait pas fidèlement cette mission, si elle s'en tenait à des généralités sans montrer les applications concrètes du commandement donné par le Seigneur.* On le constate dès l'époque des apôtres, notamment dans les épîtres de saint Paul. Son éloge de l'amour de charité [6] (1 Co 13) n'en dénonce pas seulement les contrefaçons (13, 1-3) : il énumère les qualités humaines qui en manifestent la réalité (13, 4-7). Comme cet amour est le résumé et la plénitude de la Loi [7] (Ga 5, 14 ; Rm 13, 10), il implique un accomplissement fidèle des préceptes et des interdits qui fixaient, depuis l'alliance du Sinaï, les conditions d'appartenance au peuple de Dieu et de participation à son culte, c'est-à-dire *du Décalogue* (Rm 13, 9). La violation volontaire de ces prescriptions divines exclurait maintenant de l'héri-

---

"la fin même du précepte, c'est l'amour de charité" (1 Tm 1, 5). Or, on ne recourt pas à une mesure en ce qui concerne la "fin", mais seulement en ce qui concerne les moyens ordonnés à une fin [ici, une seconde citation d'Aristote]... » On n'en a donc jamais fini avec la pratique de ce qui constitue l'essentiel de la « loi évangélique » (cf. *Super evangélium saint Matthaei lectura*, sur Mt 22, 32-37, nos 1806-1820 [éd. Cai, Turin, 1951, pp. 278-281] et les textes patristiques recueillis dans la *Catena aurea,* ch. 22, n° 4 [éd. Guarienti, Turin, 1953, pp. 325-327].) On peut rappeler à ce propos l'aphorisme de saint Augustin : « La mesure pour aimer Dieu, c'est de l'aimer sans mesure. »

6. Voir le commentaire de 1 Co 13, dans C. SPICQ, *Agapè dans le Nouveau Testament*, t. 2, Paris 1959, p. 53-120.

7. *Ibid.,* t. 1, Paris, 1958, p. 259-266 (Rm 13, 8-10) et 237-246 (Ga 5, 14) ; *Théologie morale du N.T.,* Paris, 1965, t. 2, pp. 481-548 (exposé synthétique).

tage du Royaume de Dieu, qui constitue l'objet de l'espérance humaine (1 Co 7, 9-10 ; Ga 5, 21 ; cf. Ep. 5, 5). Le commandement de l'amour ne se cantonne donc pas dans des généralités pleines de bons sentiments : le comportement chrétien, qui est une *marche* à la suite du Christ, se définit en positif et en négatif par une morale exigeante, à la mesure de l'espérance qu'apporte l'Évangile. L'Église, pour annoncer correctement cet Évangile, se doit donc de préciser quels actes et quels comportements sont en consonance avec lui et, à l'inverse, quels actes, quels comportements, quelles omissions, le contredisent radicalement ou s'en écartent dans une mesure plus ou moins grande : c'est là une mission à laquelle elle n'a pas le droit de renoncer.

### 1.2. FAUT-IL PARLER D'UNE « LOI NATURELLE » ?

Pour accomplir cette mission, l'Église doit évidemment recourir au langage des diverses cultures dans lesquelles l'Évangile est annoncé. On le constate à l'intérieur même de l'Écriture. Dans l'Ancien Testament, la sagesse pratique et la législation qui donnent à la morale son expression concrète font de larges emprunts aux sagesses du monde environnant, tout en y faisant des choix raisonnés et en exerçant un discernement sévère pour n'en conserver que ce qui est intégrable à la relation d'alliance entre Israël et le Dieu unique [8]. Il en va de même dans le Nouveau Testament. Si Jésus est enraciné, pour son propre compte, dans la seule sagesse juive dont il développe et radicalise certaines virtualités, on ne s'étonne pas de voir saint Paul utiliser des listes de vertus et de vices qui présentent une réelle parenté avec celles que dressaient les moralistes stoïciens, éducateurs populaires en milieu grec [9]. Ce n'est pas sur ce point que la morale

---

8. Pour plus de détails, voir les exposés, *supra,* p. 19-25, 128-131 et 134-137.
9. Voir C. SPICQ, « Vertus chrétiennes et catalogues de devoirs », dans *Les épîtres pastorales*, 4ᵉ éd. refondue, Paris, 1969, p. 627-634 (avec une bibliographie sur cette question). Même si l'authenticité paulinienne des épîtres pastorales n'est pas assurée, on trouve des

chrétienne présente son originalité essentielle : tout dépend du *principe critique* sur lequel repose l'évaluation des actes humains. Désormais, les paroles, les actes, les sentiments, les comportements, la mort même de Jésus, se substituent sur ce point à la Tôrah d'Israël, non pas en l'abrogeant, mais en la conduisant jusqu'à son plein « accomplissement » [10] : il suffit de songer à la façon dont saint Paul fonde sur *l'exemple du Christ* son appel au bon accord et au désintéressement, dans un passage célèbre de la lettre aux Philippiens (Ph 2, 1-11).

La voie ainsi ouverte dès le temps des apôtres détermine une des fonctions inaliénables de l'Église : il ne s'agit pas pour elle de se transformer en « maîtresse de morale », éventuellement revêche et autoritaire, mais d'accomplir sa tâche propre en guidant les fidèles sur les pas de Jésus. On verra plus loin la part qui revient sur ce point à la conscience personnelle de chaque fidèle [11]. En agissant ainsi, l'Église ne fait pas autre chose que

---

listes semblables dans 1 Co 5, 10-11 ; 6, 9-10 ; 2 Co 12, 20 ; Ga 5, 19-21 ; Rm 1, 29-31 ; Col 3, 5-8 ; Ep 4, 31 ; 5, 3-5. Bref, il s'agit d'un « lieu commun » de prédicateur, influencé latéralement par la diatribe grecque.

10. C'est en ce sens que saint Paul peut parler de la « loi du Christ » (Ga 6, 2). Le contexte où figure l'expression (« portez les fardeaux les uns des autres, et vous accomplirez la loi du Christ ») suppose connue la tradition évangélique relative au « second commandement » (Mc 12, 31) et sans doute d'autres instructions sur la conduite à tenir à l'égard du prochain. Mais la personne de Jésus fait corps avec les instructions données par lui pour constituer sa « loi » : il est la règle vivante sous laquelle tout croyant vient se ranger, comme le Juif se rangeait sous la « loi de Moïse ». C'est en ce sens qu'il faut comprendre le passage où Paul déclare qu'il s'est fait « sujet de la Loi avec les sujets de la Loi (autrement dit : les Juifs) pour gagner (au Christ) les sujets de la Loi », bien qu'il ne soit pas assujetti à la Loi depuis que le Christ l'en a libéré, « sans-Loi avec les sans-Loi (autrement dit : les membres des autres nations) pour gagner les sans-Loi », bien qu'il ne soit pas « sans une loi de Dieu, puisqu'il est soumis à la loi du Christ *(ennomos Christoû)* » (1 Co 9, 20-21) : le texte s'éclaire, quand on le rapproche du principe : « Soyez mes imitateurs, comme je le suis moi-même du Christ » (1 Co 11, 1). Le Christ est devenu la norme de la conduite chrétienne. Voir sur ce point Ch.-H. DODD, « Ennomos Christoû » (1953), dans *More New Testament Studies,* Londres, 1968, p. 134-148.

11. Voir *infra,* p. 256-260.

d'annoncer l'Évangile. Elle le fait au grand jour : « Ce que vous entendez dans le creux de l'oreille, proclamez-le sur les toits » (Mt 10, 27). *Le message évangélique s'adresse en effet à tous les hommes,* comme annonce d'espérance avant tout, mais aussi comme révélation de la voie droite. Cet aspect de son enseignement est-il recevable par tous ? Mises à part les réserves qu'on peut toujours faire sur l'habileté du langage employé dans l'Église pour présenter tel ou tel point de la morale chrétienne, il faut répondre affirmativement à cette question. En effet, l'appel à l'idéal humain qui est enclos dans l'Évangile trouve normalement un écho dans toutes les consciences, à la mesure de leurs désirs les plus hauts. « Lorsque des gens qui n'ont pas de Loi (= Tôrah du Sinaï) font par inclination naturelle *(physèi)* ce qui relève de la Loi, ceux-là, sans avoir de Loi, se tiennent lieu de Loi à eux-mêmes : ils montrent l'œuvre propre de la Loi inscrite dans leurs cœurs, lorsque leur conscience leur rend son témoignage et qu'ils portent réciproquement des jugements de blâme ou d'éloge les uns sur les autres (Rm 2, 14-15). » L'inscription de la Loi de Dieu dans les cœurs et la docilité des hommes aux appels de la conscience supposent que l'Esprit Saint est déjà à l'œuvre en eux d'une façon secrète, conformément à l'ordre de choses qui caractérise la nouvelle alliance [12] (Jr 31, 33 ; cf. 2 Co 3, 3). L'annonce de l'Évangile sous son angle moral n'est donc étrangère à aucun homme de bonne volonté : elle lui dévoile le sens de sa propre expérience intérieure, afin qu'il comprenne le rapport qui existe entre la voix de sa conscience et le Dieu vivant auquel elle fait écho : les commandements du Créateur ne sont pas autre chose que la loi interne de son être même [13].

On peut traduire ce fait en termes de « *nature* » : saint Paul emploie ici ce mot qu'il emprunte à la philosophie

---

12. Voir la remarque faite à ce propos dans « Décalogue et morale chrétienne », note 44, p. 145.

13. Il va de soi que cette interprétation de l'expérience morale commune à tous les hommes relève strictement de la foi chrétienne et reste incompréhensible pour ceux qui ne partagent pas, bien que l'expérience morale soit, en elle-même, commune à tous dans sa structure fondamentale.

populaire des milieux hellénistiques ; mais il y met un contenu qui provient en droite ligne de l'Écriture sainte, à savoir, sa conception dynamique de la création et du dessein de Dieu [14]. Ce point ne devrait pas être oublié, quand des moralistes chrétiens parlent de l'« ordre naturel », de la « loi naturelle », du « droit naturel ». Ces formules sont à dépouiller des résonnances stoïciennes, platoniciennes ou aristotéliciennes qu'elles ont pu revêtir dans un cadre culturel particulier, lorsque l'annonce de l'Évangile, confrontée avec la philosophie grecque, en reprenait le langage pour y couler un sens nouveau. L'essentiel est constitué par *ce sens* et non par les conceptions philosophiques qui prêtèrent alors leurs moyens d'expression à la pensée chrétienne [15]. Mais la compréhension exacte de ce point exige une réflexion sur la source de la foi, en matière de morale comme en matière de dogme.

---

14. J'ai touché rapidement à ce point dans : « L'idée de nature en théologie morale : Le témoignage de l'Écriture », *Supplément de la Vie Spirituelle,* n° 81 (1967), p. 208-229 (cf. p. 213-219, pour les textes de saint Paul) ; [= *supra,* p. 39-65]. Pour une analyse détaillée des emplois scripturaires, comparés aux emplois du grec classique et de Philon, voir H. KÖSTER, art. « Physis, etc. », *TWNT,* t. 9, p. 246-271 (cf. p. 265-268, les emplois pauliniens).

15. La conformité à la « nature » ou à la « raison » est un leitmotiv de la morale chez les Pères, dès Tertullien et Clément d'Alexandrie. Ce langage est emprunté à la philosophie stoïcienne (pour Tertullien, voir M. SPANNEUT, *Tertullien et les premiers moralistes chrétiens,* Gembloux-Paris, 1969, pp. 14-16 ; plus généralement, du même auteur : *Le Stoïcisme des Pères de l'Église, de Clément de Rome à Clément d'Alexandrie,* n^lle éd., Paris, 1969). Mais il faut noter que le concept de « nature » est large, puisqu'on y rattache des traits spécifiquement culturels : par exemple, chez saint Cyprien, la supression de la barbe (*De lapsis,* 6, 30), les artifices de la beauté féminine (*Ibid.* et *De habitu virginum,* 14-15 et 17). Mais saint Paul en faisait déjà autant dans 1 Co 11, 14-15, à propos du voile des femmes et des hommes aux cheveux longs, qu'il faut apprécier en fonction des prostituées dévoilées et des prostitués aux allures efféminées, bien connus en milieu grec.

## 2. L'ÉVANGILE, SOURCE DE LA FOI, ET SON ANNONCE DANS L'ÉGLISE

### 2.1. ÉCRITURE ET TRADITION APOSTOLIQUE

Il n'y a pas « deux sources » de la foi : l'Écriture et la Tradition. La théorie proposée sur ce point par des théologiens de la Contre-Réforme résulte de l'interprétation erronnée d'un texte du Concile de Trente, qui contredisait la théorie de la *Scriptura sola* mise en avant par le Protestantisme du temps [16]. Il n'y a pas non plus trois sources : l'Écriture, la Tradition et le Magistère ecclésiastique. La Constitution *Dei verbum* du Concile Vatican II insiste sur la corrélation de ces trois réalités ecclésiales sans définir avec précision la nature de leurs rapports [17]. En examinant avec soin le texte du Concile de Trente, qui concerne le rôle de l'Écriture dans l'Église et fixe la liste des livres reconnus comme « canoniques » (c'est-à-dire, au sens actif du mot, comme « faisant autorité »), on constate que *l'unique source de la foi chrétienne est l'Évangile*, préparé par les prophètes, apporté au monde par le Christ, confié par lui à ses apôtres pour qu'ils l'annoncent au monde entier [18]. Tel est le « dépôt » (cf.

---

16. Voir un exposé succinct de la question dans P. GRELOT, *La Bible, Parole de Dieu*, Tournai-Paris, 1965, pp. 20-32 (avec une bibliographie arrêtée à 1964, donc avant la Constitution *Dei verbum* de Vatican II).

17. Constitution *Dei verbum* (18 novembre 1965), nos 9-10. Voir le commentaire de ce chapitre et des discussions théologiques auxquelles il donna lieu, dans *La révélation divine*, t. 1, coll. « Unam sanctam » 70 a, Paris, 1968, p. 305-344.

18. Concile de Trente, Session IV (1546), cf. Denz-Schönm., n° 1501 : Le Concile... « garde toujours devant les yeux le dessein de conserver dans l'Église... la pureté de *l'Évangile* qui, promis auparavant par les prophètes dans les saintes Écritures, fut promulgué d'abord par la bouche même de notre Seigneur Jésus Christ, Fils de Dieu, lequel ordonna ensuite à ses apôtres de le "prêcher à toute créature", comme étant *la source* de toute vérité salutaire et de toute règle morale. Voyant clairement que cette vérité et cette règle sont contenues dans les livres écrits et dans les traditions non écrites qui, reçues par les apôtres de la bouche même du Christ, ou *transmises comme de main en main* (« quasi per manum ») par les apôtres...

1 Tm 6, 20 ; 2 Tm 1, 12-14) dont l'Église a, depuis lors, la responsabilité : non seulement pour le garder intact comme un trésor sur lequel on veille au risque de le rendre improductif, mais pour le faire fructifier de toutes manières au plan doctrinal, au plan liturgique et sacramentaire, au plan moral et pratique. La transmission de ce dépôt s'est faite, d'une part, grâce à la conservation et à la composition des saintes Écritures, d'autre part, grâce à des traditions non écrites transmises « quasi per manum ». Le texte conciliaire ne donne aucune explication sur le contenu de ces traditions (au pluriel), mais l'expression employée montre que ses rédacteurs ne songeaient pas d'abord à des « vérités de foi » dont on ne trouverait l'attestation explicite que chez des écrivains plus tardifs [19] : ils visaient *la continuité des traditions « pratiques »* que constituaient, dès l'époque apostolique au sens large du mot, les structures ecclésiales, la vie liturgique et sacramentaire, la relecture et l'interprétation des Écritures anciennes dans la lumière du mystère du Christ. Il faut placer dans ce cadre la mise en pratique des « mœurs chrétiennes » au milieu de la « génération dévoyée » (Ac 2, 40), non sans connexion avec les mœurs juives au plan moral, mais en rupture avec le mode de

---

sont parvenues jusqu'à nous, le saint Concile... reçoit et vénère avec le même sentiment de piété et le même respect tous les livres, tant de l'Ancien que du Nouveau Testament..., ainsi que les traditions concernant soit la foi, soit les mœurs... » (trad. de G. DUMEIGE, *La foi catholique*, nos 148-149).

19. C'est en se fondant sur cette conception ésotérique de la tradition que les courants gnostiques de IIe-IIIe siècles ont attribué au Christ et aux apôtres des enseignements secrets, finalement fixés dans leurs écrits sectaires. En réaction contre ces spéculations frauduleuses, saint Irénée a au contraire relevé le caractère public de l'Évangile (*Adversus haereses*, livre 3, Prol. et 1, 1-2) et de la Tradition venue des apôtres et gardée dans les églises grâce à la succession des presbytres (*ibid.*, 2, 2 ; 3, 1-3). Mais la manie de l'ésotérisme a de curieuses résurgences jusqu'à notre époque, comme on l'a vu dans les années 70 par le tapage mené autour de l'Évangile de Thomas (voir la courte bibliographie donnée dans *L'achèvement des Écritures* = « Introduction critique au N.T. », vol. 5, Tournai-Paris, 1977, p. 197-199 et 215, qui renvoie à l'article de R. LAURENTIN, « L'évangile selon Thomas : Situation et mystification », *Études*, 1975, p. 733-751).

vie particulier qui mettait le Judaïsme en marge du monde païen [20].

C'est cet ensemble d'éléments, touché occasionnellement dans les livres du Nouveau Testament, qui s'est transmis avec fidélité et sans rupture, « quasi per manum ». Son existence interdit de rêver à la restauration d'une « pureté primitive » qui aurait pour unique base la « Scriptura sola », prise dans sa littéralité étroite d'une façon quasi scolastique ; mais elle laisse les saintes Écritures à leur place exacte comme une structure fondamentale de l'Église elle-même [21]. Pour caractériser

---

20. La Tôrah était reconnue comme droit particulier de la « nation » juive dans les empires romain et parthe. De là une situation spéciale des communautés installées dans toute la Diaspora. Ses aspects juridiques sont étudiés par J. JUSTER, *Les Juifs dans l'empire romain* (1914) et par E. MARY SMALLWOOD, *The Jews under Roman Rule*, Leyde, 1976. Les textes païens relatifs aux Juifs sont recueillis par M. STERN, *Greek and Latin Authors on Jews and Judaism*, 2 vol., Jérusalem, 1974-1980. Un bon exemple est fourni par Tacite, *Histoires*, livre 5, dont l'hostilité se fonde sur le caractère « à part » du peuple juif à qui Moïse « donna des rites nouveaux, en contradiction complète avec ceux des autres hommes » (n° 4), « race abominable » que le roi Antiochus IV chercha vainement à civiliser (n° 8). Lois civiles, culte, coutumes (notamment la circoncision), mœurs, sont également mis au pilori, notamment le refus du mariage avec des femmes étrangères, avec, en contraste l'accusation d'être effrénés dans leurs mœurs, et la passion pour la procréation qui va jusqu'au refus de tuer tout enfant venu en surnombre (n° 5). En contrepartie, on peut lire la présentation des chrétiens dans l'*Épître à Diognète* (notamment le ch. 5), qui souligne la parfaite intégration des chrétiens dans leurs diverses patries, tout en relevant la pureté de leurs mœurs : « Ils se marient comme tout le monde, ils ont des enfants, mais n'abandonnent pas leurs nouveau-nés. Ils partagent tous la même table, mais non la même couche. Ils sont dans la chair, mais ne vivent pas selon la chair » (5, 6-8 ; trad. de H.-I. MARROU, *A Diognète*, « Sources chrétiennes 33[bis] », pp. 62-63).

21. Telle est la conclusion à laquelle aboutit K. RAHNER, *Über die Schriftinspiration*, « Quaestiones disputatatae », Fribourg-en-B., ²1959. On peut relever cette formulation de P. Lengsfeld : « Dieu a voulu en quelque sorte munir son Église de ces Écritures qui sont comme le dépôt normatif de l'histoire de sa prédication, elle-même porteuse de la révélation. En se révélant comme le Dieu qui fonde une Église, et en concourant à fonder dans cette Église les Écritures comme Canon de sa prédication, il se révèle aussi comme l'auteur de ces Écritures, exactement comme il est l'auteur de l'Église » (*Tradi-*

l'ensemble que constituent les Écritures, d'une part, et ces traditions transmise « quasi per manum », d'autre part, on peut se laisser guider par saint Irénée qui dut précisément, dans le dernier quart du IIᵉ siècle, défendre la fidélité authentique au « dépôt reçu » contre l'offensive puissante des sectes gnostiques, particulièrement séduisantes pour les milieux intellectuels qu'imprégnaient la religiosité hellénistique, le goût pour les spéculations mythologiques et l'attrait des cultes orientaux. Irénée entend bien s'en tenir à ce qu'il appelle la « Tradition apostolique », unique « règle de vérité » *(kanôn alèthéias)* ou « règle de la foi » *(kanôn tès pistéôs)* [22]. C'est précisément pour assurer la fidélité à cette Tradition, exotérique et non ésotérique comme celle des Gnostiques, qu'il s'attaque à fixer la liste des livres qui en témoignent authentiquement, en cherchant la garantie de leur transmission dans la succession ministérielle des églises où les traditions non inscrites dont les livres ont été également gardées avec soin [23]. Le Concile Vatican II a souligné avec force le rôle *fondateur* de cette *Tradition apostolique,* dont la mise en place ne fut pas seulement due au groupe des Douze ou au groupe plus large des envoyés du Christ ressuscité, parmi lesquels saint Paul prend place (cf. 1 Co 15, 5.7), mais aussi à des « hommes apostoliques » qui partagèrent leur responsabilité et furent associés à leur tâche, même après leur mort [24].

C'est pourquoi les écrits du Nouveau Testament, quels que soient les problèmes critiques soulevés à propos de leurs auteurs ou de la date à laquelle ils furent rédigés, en sont les garants fondamentaux : rédigés dans des circonstances particulières pour répondre aux besoins pastoraux de tel milieu ou de tel temps déterminés, ils nous

---

tion, *Écriture et Église dans le dialogue œcuménique,* tr. fr., Paris, 1964, p. 213 s.).

22. « Règle de la vérité » : voir *Adversus haereses,* Livre 1, 1, 20 ; Livre 2, 4, 1 ; Livre 3, 11, 1, etc. « Règle de la foi » : *Démonstration apostolique,* nᵒ 3. (J'utilise les éditions parues dans la coll. « Sources chrétiennes ».)

23. Voir les références données *supra,* note 19. Le texte du Livre 3, 3, 1 est allégué dans la Constitution « *Dei verbum* », nᵒ 7.

24. Expression de « *Dei verbum* », nᵒ 18.

mettent *en contact direct* avec elle, pourvu que nous les comprenions en tenant compte du cadre historique dans lequel ils furent composés et que nous les accueillons dans leur ensemble comme un témoignage « symphonique », sans y opérer des choix arbitraires pour des motifs de chronologie ou de milieux d'origine [25]. De ce fait, le Nouveau Testament fournit à l'Église de tous les siècles les règles fondamentales de la morale chrétienne. Mais l'Église apostolique a aussi reconnu comme Écriture « canonique » (c'est-à-dire « régulatrice » de la foi et de la vie [26]) les livres saints reçus comme tels dans le Judaïsme du temps, soit palestinien, soit hellénistique —, moyennant la *réinterprétation* qui pouvait en être donnée à partir des paroles, des actes, de la mort et de la résurrection de Jésus : sous ce rapport, la 2ᵉ Épître de Pierre [27], qui est probablement l'écrit le plus tardif du Nouveau Testament, ne fait déjà plus aucune différence entre les lettres de Paul et « les

---

25. Le protestantisme libéral du XIXᵉ siècle a eu la hantise de l'« originaire ». Il tendit du même coup à y réduire le message du Nouveau Testament, comme on le constate dans le livret de Harnack : *L'essence du Christianisme*, tr. fr., Paris, 1902. Il s'en faut de peu pour que certains théologiens actuels soient fascinés par le même mythe, en dogmatique ou en morale, et que l'inculturation de l'Évangile annoncé par Jésus leur apparaisse comme un phénomène syncrétiste où l'« originaire » doit être dégagé des gangues où il est enrobé. Mais la « pureté » de l'Évangile ainsi décapé dépend de l'humeur d'un chacun, et le jugement porté sur la « morale de Jésus » s'en ressent fatalement. Comment apprécier dans ces conditions le « Sermon sur la montagne » ? Morale impraticable, destinée seulement à montrer que l'homme est un pécheur incapable d'observer la Loi ? Morale de transition, prévue seulement pour le laps de temps très court qui aurait dû précéder la « Fin » ? Morale de perfection, qui ne serait pas obligatoire pour tout le monde ? C'est le principe posé qui est faux : l'enseignement pratique apporté par l'Évangile se présente, dans les divers livres du Nouveau Testament, comme une « concordia discors » où la référence à l'unique Christ introduit une consonance fondamentale. C'est pourquoi il est possible d'établir une « Théologie morale du Nouveau Testament » (cf. l'ouvrage de C. SPICQ, 2 vol., Paris, 1965).

26. Cf. P. GRELOT, « La deuxième épître de Pierre et la tradition apostolique », *L'année canonique* 23 (1979), p. 69-103 (voir notamment les p. 96-100).

27. Se reporter à la note 26.

autres Écritures », « que des gens sans instruction et sans
fermeté détournent de leur sens » (2 P 3, 16 : allusion
probable aux premiers docteurs gnostiques). Dès lors,
tous les enseignements moraux contenus dans la Tôrah,
les Prophètes et les autres Écrits deviennent ainsi le bien
commun des églises chrétiennes : la lumière provenant du
mystère du Christ est projetée rétrospectivement sur eux
pour y opérer les réévaluations nécessaires, en faisant
ainsi de la Tôrah, des Prophètes et des Sages autant de
pédagogues qui conduisent positivement vers le Christ
(cf. Ga 3, 23-24), en enseignant aux fidèles les « mœurs
chrétiennes » sans les soumettre aux obligations particulières de la « nation » juive et de son statut propre [28].

Dans ces conditions, l'Évangile, qui constitue l'unique
source de la foi, trouve dans l'ensemble des Écritures ses
témoins privilégiés et irremplaçables : dans le Nouveau
Testament, comme Écriture « accomplissante » et dans
l'Ancien Testament, comme Écriture « accomplie ».
C'est pourquoi la référence à l'Écriture est toujours
essentielle, quand l'Église de tous les temps veut se
tourner vers sa Tradition fondatrice, celle des apôtres :
ce principe vaut pour la morale comme pour le dogme.

### 2.2. DE LA TRADITION APOSTOLIQUE
### A LA TRADITION ECCLÉSIASTIQUE

Or, il est nécessaire à la vitalité de l'Église qu'elle
refasse sans cesse cette opération de ressourcement.
Assurément, au point de vue des institutions, de la vie
liturgique et sacramentaire, de l'interprétation dogmatique appliquée aux Écritures, des mœurs chrétiennes
même, on peut dire qu'*il existe une continuité réelle
entre la Tradition apostolique et la tradition ecclésiastique qui en a pris le relais*, à des dates différentes sui-

---

28. Il faut élargir, dans cette perspective de « l'Écriture
accomplie », la notion de pédagogie divine utilisée en un sens assez
péjoratif par saint Paul (Ga 3, 23-24) ; cf. mon exposé dans *Sens
chrétien de l'Ancien Testament*, Tournai-Paris, 1961, p. 195-209, déjà
modifié dans *La Bible, Parole de Dieu*, p. 259-265.

vant les lieux et d'ailleurs impossibles à déterminer. Mais *il y a entre les deux une différence qualitative*, qu'il ne faut jamais perdre de vue [29]. La tradition ecclésiastique est d'ailleurs difficile à définir, car elle est constituée par un faisceau d'éléments très nombreux. Il n'est pas nécessaire d'en faire ici la théorie. Relevons seulement quelques-uns de ceux qui concernent la morale chrétienne. Celle-ci, de siècle en siècle, transparaît de deux façons, théorique et pratique.

### 2.2.1. La présentation théorique de la morale chrétienne

*Au plan théorique*, elle s'affirme aussi bien dans la catéchèse et la prédication que dans l'œuvre des théologiens, au fur et à mesure que les chrétiens affrontent individuellement et socialement les problèmes nouveaux que l'évolution de la civilisation ou le contact avec de nouvelle culture font émerger au grand jour.

#### 2.2.1.1. Le rôle propre du Magistère

C'est dans ce cadre qu'il faut placer *le rôle particulier du Magistère* (textes conciliaires et pontificaux, documents ecclésiastiques officiels émanent des évêques, etc.) : ce rôle spécifique se rattache au charisme fonctionnel qui assure une « assistance » de l'Esprit Saint à l'exercice de chaque ministère, dans les responsabilités propres qui lui incombent [30]. Il se diversifie suivant les

---

29. Un adage théologique ancien posait en principe que « la révélation a pris fin à la mort du dernier apôtre ». Il y avait là une simple manière d'exprimer en raccourci le caractère « apostolique » de la tradition fondatrice ; mais la mise en écrit de cette tradition a certainement débordé la mort du dernier apôtre. Les discussions qui ont permis de mettre au point la Constitution « *Dei verbum* » élucidèrent à la fois la distinction entre « Tradition constitutive » et « tradition qui transmet », et la continuité entre « Tradition primordiale » et « tradition vivante » de l'Église (cf. Ch. MOELLER, dans « Unam sanctam » 70 a, p. 331).

30. Il y a là un problème d'ecclésiologie qui déborde les réflexions présentes. La Constitution « *Dei verbum* » a souligné avec justesse le rôle propre du Magistère, en le définissant comme un service de la Parole de Dieu, effectué « par mandat divin et avec l'assistance de l'Esprit Saint », mais en insistant aussi sur sa soumission à cette Parole qui constitue « l'unique dépôt de la foi » (n° 10).

genres d'interventions qui s'avèrent nécessaires, la solennité plus ou moins grande qu'elles revêtent, l'engagement plus ou moins fort qu'impliquent leurs modalités pratiques et leurs formes littéraires : une homélie dominicale et une lettre pastorale n'ont pas le même poids ; de même, la déclaration d'un évêque isolé ou celle d'un groupe d'évêques responsables d'un territoire plus large, un concile provincial, un concile général des seules églises latines, un concile œcuménique associant les voix contrastées de l'Orient et de l'Occident en communion avec l'évêque de Rome, une Constitution conciliaire (éventuellement accompagnée d'une définition solennelle qui trancherait une question discutée) ou une Déclaration qui ne s'adresse pas nécessairement aux seuls fidèles, l'exercice ordinaire du ministère pontifical par la prédication ou, plus fortement, par des encycliques, et son exercice extraordinaire qui se réduit aux définitions dogmatiques, toujours faites après la consultation des évêques et de l'Église. Bref, il importe de ne pas confondre tous ces cas. *L'indéfectibilité* doctrinale de l'Église, qui a pour résultat la *conservation infaillible* du dépôt de la foi apostolique, n'y est évidemment pas engagée au même degré [31]. Il y a là néanmoins une tâche dont les déten-

---

31. Cette remarque devrait aller de soi : c'est une simple question de lecture intelligente des textes ecclésiastiques. Je ne comprends pas comment H. Küng peut poser aussi mal ces questions qu'il aborde, d'une façon désobligeante et agressive, dans : *Infaillible ? Une interpellation*, tr. fr., Paris, 1971, et *L'Église, assurée dans la vérité ?*, tr. fr., Paris, 1980. Tous les documents du Magistère romain y sont mis sur le même plan, pour y déceler les erreurs possibles ou même certaines, sans tenir compte, ni de la restriction extrême posée par la définition de Vatican I pour l'exercice de l'« infaillibilité » pontificale (Denz.-Schönm. n° 3074), ni de la diversité des documents qui, dans l'Église, assurent la fidélité à la doctrine livrée par l'Évangile. Ni le point de départ, pris dans l'encyclique « *Humanae vitae* », ni *a fortiori* les énumérations d'« erreurs » attribuables au Magistère « infaillible » ne constituent une base de réflexion pertinente. Non seulement la lecture quasi scolastique qui en faite paraît ignorer les conditionnements historiques de chaque texte ecclésiastique, mais la diversité de leurs formes n'est même pas appréciée avec justesse. Par exemple, les condamnations prononcées par le « *Syllabus* » ou le Décret « *Lamentabili* » sont présentées comme des définitions infaillibles d'articles de foi (*L'Église, assurée dans la vérité ?*, p. 34). Or,

teurs du Magistère n'ont pas le droit de se départir, même si son exercice est parfois difficile. Comme ce monnayage pratique de l'Évangile constitue pour les fidèles, suivant l'expression consacrée, la « règle prochaine » de la foi, il doit être accueilli avec un plein « assentiment religieux » [32].

---

une liste de propositions condamnées se distingue essentiellement d'un Canon conciliaire et, par sa forme même, *ne définit rien du tout* : elle ne fait que boucher des voies sans issue, sans dire *comment* la doctrine devrait être formulée pour que la voie soit ouverte. Dans le cas d'un Canon conciliaire, on trouve la vérité « définie » en prenant la contradictoire de la proposition écartée, et encore en tenant compte de sa visée exacte ; dans le cas d'une « proposition condamnée », la contradictoire peut constituer une absurdité. Jadis, A. Loisy s'était amusé à ce petit jeu à propos de *Lamentabili*, dans *Simples réflexions sur le décret du Saint-Office « Lamentabili sane exitu » et sur l'encyclique « Pascendi Domini gregis »*, Ceffonds, 1908. La confusion des genres littéraires — et donc des fonctions remplies par les documents correspondants — était la même chez lui et chez H. Küng. On pourra voir un exemple précis dans mon étude : « Du bon usage des documents du Magistère : A propos du décret "Lamentabili", Proposition n° 36 », *Humanisme et foi chrétienne* (Mélanges scientifiques du Centenaire de l'Institut catholique de Paris), Paris, 1976, p. 527-540. Il importe de sortir de cette sorte de confusion, si on ne veut pas installer la réflexion théologique dans des impasses continuelles. Il est curieux de constater que les mêmes confusions sont faites, à propos de l'interprétation des mêmes documents ecclésiastiques, par Mgr Lefebvre et par le théologien de Tübingen ; à cette différence près que l'un trouve des définitions infaillibles qui justifieraient sa théologie particulière et son opposition au concile Vatican II, là où l'autre voit des erreurs attribuées au Magistère soi-disant « infaillible ». Mais il y a la même erreur de lecture dans les deux cas, aussi peu pardonnable chez un évêque que chez un théologien patenté. Cela ne veut pas dire que la « lecture » des textes soit toujours facile, si on veut tenir compte de leurs conditionnements historiques, linguistiques, etc. Mais encore faut-il s'efforcer de la faire intelligemment.

32. Cf. Constitution « *Lumen gentium* », n° 25. Dans ce texte relatif à la fonction d'enseignement des évêques unis au Souverain Pontife, l'insistance est mise fortement sur l'infaillibilité de l'Église, qui s'étend aussi loin que le dépôt lui-même de la révélation divine à conserver saintement et à exposer fidèlement. Mais il y a des *degrés* d'application du principe, selon qu'il s'agit de définitions solennelles, d'enseignement commun de tous les évêques, notamment s'ils sont réunis en concile, d'enseignement particulier donné par un évêque ou une partie de l'épiscopat, et aussi selon la nature des documents visés, l'insistance à proposer une doctrine et la manière même dont celle-ci est exprimée. Autrement dit, la diversité des genres littéraires et des

## 2.2.1.2. *Le Magistère comme « témoignage ».*

Cela ne veut pas dire que le rapport entre le Magistère de l'Église et les fidèles doive être compris uniquement en termes d'autorité et d'obéissance plus ou moins passive : il y a là une représentation de l'Église, à laquelle sont attachés des théologiens traditionnalistes, qui projettent sur elle le modèle politique des sociétés autoritaires ; mais elle est fondamentalement fausse [33]. En effet, l'exercice du Magistère n'est pas d'abord une affaire d'*autorité*, et encore moins d'autorité absolue, mais une affaire de *témoignage* rendu à l'unique Évangile : « Vous recevrez une force du Saint-Esprit qui viendra sur vous et *vous serez mes témoins* à Jérusalem, en Judée et en Samarie, puis jusqu'aux extrémités de la terre » (Ac 1, 8) ; « Quand viendra le Paraclet que je vous enverrai d'auprès du Père, l'Esprit de vérité qui provient du Père, il témoignera de moi et vous aussi *vous témoignerez...* » (Jn 15, 26). Je reviendrai plus loin sur la fonction spécifique des prédicateurs et des théologiens, qui s'inscrit également dans le cadre des responsabilités ministérielles.

---

circonstances occupe une place importante dans l'interprétation des documents du Magistère, pour comprendre exactement leur visée et leur portée.

33. Cela n'exclut évidemment pas un exercice réel de l'autorité. Mais il est totalement subordonné à l'obéissance que les détenteurs du Magistère doivent eux-mêmes au Christ et à l'Évangile. On en aurait de bons exemples dès l'époque des apôtres. Pour le cas de saint Paul, voir : P. GRELOT, « Liberté spirituelle et discipline ecclésiale dans les premières communautés chrétiennes », *Bulletin de Saint-Sulpice* 4 (1978), p. 139-174. D'une façon plus générale : C. PERROT, « Les premières manifestations évangéliques d'un droit ecclésial », *L'année canonique* 21 (1977), pp. 129-140 ; « Halakha juive et morale chrétienne », dans *Écriture et pratique ecclésiale* (Congrès de l'A.C.F.E.B., Angers), éd. P. de Surgy, coll. « Lectio Divina » 96, Paris, 1978, p. 35-51 (surtout 48-51). Le cas de saint Paul est d'autant plus éclairant qu'il est parfois présenté comme l'initiateur des ministères « charismatiques » à côté de l'Église « institutionnelle », qui représenterait une sorte de « rejudaïsation ».

## 2.2.2. La manifestation pratique de la « vie selon l'Évangile »

Il faut en venir aussi *au plan pratique*, où la morale chrétienne se laisse saisir dans les faits grâce aux fruits que porte l'arbre évangélique (Mc 7, 17-18 ; 12, 33).

### 2.2.2.1. Qu'est-ce que le « sensus fidelium » ?

Ici, c'est *le témoignage du peuple chrétien* qui compte, et plus particulièrement *celui des saints* de tous peuples et de tous milieux, de toutes cultures et de toutes catégories sociales [34]. L'Église participe à la sainteté du Christ dont elle est le Corps ; mais elle est faite de membres pécheurs. La valeur et le contenu de la morale chrétienne ne sont donc pas à juger d'après les *résultats* plus ou moins médiocres auxquels parvient la masse des fidèles, pour mettre en pratique des qualités humaines que toute conscience apprécie même si elle ne les possède pas. La valeur de cette morale se manifeste par l'*effort* qu'elle suscite et fait reprendre incessamment en dépit des échecs subis, car les saints eux-mêmes ne sont jamais que des pécheurs convertis et sauvés par grâce. Quant à son contenu, il ne se laisse pas jauger d'après l'opinion moyenne du public qui se dit « chrétien » . son attachement, même sincère, à la « religion » du Christ peut fort bien comporter des zones d'ombre dans la foi et une appréciation inexacte des exigences morales de l'Évangile. Quand les théologiens parlent du « sensus fidelium » [35] (faut-il traduire : le « sentiment des fidèles » ?), ils songent aux intuitions d'une foi éclairée, en communion avec le

---

34. Cf. « *Lumen gentium* », n° 40 (appel universel à la sainteté) et n° 42 (diversité des saints dans l'Église).

35. Cf. « *Lumen gentium* », n° 12. En fait, l'expression employée est plus complexe : « La collectivité *des fidèles*... ne peut se tromper dans la foi ; ce don particulier qu'elle possède, elle le manifeste par le moyen du *sens surnaturel de foi* qui est celui du peuple tout entier. » Voir aussi le n° 35, où il est dit que les fidèles participent à la fonction prophétique du Christ *par le témoignage de leur vie*. Faut-il préciser que ceux qui remplissent un ministère au seuil de l'Église — fût-il « magistériel » — sont sur ce dernier point dans la même situation que les autres fidèles ?

Magistère qui en a le dépôt et qui se doit d'en exposer les implications avec justesse. Sous ce rapport, les résultats fournis par les « sondages d'opinion » permettent d'apprécier la mesure dans laquelle la moyenne du public se réfère avec justesse à l'idéal évangélique, dans des circonstances et à un moment déterminés ; mais cette documentation sociologique ne manifeste aucunement le « sensus fidelium » qui fait partie de la « tradition ecclésiastique ».

### 2.2.2.2. Le rôle des pasteurs et des théologiens.

C'est ici qu'il faut placer *le rôle propre des pasteurs et des théologiens*, détenteurs de ministères divers qui se rapportent tous à l'annonce de l'Évangile, dans le domaine dogmatique comme dans le domaine moral. Laissons de côté les présentations maladroites ou erronées qu'ils peuvent en faire sur des points particuliers : les échecs de cet ordre font partie des aléas que le Christ a accepté d'affronter, quand il a confié le souci de l'Évangile à des hommes limités, imparfaits, pécheurs eux-mêmes par surcroît... Ce que je refuse ici, c'est de classer dans des catégories séparées les *pasteurs*, chargés de la catéchèse et de la prédication, et les *théologiens* — moralistes dans le cas présent — qui auraient la spécialité de la réflexion sur les problèmes de fond posés par la vie pratique des chrétiens [36]. L'époque patristique et le haut

---

36. Ici encore je dois marquer mon désaccord radical avec les réflexions de H. Küng, *L'Église assurée dans la vérité ?*, p. 62 s. : « Dirigeants et théologiens ont chacun leur propre charisme, leur propre vocation, leur propre fonction. Les théologiens n'ont pas à vouloir être des évêques, ni les évêques des théologiens (!)... Le service de gouvernement assuré par les évêques et les pasteurs, tout aussi bien que le service d'enseignement des théologiens, ont leur rôle propre et leurs propres postulats... Ils ont les uns et les autres à se mettre au service de l'annonce de l'Évangile, mais chacun d'une manière particulière : soit par la pastorale (principalement par l'homélie au cours des célébrations eucharistiques en paroisse), soit par la recherche et l'enseignement » (p. 62, n° 3). Cette coupure entre les fonctions est fausse dans son principe, même si la spécialisation de certains aspects « pastoraux » se manifeste par l'effort qui porte sur l'enseignement et sur la recherche. Que je fasse un cours d'exégèse, ou un cours de théologie sur le sacrement de la réconciliation, ou une

Moyen Age ont ignoré cette distinction factice, introduite dans les faits par la création des hautes « Écoles » théologiques et de la théologie « scolastiques » adaptée à leurs besoins. De même, la coupure entre l'exégèse biblique confiée à des spécialistes, d'une part, et, d'autre part, le travail des théologiens et des pasteurs, est un fait assez déplorable qui n'a pas, dans le catholicisme, un siècle d'existence : les exigences de la technicité exégétique l'expliquent, mais il faudrait obvier aux conséquences fâcheuses qu'il entraîne en faisant de la Bible une sorte de domaine réservé [37]. J'en dirais autant de la césure, plus déplorable encore, que la Scolastique de basse époque à opérée, en théologie, entre la morale et la spiritualité : la morale se cantonnait dans la détermination du permis et du défendu, dans l'évaluation des matières graves ou légères, dans l'appréciation des responsabilités plus ou moins complètes qu'encourent les pécheurs ; la spiritualité avait pour domaine la recherche de la perfection évangélique dans des « états de vie » déjà classés comme plus ou moins « parfaits » [38].

---

homélie, ou une catéchèse élémentaire à des enfants, sur la parabole dite « de l'Enfant prodigue », il n'y a qu'une différence de *technicité* dans la recherche et dans le mode d'expression. Mais tout se déroule à l'intérieur d'un ministère « pastoral » au service de l'unique Parole de Dieu, que je dois exercer dans l'Église en communion avec tout le Corps des pasteurs et des fidèles qui est le Corps du Christ. La conscience trop vive de certains « charismes » liés à des « fonctions » particulières nuit au discernement de leurs exigences propres en entraînant une hypertrophie de leur exercice. L'unité dans l'Église est à concevoir d'une autre façon.

37. J'ai abordé jadis cette question dans une courte étude : « Exégèse, théologie et pastorale », *NRT*, 1966, p. 3-13 et 132-148.

38. Cette coupure provient, fondamentalement, d'une mauvaise interprétation de saint Thomas qui, dans la II$^a$ II$^{ae}$, traite successivement des dons gratuits de l'Esprit Saint (« De gratiis gratis datae » : q. 171-178), puis des voies de la vie spirituelle (active ou contemplative : q. 179-182), puis des fonctions et des statuts des membres de l'Église (q. 183-189), sans consacrer en cet endroit un développement particulier au statut commun des « laïcs ». Le risque était d'en déduire que la « voie de la perfection » est réservée aux religieux, la morale étant faite pour les autres. Or, la q. 184, art. 3, établit clairement que la perfection chrétienne consiste essentiellement dans l'amour de charité, qui est obligatoire pour tout le monde (c'est l'ordre des « préceptes », en ce sens précis), mais que les moyens à

L'Évangile et l'ensemble du Nouveau Testament ignorent toutes ces distinctions, qui sont corrélatives à des situations culturelles particulières.

Tout pasteur est exégète et théologien à sa manière : dans la plus humble catéchèse et la plus modeste prédication, il lui faut trouver un langage interprétatif qui n'est pas la simple répétition de celui qu'on trouve dans l'Écriture, puisqu'il doit justement expliquer celui-ci pour établir une communication entre l'Évangile et le groupe humain concret dont il a présentement la charge. Il le fait avec une technicité plus ou moins grande, suivant les besoins de ce groupe ; mais l'effort de réflexion dont il livre le résultat relève évidemment de la théologie et, dans la mesure même où il se réfère à l'Écriture, de l'exégèse. De même, *tout théologien moraliste exerce, comme le dogmaticien, un véritable ministère pastoral*

---

employer pour le faire passer dans les actes ne sont pas déterminés d'avance pas des commandements précis : ils laissent place à un choix individuel qui dépend des dons particuliers accordés par l'Esprit Saint à chacun. Tel est « l'ordre des conseils ». Or, ce qui est appelé ici l'ordre des préceptes rejoint exactement la « loi évangélique » (ou « loi nouvelle »), présentée dans la Iª IIªᵉ, q. 106 à 108. Il n'y a aucune raison pour réserver cette loi à ceux qui sont dans les « états de perfection » en vertu d'une grâce « gratis data », alors que les autres seraient sous le régime des commandements du Décalogue qui caractérise la « loi ancienne ». C'est pourtant à cette conclusion qu'ont abouti un grand nombre de *Manuels* basés sur les *Institutiones morales* publiées à partir du XVIIᵉ siècle en marge des traités de Vasquez et de Suarez. La Constitution « *Lumen gentium* » de Vatican II est heureusement revenue à la perspective thomiste originelle : elle commence pas poser en principe l'appel universel à la sainteté, donc à la perfection par imitation de Dieu et du Seigneur Jésus, dans les états de vie les plus divers (nᵒˢ 39-42) ; puis elle situe dans ce cadre l'état religieux, où la pratique des conseils évangéliques dépend des dons gratuits accordés à chacun (nᵒˢ 43-47). On rejoint ainsi l'éthique évangélique, telle que l'entendait saint Thomas dans ses commentaires des évangiles de Matthieu et Jean ou des épîtres de saint Paul (N.B. Il s'agit, en fait, de « reportations » dues à Pierre d'Andria pour saint Matthieu, à Réginald de Piperno avec révision de l'auteur pour saint Jean et les épîtres, sauf pour Rm et 1 Co 1-11 que Thomas a eu le temps de rédiger lui-même. Cf. C. SPICQ, *Esquisse d'une histoire de l'exégèse latine au Moyen Age*, Paris, 1944, pp. 302 s., 305 s., 311 s.). On ne doit pas oublier que ces commentaires sont les exposés fondamentaux de la théologie thomiste, dont la *Somme* est une réduction systématique composée après coup.

*dans l'Église,* puisqu'il travaille avec tous les pasteurs à l'« actualisation » de l'Évangile pour en faire apparaître les conséquences pratiques. Sa situation le met au point précis où se recoupent plusieurs domaines. Elle le relie intimement à la théologie dogmatique, puisque la morale ne peut faire abstraction de l'anthropologie chrétienne où la création et la rédemption, le péché et la grâce, les blessures de la « nature » humaine et les dons de l'Esprit Saint, occupent une place essentielle. Il n'invente pas non plus les problèmes nouveaux qui apparaissent, en morale, dans chaque siècle et dans chaque milieu culturel, notamment aux époques de mutation où la structure des sociétés cherche un nouvel équilibre. Il n'en demande même pas la définition aux seuls publicistes du temps : philosophes, sociologues, journalistes, etc., car tous les pasteurs qui l'entourent s'y heurtent constamment dans l'exercice des ministères les plus humbles. Or, l'expérience de ceux-ci est nécessaire à la pertinence de toute réflexion théorique.

Mais il y a plus. Quand le moraliste, prenant du recul avec cette expérience, s'efforce de la théoriser et d'exposer les conséquences pratiques de l'Évangile dans le langage de son temps, il doit faire appel aux instruments d'analyse et d'expression que la culture à laquelle il participe met à sa disposition. On a vu plus haut qu'à l'intérieur même de la Bible, la formulation des règles morales a toujours fait des emprunts à la Sagesse et à la philosophie populaire environnantes, moyennant les tris et les discernements nécessaires. La vie pratique des hommes ne relève pas, en effet, du seul domaine de la révélation qui culmine dans le Christ Jésus : elle constitue un domaine « mixte » où la lumière de la révélation recoupe la réflexion rationnelle sur l'existence humaine, sur le rapport des hommes au monde qui les entoure, sur la finalité ultime de leur vie et le fondement dernier de leur conscience morale. Il est donc normal que, dans l'expérience séculaire de l'Église, la formulation de la morale dont l'Évangile est le ferment se soit faite en recourant au langage diversifié de plusieurs philosophies — moyennant, ici encore, des tris, des discernements, des réinterprétations, que le recul du temps permet de repérer aisément [39]. Il n'y a aucune raison pour que les philosophies modernes, qui soulèvent certainement beaucoup de problèmes mais traduisent les attitudes spontanées de nos contemporains devant la vie, ne soient pas utilisées aux mêmes fins, dans la mesure où leurs apports sont positifs et peuvent être mis en consonance avec l'Évangile : c'est là encore une affaire de « discernement » [40], quitte à reprendre *ab ovo* certaines questions pertinentes qu'elles auraient mal posées. Mais ce n'est pas le lieu d'examiner ici ce problème qui exigerait de longs développements [41].

---

39. La vérification est facile à faire, quand on étudie les Pères de l'Epître et les théologiens médiévaux : leurs recours au Stoïcisme (mêlé de Moyen-Platonisme dans la philosophie éclectique d'un Philon d'Alexandrie, auquel Clément et Origène ont fait de multiples emprunts), au Néo-Platonisme (à partir de Marius Victorinus et de saint Augustin), à l'Aristotélisme (qui fait un retour massif au XIIIᵉ siècle), ont été mis en évidence depuis longtemps. Mais on se trompe quand on y voit la *source* de leur morale : celle-ci vient fondamentalement de l'Écriture sainte, et le recours aux catégories philosophiques n'est qu'un appoint auxiliaire qui permet de traduire la morale chrétienne dans un langage compréhensible pour tous. C'est un phénomène d'*inculturation* réussi. L'usage des textes profanes peut d'ailleurs aller fort loin : le *De officiis ministrorum* de saint Ambroise (vers 391) est une adaptation du *De officiis* de Cicéron ; mais il faut reconnaître que le plan adopté par Cicéron a gêné l'auteur pour mettre en évidence tout ce qui distingue la morale évangélique des morales philosophiques.

40. On peut transférer sur ce plan intellectuel des doctrines le principe paulinien du discernement moral, étudié par G. THERRIEN, *Le discernement dans les écrits pauliniens*, coll. « Études bibliques », Paris, 1973.

41. Ici pourrait prendre place, à titre d'exemple, une critique assez radicale des propositions énoncées en matière d'éthique par R. Bultmann, trop déterminé par les principes d'« analytique existentiale » venus de M. Heidegger. Celui-ci refuse une « onto-théologie » axée sur la connaissance de l'essence des existants, pour mettre en avant l'analyse de l'existence concrète de l'homme au sein du monde et de la société (le *Dasein*). Il ne s'agit pas d'un système, mais d'une méthode, à laquelle on peut seulement reprocher d'*opposer* des aspects du réel, de l'existentiel, qu'il faudrait distinguer pour les unir en visant l'actuation concrète de l'essence des êtres à partir de l'analytique existentiale. Mais ceci relève des questions proprement philosophiques. Bultmann, engagé dans la logique de *Sein und Zeit* transformée en système, et profondément marqué par une compréhension de la « Loi » opposée à l'Évangile et par la théorie luthérienne de la justification, souligne avec force que la prise de conscience de l'exis-

De même, l'essor actuel des « sciences de l'homme » — ethnologie, sociologie, psychologie expérimentale et psychanalyse, linguistique et sémiotique, etc. — modifie considérablement le regard que le théologien moraliste peut porter sur les « sujets » humains auxquels l'Évangile est proposé. Tel est le cadre culturel dans lequel réfléchit le moraliste d'aujourd'hui.

### 2.2.3. Le problème de l'« actualisation » de l'Évangile

#### 2.2.3.1. Le travail à faire

Dans ces conditions, les théorisations élaborées par les moralistes classiques apparaissent avec toutes leurs limites — et leurs insuffisances. Leur simple répétition ne serait pas la manifestation d'une fidélité réelle à la tradition de l'Église : elle serait le signe d'une sclérose dangereuse. Inversement, leur rejet pur et simple ne serait pas moins déraisonnable : elles ont traduit fort à propos *l'expérience* de la vie « selon l'Évangile » dans des contextes

---

tence chrétienne se fait dans la foi, qui conduit à l'obéissance *hic et nunc* à la volonté de Dieu et donc à l'attitude d'amour dont Jésus fut l'exemple : c'est la *décision* de la *liberté*, qui est elle-même pur don de Dieu. Tout cela s'entend bien (cf. les divers articles réunis dans *Foi et compréhension*, t. 1. *L'historicité de l'homme et de la révélation*, tr. fr., Paris, 1970, notamment p. 258 ss., 349 ss., 409 ss., 534 ss.). Mais il en résulte qu'à l'instant de la décision, l'homme « ne peut... s'appuyer sur des principes, ou sur une théorie générale qui le dispenserait de la responsabilité de la décision ; car chaque instant de la décision est essentiellement neuf » (*Jésus*, tr. fr., Paris, 1968, p. 88 s). On est en pleine équivoque, car aucun principe ne dispense de l'évaluation des circonstances où il faut le mettre en œuvre pour accomplir *hic et nunc* la volonté de Dieu. A la limite, on aboutit nécessairement à l'« éthique *de* situation », très différente de « l'éthique *en* situation », et les critères de discernement qui peuvent jouer pour distinguer *hic et nunc* la volonté de Dieu, et les exigences de l'amour authentique risquent de disparaître dans une atmosphère vaporeuse. Or, il faudrait tenir à la fois, et l'attention au « seuil inférieur » fixé par l'application minimale des principes, et le dynamisme qui conduit l'application de ceux-ci en direction d'un objectif illimité : celui de l'amour. On serait fort loin des « morales de la Loi » qui permettent de s'estimer « en règle » grâce aux « œuvres » accomplies. Mais on serait aussi loin des morales flottantes qui constituent une des tentations de l'heure présente.

culturels différents du nôtre, et nous devons apprécier leur fécondité à son juste prix, au moment même où nous en constatons les déficiences éventuelles. Ce serait faire preuve d'un esprit étroit et un peu sûr, que de jeter par-dessus bord les Pères de l'Église et les grands théologiens médiévaux, même si leurs épigones ne semblent pas avoir toujours été à leur hauteur et si la théologie morale des *Manuels* reflète de fort loin la vitalité de leur pensée [42]. En fait, les problèmes de *discernement* qui se posent à propos des philosophies modernes rebondissent sur les sciences de l'homme elles-mêmes, dans la mesure où leur épistémologie est souvent mal assurée et où certains de leurs praticiens couvrent du nom de « science » des dogmatismes philosophiques inavoués [43].

La formation aux sciences de l'homme donne aux théologiens qui s'efforcent de ressaisir le « dépôt » de la Tradition apostolique à partir de la lecture des Écritures — ce qui est normal et même indispensable — une « pré-compréhension » des textes différente de celle qu'adoptent spontanément ceux qui ont une formation « classique ». Mais le *message évangélique* contenu dans

---

42. Cf. note 38.
43. Chez Freud, par exemple, le dogmatisme philosophique s'affiche dans *L'avenir d'une illusion*, Paris, 1932 ; *Malaise dans la civilisation*, tr. fr., Paris, 1971 ; *Moïse et le monothéisme*, tr. fr., Paris, 1967. Mais le départ entre la méthode analytique et les préjugés philosophiques qui grèvent l'anthropologie n'est pas facile à faire en pratique. Je relèverai ici, non sans quelque malice, les réflexions d'un praticien des sciences de l'homme, adressées à un autre praticien : « Il y a un péché originel des sciences humaines. Il est de passer peu à peu de la conjecture plausible à une sorte de déductibilité irrécusable, infaillible en toutes circonstances. Passage opéré par le vocable de ''structure'' ou de ''dialectique'', ou encore de ''complexe'' chez les disciples de Freud. Dans chaque cas : même confusion détestable entre l'ordre initial de la prospection et celui, combien glissant, de l'application plus ou moins mécanique d'un principe tenu d'avance pour assuré » (Roger CAILLOIS, *Réponse à Claude Lévi-Strauss,* lors de sa réception à l'Académie française ; je recueille le texte dans la citation qu'en fait *Le Monde*, dimanche 2 août 1981, p. XI). Une telle critique serait évidemment regardée comme irrecevable — ou même blasphématoire — si elle était articulée par un simple théologien de mon espèce. Mais le théologien peut en faire son profit, ne serait-ce que pour se défier de lui-même, car il n'est pas à l'abri d'aventures très semblables à l'intérieur de son propre travail.

les Écritures et conservé vitalement dans l'expérience de
l'Église, où les théologiens en question sont enracinés par
leur foi, *met en question cette « pré-compréhension »*,
comme il le fit jadis pour ceux dont la « pré-
compréhension » était conditionnée par l'anthropologie
des systèmes stoïcien, néo-platonicien ou aristotélicien [44].
Ceux-ci ont dû accommoder leur regard et modifier leur
représentation spontanée de l'homme, pour voir avec
exactitude et sans déformation ce que l'Évangile en
disait. Le même jeu de va-et-vient, la même critériologie
imposée par cette connaissance intime de l'homme que
l'expérience de la vie de foi fournit intuitivement et de
façon globale, s'imposent aussi pour les sciences de
l'homme et pour la réflexion philosophique qui peut se
brancher sur elles. Cela n'a rien d'étonnant, car
l'Homme ne peut *s'objectiver* devant son propre regard
comme les choses : ce qu'il contient d'« objectivable »,
c'est ce que le fonctionnement de son être renferme à
titre de mécanismes physiologiques, psychologiques,
sociologiques, etc. Mais le « sujet » qui observe ces
mécanismes n'est-il pas lui-même impliqué dans sa
propre observation, de telle sorte que sa neutralité
d'observateur reste problématique ? Les réflexions philosophiques récentes sur la méthode et l'épistémologie de
l'histoire, lieu géométrique où se rencontrent toutes les
sciences de l'homme avec, en plus, la dimension du
temps passé qui rend impossible l'observation directe [45],

---

44. Je reprendrais ici volontiers les réflexions de R. BULTMANN,
« Une exégèse sans présupposition est-elle possible ? », dans *Foi et
compréhension*, tr. fr., t. 2, Paris, 1969, p. 167-175 ; mais j'y soumet-
trais aussi l'exégèse bultmannienne elle-même, où la pré-*compréhension* des textes résiste en bloc aux exigences de certains d'entre eux,
pour aboutir à une représentation historique des origines chrétiennes
où elle se transforme visiblement en pré-*jugé*.

45. Je recueille cette réflexion énoncée par un homme qui est
orfèvre en la matière : « Il est évident que je ne crois pas à l'objectivité de l'histoire. Toute histoire est forcément subjective, tout discours
sur le passé est l'œuvre d'un homme qui vit dans le présent et qui
interprète les vestiges du passé en fonction de ce présent... Je me
défends de toute théorisation : c'est-à-dire que le marxisme et le freu-
disme sont pour moi des outils de très grande efficacité, que j'utilise
en tant que praticien, car j'essaie de travailler dans l'empirique, sans

valent aussi pour toutes les sciences connexes auxquelles
le théologien moraliste est obligé de recourir. Il lui faut
accepter cette condition, qui rend très difficile son travail
en raison d'une technicité qui touche à des domaines très
divers.

### 2.2.3.2. *Le ministère propre des théologiens moralistes.*

En tant que tâche d'Église, ce travail est éminemment
*pastoral* et lié de très près à la théologie *dogmatique* ;
mais les conditions de son exercice en font un ministère
tout à fait spécialisé. Il fut un temps où la répétition
intelligente de la « doctrine commune » pouvait suffire
pour faire un bon théologien moraliste. Ce temps est
irrémédiablement révolu : *les problèmes nouveaux soulevés par le monde contemporain* — diversifiés suivant
les continents, les cultures, les régimes économiques et
politiques — n'ont pas de solutions toutes faites dans la
tradition classique léguée par les époques dites « de
chrétienté ». La *prise en charge* de ces problèmes est,
pour les moralistes chrétiens, une obligation d'autant
plus impérieuse que les solutions avancées n'apporteront
pas seulement des règles de vie pratique aux individus ou

---

les "belles théories". Je suis encore plus d'accord avec Marc Bloch,
quand il dit qu'"on ne peut pas traiter une société comme une figure
de géométrie" » (*Georges Duby et les rêves du passé,* interview de
Guitta Pessis-Pasternak, dans *Le Monde-Dimanche* du 24 mai 1981,
p. 1). L'interview était occasionnée par le volume : *Le chevalier, la
femme et le prêtre : Le mariage dans la France féodale,* Paris, 1981.
Je n'en suis que plus à l'aise pour demander si l'auteur ne devrait pas
réviser sérieusement les quelques pages consacrées aux sources bibliques de la doctrine chrétienne (pp. 27-30). Elles sont superficielles, et
elles « interprètent les vestiges de ce passé » (chrétien), soit en fonction d'une certaine pratique concrète que l'historien cherche à saisir
dans le passé médiéval, soit des idées toutes faites qui règnent
aujourd'hui à propos de la Bible. Elles ne saisissent aucunement ce
que pouvait représenter la « nouveauté chrétienne » dans une pratique
du mariage qui était celle du Judaïsme, pour Jésus et pour les milieux
juifs évangélisés dans la Diaspora, de la Grèce et de son droit coutumier, pour la majorité des chrétiens de Corinthe évangélisés par saint
Paul. Il y aura toujours une confrontation entre cette « nouveauté »
et une pratique évolutive, liée aux institutions et aux transformations
de la culture.

aux groupes qui appartiennent à l'Église [46]. En effet, *il n'existe pas deux morales humaines* : une pour les fidèles, et une autre pour les gens « de l'extérieur ». Le Christ s'est livré pour le salut de tous les hommes, et « il n'y a pas sous le ciel d'autre Nom donné aux hommes par lequel *nous* (c'est-à-dire tous les hommes) devions être sauvés » (Ac 4, 12). Le témoignage rendu par l'Église à la morale évangélique indique au monde entier la *seule* voie de salut. De ce fait, les théologiens moralistes se trouvent dans une situation aussi importante qu'inconfortable. Leur ministère les oblige tout ensemble à rester enracinés dans la Tradition apostolique grâce à la fréquentation assidue des Écritures, et à se tenir à l'écoute du monde ambiant pour en comprendre en profondeur les problèmes vitaux ; à demeurer en consonance avec les grands témoins de la tradition ecclésiastique

---

46. J'omets ici une bibliographie qui serait pourtant bien nécessaire, pour montrer les efforts faits — notamment depuis le Concile Vatican II — en vue de « fonder la morale » (titre d'un livre de R. Simon, Paris, 1974). Ils sont multiples dans toutes les langues, aussi bien pour la morale sociale et politique que pour la morale sexuelle et familiale, la morale individuelle s'intégrant normalement dans ces deux cadres. De même, les questions de morale fondamentale sont reposées, soit dans une perspective qui tente de repenser les anciennes formulations de la théologie scolaire, soit en recourant aux catégories des philosophies modernes (phénoménologie, personnalisme, analytique existentiale), soit en les confrontant avec les sciences de l'homme (sociologie, politologie, psychanalyse). Je ne puis ici que signaler ce fait, que je n'ai pas la possibilité de suivre de près. Mon seul but est d'apporter une pierre à l'édifice, en fonction de mon expérience limitée de l'exégèse biblique. Mais peut-être n'est-ce pas inutile, car la densité des références bibliques est très inégale chez les théologiens moralistes que j'ai pu consulter. Par exemple, elle est beaucoup moins grande dans l'article de J.-M. POHIER, « Recherche sur les fondements de la morale sexuelle chrétienne », *Au Nom du Père*, Paris, 1972, p. 171-223 (paru en 1970 dans la *RSPT*), que dans les livres où recueils de A. VERGOTE, *Interprétation du langage religieux*, Paris, 1974, et *Dette et désir*, Paris, 1978, ou de D. VASSE, *Le temps du désir,* Paris, 1969. Elle reste présente chez J.-B. METZ, *Pour une théologie du monde*, tr. fr., Paris, 1971, et *La Foi dans l'histoire et dans la société*, tr. fr., Paris, 1979 ; mais elle y est moindre que dans ceux de J. MOLTMANN, *Théologie de l'espérance,* tr. fr., Paris, 1970, et *Le Dieu crucifié*, tr. fr., Paris, 1974. Le catholicisme contemporain baigne-t-il dans la Bible au même degré que les médiévaux ?

pour voir comment l'Évangile a pu porter ses fruits dans l'expérience des siècles passés, et à chercher des solutions pour les problèmes inédits que ces témoins n'avaient pas même soupçonnés ; à demeurer axés sur la vie pratique du peuple chrétien et sur les besoins immédiats de ses pasteurs, mais aussi à trouver un langage où tous les hommes puissent se reconnaître pour en faire leur profit et recevoir ainsi un écho vivant de l'Évangile ; à exercer leur liberté de recherche au prix de tâtonnements inévitables dans le domaine que l'Église confie à leur « charisme » pastoral particulier, tout en tenant fermement à la communion de foi, de pensée, de réflexion théologique, avec un Magistère dont ils préparent le travail propre en déblayant sa voie à leurs risques et périls.

### 2.2.3.3. Exigences de la recherche et prudence pastorale

Cette double association au ministère des pasteurs et à la responsabilité du Magistère exige un exercice constant de la « prudence » et de la « sagesse » pratique — au sens où l'entendaient les grands théologiens médiévaux, qui reliaient ces dispositions de l'esprit et du cœur aux dons du Saint-Esprit [47]. Il importe en effet que les hypothèses de travail, nécessaires dans la recherche mais incertaines dans leurs propositions ou leurs formulations, ne soient pas confondues avec l'indication des voies sûres, où le dynamisme de l'Évangile se retrouve intact pour être proposé à tous. Le travail théologique n'est pas ésotérique, pas plus que l'exégèse biblique ; mais toute proposition nouvelle doit être d'abord soumise au feu de

---

47. Dans la *Somme théologique*, le don de « sagesse » est mis en relation directe avec la pratique de la charité (IIa IIae, q. 45) et le don de « conseil », avec la pratique de la prudence, première des vertus « cardinales » (*ibid.*, q. 52). Il n'y a pas de vertu de sagesse ; mais les dons de « science » et d'« intelligence » sont mis en relation directe avec la pratique de la foi (*ibid.*, q. 8 et 9), et il est dit explicitement que le don d'intelligence concerne essentiellement la compréhension intellectuelle des réalités révélées, tandis que les dons de science et de sagesse concernent les réalités créées et l'application des jugements pratiques aux actes qui s'y rapportent (*ibid.*, q. 8, art. 6). La systématisation tentée par saint Thomas, en fonction d'Is 11, 1-3 lu dans la Vulgate latine, importe moins ici que le principe général qui est posé.

la critique et discutée entre théologiens compétents, avant
d'être lancée dans le « grand public » — et éventuellement endossée par le Magistère lui-même [48], qui peut
demander des délais de réflexion en raison de son service
du « bien commun ». La participation des théologiens
moralistes au même souci du bien commun est une loi
fondamentale de leur ministère particulier, comme de
tous les autres ministères : « Il y a diversité de charismes, mais c'est le même Esprit ; diversité de ministères, mais c'est le même Seigneur ; diversité d'opérations, mais c'est le même Dieu qui opère tout en tous :
la manifestation de l'Esprit est donnée à chacun *en vue
du bien commun* » (1 Co 12, 4-7). Il en résulte des con-
traintes certaines, qui ont l'avantage de faire réfléchir
plus profondément aux questions en cours. Mais les
*hypothèses de travail* émises à propos des questions dis-
cutées ne doivent pas être confondues avec les *travaux de
vulgarisation* — si l'on ose employer ce mot peu allé-
chant pour les travaux de théologie, ni même avec *l'enseignement commun* de la morale donné aux fidèles ou
aux pasteurs, qui le répercuteront avec des simplifications
éventuelles.

Il y a là de simples problèmes de déontologie professionnelle dont les moralistes sont évidemment conscients
les premiers. Mais il ne faut pas cacher que, dans le
monde occidental tel qu'il est organisé, la distinction
entre les domaines de la recherche, de l'enseignement
commun et de la vulgarisation destinée au grand public,

---

48. La recherche n'est pas la fonction propre du Magistère, bien
qu'il puisse effectivement la remplir. Mais l'exercice de cette
recherche, qui jouit d'une autonomie relative selon ses besoins propres
— en théologie morale comme dans l'exégèse biblique ou dans la
réflexion philosophique —, ne peut se faire sans avoir une relation
organique avec les soucis propres du Magistère et les responsabilités
pastorales de l'Église, comme il en va de tout ministère. La morale
n'est pas science « en soi » qui pourrait se développer à l'état séparé,
puisque la structuration de l'existence chrétienne dans un temps et un
cadre culturel déterminés est en connexion étroite avec elle. En retour,
il va de soi que la recherche prépare effectivement les voies à l'exercice du Magistère : combien a-t-il fallu de travaux de ce genre pour
préparer de loin des textes comme la Constitution « *Gaudium et
spes* » ou l'encyclique « *Pacem in terris* » ?

est très difficile à opérer. La circulation des idées se fait
rapidement et comme par osmose. Les moyens de communication sociale jouent sur ce point un rôle qui est à
la fois indispensable et affligeant. Leurs responsables
n'ont pas en effet les mêmes critères de déontologie professionnelle que les théologiens patentés : comme ils sont
à l'affût du nouveau et du sensationnel pour mieux
vendre leur marchandise, ils sont peu préparés à faire la
distinction qui vient d'être évoquée. Bien au contraire, ils
s'emparent aisément des publications théologiques qui
touchent aux questions brûlantes, sans voir la différence
qui existe — dans la pensée même des auteurs [49] — entre
les doctrines fermes et les hypothèses qui ouvrent la voie
aux discussions : il leur suffit que l'inédit soit au rendez-
vous, surtout s'il semble bousculer des positions doctri-
nales qu'on croit établies ou même officielles. C'est une
des lois actuelles du marché aux idées : les publicistes
sont aux aguets, pour faire écho aux positions « en
pointe ». Je n'ai pas à juger ce fait ni ses conséquences :
il me suffit de le signaler au passage.


## 2.3. RÈGLE PROCHAINE
### ET RÈGLE ULTIME DE LA FOI

Il est donc clair qu'entre l'Évangile d'une part, les
fidèles et tous les hommes d'autre part, il existe une série
de relais pour transmettre les éléments de la morale évangélique, où le chrétien ne voit d'ailleurs pas une morale
particulière mais, tout simplement, la morale humaine

_____

49. Je suppose par principe que les auteurs ont présent à l'esprit
cette déontologie professionnelle, qui correspond à leur ministère
propre. Or, même dans ce cas, il peut exister des tensions, auxquelles
l'intervention désagréable des journalistes donnerait un tour dramatique en les faisant passer du grave à l'aigu. Je m'abstiens de donner
tout exemple précis durant les quinze dernières années. Certaines
publications sont spécialisées dans ce genre d'exercice, soit pour crier
au scandale en dénonçant les nouveautés, soit pour donner la plus
grande publicité possible aux dissonances qui peuvent toujours se
manifester dans l'Église. Sur ce point encore, je ne veux faire aucune
personnalité, bien que j'ai quelques cas en tête.

telle qu'elle ressort du dessein de Dieu. La diffusion de la Bible dans le monde contemporain doit être prise ici en considération, puisqu'elle établit une communication directe entre tous ses lecteurs virtuels et les livres auxquels l'Église elle-même se réfère pour se ressourcer au sein de la Tradition apostolique. Il est possible que l'Évangile porte ainsi des fruits inattendus jusqu'à l'extérieur de l'Église visible [50] ; mais il ne faut pas nourrir trop d'illusion sur la facilité de la lecture entreprise dans ces conditions ni sur la justesse des conclusions qui en sont tirées. Toutefois, il y a là une raison de plus pour que le recours direct à l'Écriture soit pratiqué systématiquement par tous ceux qui ont, dans l'Église, une charge ministérielle : ni les documents du Magistère, ni le travail des théologiens moralistes, ni l'enseignement moral dispensé par les catéchistes et les prédicateurs, ne sauraient en faire l'économie sans de graves dommages.

L'enseignement de l'Église — c'est-à-dire pratiquement : du Magistère en tant qu'organe de la Tradition vivante — est bien la « règle *prochaine* de la foi », mais non sa règle *ultime*. En termes scolastiques, on dirait que c'est sa « norma normata » (sa règle « régulée » elle-même par une règle plus haute). Sa « norma normans » (la règle « régulante ») reste la Tradition apostolique à laquelle l'Écriture, lue en Église, donne un accès direct. N'est-ce pas assez pour qu'on *doive* y recourir autant qu'on le peut, en toutes circonstances ?

---

50. Jacques Maritain a eu jadis un mot célèbre sur « les idées chrétiennes devenues folles », c'est-à-dire reprises en compte par des théoriciens étrangers à la foi et retournées éventuellement contre l'Église, à un moment où les penseurs chrétiens les ont laissées dans l'ombre ou reléguées sous le boisseau.

## 3. COMMENT SE PRÉSENTE LA MORALE ÉVANGÉLIQUE ?

Il faut maintenant sortir des idées générales pour examiner de plus près la « morale évangélique ». Car l'Évangile n'est pas d'abord une morale, ni l'Église qui l'annonce, un professeur de morale aux leçons ennuyeuses. Mais la morale occupe une place déterminée dans l'annonce de l'Évangile, et il faut en repérer les objectifs positifs pour en comprendre correctement le contenu.

### 3.1. SITUATION DE LA MORALE DANS L'ANNONCE DE L'ÉVANGILE

#### 3.1.1. L'Évangile annoncé aux pécheurs

L'Évangile est un message d'espérance annoncé à l'humanité pécheresse. Il n'a donc pas pour premier objectif d'apporter aux hommes une morale, un ensemble de règles destinées à encadrer strictement la vie, un ordre social où tout serait mis en place de sorte qu'on n'ait plus rien à inventer. Le Royaume de Dieu, dont il annonce la venue, est un levain dans la pâte : il suppose connues les techniques à observer pour choisir la farine et la pétrir convenablement (Mt 13, 33 = Lc 13, 21-22). Malheureusement, la farine est de qualité très médiocre et le travail de boulangerie, souvent mal fait. Le ferment doit donc changer aussi la qualité de la farine et les boulangers doivent réapprendre leur métier. En clair, l'Évangile *suppose connues* les règles fondamentales de la vie morale : il se réfère implicitement aux exigences de la conscience humaine et il vient au terme de l'éducation que l'Ancien Testament a assurée à la « communauté de l'Alliance », Israël, premier peuple appelé à la foi. Du même coup, il suppose établie chez ceux qui le reçoivent une certaine *conscience du péché*, mais il ne prend appui sur elle que pour la transformer de l'intérieur et faire passer les pécheurs de l'angoisse à l'espérance[51]. Les

---

51. Le passage de l'angoisse à l'espérance, chez l'homme pécheur qui expérimente en lui-même et dans la société l'amertume de sa con-

seuls qui soient foncièrement fermés à son message sont les gens satisfaits d'eux-mêmes : ceux dont la « bonne conscience » est si imperméable qu'ils se croient parfaitement en règle avec « la Loi » et ne se rendent même plus compte de leur situation réelle devant Dieu.

Dans la parabole du Père et des deux Fils (Lc 15, 11-32), le prodigue doit faire d'abord l'expérience de sa misère pour s'avouer coupable et passer alors de l'angoisse à l'espérance [52]. Le fils aîné reste seul en dehors de la fête, parce que son obéissance rigoureuse à la Loi ne lui a pas permis de découvrir que son Père était autre chose que « la Loi » (cf. 15, 29-30). Si on juge l'attitude des deux frères en prenant pour seule base leur observation de « la Loi », on le tiendra pour fidèle et on donnera raison à ses récriminations. Mais si on prend pour critère la reconnaissance du Père dans une relation filiale authentique, la situation se retourne. Mieux vaut, devant Dieu, un pécheur repentant qu'un « juste » trop conscient de sa « justice ». L'attitude de Jésus au milieu de ses contemporains a ici une valeur démonstrative, puisqu'elle se calque sur l'attitude même de Dieu afin de dévoiler aux hommes son fond le plus mystérieux [53]. Comment expliquer autrement que Jésus puisse, d'une part, radicaliser les enseignements moraux de la Tôrah, des Prophètes et des Sages d'Israël, jusqu'à proposer à ceux qui le suivent une perfection apparemment irréalisable [54], et, d'autre part, accueillir les

---

dition dominée par la servitude du Mal, sert de fil conducteur à ma réflexion dans l'ouvrage : *Péché originel et rédemption examinés à partir de l'épître aux Romains,* Tournai-Paris, 1973, repris en bref dans une conférence donnée au 18e colloque national du C.L.E.R. : « La Bible devant l'angoisse humaine » (18 octobre 1980). [Ce texte sera publié ultérieurement sous une forme plus développée.]

52. Cf. « Le Père et ses deux fils (Lc 15, 11-32) : Essai d'analyse structurale », *RB* 84 (1977), p. 321-348 et 538-565 (spécialement, p. 550-557).

53. *Ibid.,* pp. 557-564 (portée christologique de la parabole).

54. C'est toute la question posée par l'éthique du Sermon sur la montagne, qui a fait couler beaucoup d'encre. L'embarras des commentateurs qui partait de l'idée de « loi » est souligné par le grand nombre des interprétations divergentes ; voir le tableau rapide de H.-D. WENDLAND, *Éthique du Nouveau Testament,* tr. fr., Genève,

pécheurs repentants sans jamais justifier leur conduite coupable mais en les assurant du pardon de Dieu (cf. Lc 7, 36-50 ; 19, 1-10 ; Jn 8, 3-11) ? Ce comportement qui inverse l'usage de la société juive en y réintégrant des « exclus », n'abroge ni n'allège aucunement les obligations de conscience qui sont inscrites dans la Loi : Jésus renvoie au Décalogue [55] le riche qui l'interroge sur les conditions d'accès au Royaume de Dieu (Mc 10, 17-22 et par.). Mais il n'hésite pas à déclarer aux gens « en règle » : « Les publicains et les prostituées vous précèdent dans le Royaume de Dieu » (Mt 21, 31s.).

L'Évangile dont l'Église a la charge comporte donc, parmi ses éléments essentiels, un appel pressant à la morale la plus exigeante ; mais en retour, il dévoile la miséricorde de Dieu qui reste attentive à la fragilité des personnes humaines et attend d'elles un retournement du cœur et de la volonté. Tel est le cadre général dans lequel doit s'entendre la *vraie* morale : morale de la relation filiale avec Dieu, morale de l'amour, morale de la fidélité aux appels du Père et aux impulsions de l'Esprit Saint, morale de la marche à la suite de Jésus qui est le

1972, p. 27-34, et sa conclusion sur « l'éthique eschatologique », p. 43-45. — N.B. Ce qui est présenté ici comme « l'interprétation catholique traditionnelle », p. 28, contre laquelle se serait élevé Luther, ne correspond aucunement au commentaire du texte que donnaient les grands théologiens médiévaux. On peut lire avec intérêt celui de saint Thomas, *Super evangelium saint Matthaei lectura*, nos 396-679, éd. Cai, Turin, 1951, p. 63-106. Mais il est exact que l'application du texte à la « voie des conseils » a passé dans les *Institutiones morales* du XVIIe siècle et, par elles, dans les *Manuels* de théologie morale. Voir, en contrepartie : R. SCHNACKENBURG, *L'existence chrétienne selon le Nouveau Testament*, tr. fr., Bruges-Paris, 1971, t. 1, p.105-125 ; W. TRILLING, *L'annonce du Christ dans les évangiles synoptiques*, tr. fr., « Lectio Divina » 69, Paris, 1971, p. 83-103 ; J. JEREMIAS, *Paroles de Jésus*, tr. fr., coll. « Lectio Divina » 38, Paris, 1963, pp. 13-48 (qui conclut que le Discours n'est pas *Loi*, mais *Évangile*) ; voir surtout les trois volumes de J. DUPONT, *Les Béatitudes*, t. 1, 1958 ; t. 2, 1969 ; t. 3, 1973, qui rassemblent autour de ce Prologue du discours une présentation de toute l'éthique évangélique. En plus court, on peut signaler le petit livre de Ch.-H. DODD, *Morale de l'Évangile*, tr. fr., Paris, 1958.
55. J'ai examiné ailleurs cette question du Décalogue ; cf. « Décalogue et morale chrétienne : Pour une lecture critique de saint Thomas d'Aquin », cf. *supra,* p. 103-146.

seul vrai maître de sagesse —, tout cela étant réalisé consciemment par ceux qui ont reçu la grâce de la foi, et impliqué obscurément chez ceux qui ont leur seule conscience pour leur dévoiler la loi du Bien et du Mal.

### 3.1.2. L'attitude « évangélique » de l'Église

Dans ces conditions, l'annonce de l'Évangile exige, de la part de l'Église, deux attitudes conjointes dont la tension n'est aucunement contradictoire mais dont l'équilibre interne est toujours difficile à garder : d'une part, un rappel clair — mais non impérieux ou bougon — des *préceptes* concrets qui définissent les actes et les comportements conformes aux vues du Créateur et du Rédempteur, sur les hommes dont Jésus s'est fait le frère ; d'autre part, un profond respect des *personnes* dans l'exercice de leur liberté qui prend tout son sens par ses choix en face de Dieu, et une compréhension de leur condition fragile pour leur rendre l'espérance au moment même où l'expérience du péché leur ferait perdre cœur. Cette double attitude doit transparaître à travers les discours et les textes qui touchent à toutes les questions de morale, pour que l'inspiration évangélique venue du Christ lui-même y dévoile le vrai visage du Dieu vivant : catéchèse, prédication, prises de position en face des problèmes concrets de la vie individuelle et sociale, documents officiels du Magistère ordinaire et extraordinaire. Cette obligation exclut les deux défauts contraires auxquels les hommes peuvent être portés suivant leurs tempéraments : la lâcheté et la dureté (les moralistes classiques diraient dans un langage plus technique : le laxisme et le rigorisme). Cela ne veut pas dire que l'accueil fait à l'Évangile, dont ces textes témoigneront d'une façon plus ou moins habile, se fera d'une façon aisée : le Péché — Puissance du mal que saint Paul n'hésite pas à personnifier [56] (Rm 5, 12 ; 6, 16-19 ; 7, 8-

---

56. *Péché originel et rédemption*, p. 69, 79, 84, 97, 100-102, 110 s., 121-124. Cette personnification du Péché ne vise pas seulement à dramatiser la situation de l'homme : elle relève du langage « mythique » qui permet seul d'évoquer le « mystère » du Mal ; cf. mon exposé plus général dans : « Jésus devant le monde du Mal », *Foi et culture*

25) — pèse sur toutes les sociétés humaines et, par leur entremise, sur les individus que la loi morale confronte avec Dieu. La fausse représentation de Dieu que beaucoup ont dans l'esprit [57] peut fort bien les aveugler sur le sens *réel* de la proclamation la plus authentique de l'Évangile : ils taxeront alors de rigorisme insupportable ce qui n'est que le dévoilement de l'effort à entreprendre pour mener une existence authentiquement humaine, ou bien, à l'inverse, ils taxeront de laxisme les attitudes pastorales qui montrent une réelle compréhension des difficultés humaines [58].

La voie droite que trace l'Évangile est un chemin de crête entre deux abîmes. Le Christ adresse un appel, par son Église, à ceux que fascine le vide de ces deux abîmes. Il ne faut pas s'étonner que ceux qui, devant eux, cèdent au double vertige refusent de l'entendre, et que ceux qui cheminent difficilement à flanc d'abîme l'écoutent en se sentant tiraillés : « La chair convoite contre l'esprit et l'esprit contre la chair [59] ; il y a entre eux un antagonisme, si bien que vous ne faites pas ce que vous voudriez » (Ga 5, 17). Il n'empêche que les règles de sagesse pratique attachées à l'Évangile définissent nécessairement des actes et des comportements qui sont bons ou mauvais *en eux-mêmes*, quels que soient par ailleurs les impuissances du vouloir ou les obscurités de la raison qui peuvent troubler les consciences à leur sujet. Les situations *subjectives* des personnes, qui sont

---

*à la lumière de la Bible* (Session de la Commission biblique pontificale, 1979), Turin, 1981, p. 131-201.

57. *Péché originel et rédemption*, p. 70-79. Le premier effet de l'Évangile est de restaurer dans l'esprit et l'imagination de l'homme la véritable figure du Père (*ibid.*, p. 263-285, et l'article cité dans la note 52).

58. Il serait messéant de donner ici des indications bibliographiques qui mettraient fatalement en cause des personnes encore vivantes. Il suffit de toucher au passage à la racine de leur erreur.

59. En fait, derrière le combat entre « la chair et l'Esprit », qui suppose reconnue une sollicitation intérieure de la grâce, on discerne le combat qui se déroule au plan psychologique entre « la chair et la raison », celui de l'homme « charnel » divisé contre lui-même tel que le décrit Rm 7 (cf. *Péché originel et rédemption*, p. 90-96). Leur structure est identique, mais ils ne situent pas sur le même plan.

justement des affaires de conscience, doivent être prises en compte au plan pastoral avec la même compréhension que celle dont Jésus fit toujours preuve envers les pécheurs. Mais les objectifs concrets que l'Évangile invite à viser pour être fidèle à Dieu restent en place, et personne n'a le droit de tricher volontairement avec eux.

### 3.2. LES OBJECTIFS POSITIFS DE LA MORALE

### 3.2.1. Interdits à observer ou vertus à pratiquer ?

Il faut remarquer que ces objectifs sont essentiellement *positifs*. La morale de la Tôrah, des Prophètes et des Sages, que Jésus est venu « accomplir » (Mt 5, 17), n'est pas d'abord un catalogue d'interdits. Sur ce point, la référence au Décalogue peut induire elle-même en erreur, si on ne comprend pas exactement la fonction de ce texte : il marquait les conditions minimales hors desquelles on ne pouvait prétendre participer au culte du « peuple de l'Alliance » et, par là, rester en communion avec Dieu [60]. C'est pourquoi huit préceptes sur dix avaient un caractère négatif. Les instructions positives qui invitaient à la pratique de la justice, de la droiture, de la loyauté, de la miséricorde envers autrui et de toutes les autres vertus que Dieu attendait des siens, devaient être cherchées en d'autres endroits de l'Écriture [61]. Or, c'est dans leur prolongement que se situent les instructions morales de Jésus et, à sa suite de tout le Nouveau Testament. En un sens, ce sont encore des « commandements », intimement liés à l'exemple donné par Jésus en personne ; mais ils ne sont praticables que grâce au don de l'Esprit Saint : « Le fruit de l'Esprit est charité, joie, paix, longanimité, serviabilité, bonté, confiance dans les autres, douceur, maîtrise de soi... » (Ga 5, 22-23a). Il est clair que c'est là un programme de vie. La réception de ces « fruits de l'Esprit » suppose en effet une collaboration active de ceux qui en bénéficient :

---

60. Cf. « Décalogue et loi morale », p. 110.
61. *Ibid.*, p. 126-137.

libérés du Péché et entrés au service de Dieu, il leur faut « fructifier pour la sainteté » afin d'obtenir la vie éternelle (Rm 6, 22). Voilà toute la morale chrétienne [62]. Il importe donc de ne pas la regarder à partir de son envers : les *péchés*, défendus en tant que résultats de la « chair », avec ses passions et ses convoitises (cf. Ga 5, 19-21 ; Rm 1, 24-32, où saint Paul présente ces désordres moraux comme des *faits de culture* qui résultent fatalement de la méconnaissance de Dieu, péché fondamental [63]). Il faut la regarder à partir de son endroit : ce qu'en langage latin on appelle les *vertus*, puissances intérieures qui orientent l'homme vers le Bien dans le détail de ses comportements et de ses actes.

### 3.2.3. Le péché : une transgression ou une « omission » ?

Les péchés, les fautes, les manquements, les défaillances, peuvent évidemment être définis comme des « *transgressions* », si on les apprécie en fonction des commandements réunis dans la « loi » morale. Mais cette loi, qu'on la prenne sous l'angle des exigences de la conscience ou sous celui de la révélation biblique (cf. Rm 2, 12-16, qui souligne la relation étroite entre les deux), risque de revêtir une allure statique et même de se résumer dans une collection d'interdits, si on ne montre pas d'abord son caractère d'appel aux « vertus » dont elle précise certaines déterminations concrètes. Le problème des péchés ne vient qu'au second temps dans la morale évangélique. D'abord, parce que le sentiment de culpabilité, qui s'éveille spontanément dans les consciences, est passablement ambigu : il doit être clarifié par la confrontation de l'homme avec l'amour de Dieu, pour

---

62. *Péché originel et rédemption,* p. 392-404.
63. *Ibid.,* p. 60-70. L'exégèse de Rm 1, 18-32 montre que saint Paul n'a pas pour but, en cet endroit, de *dénoncer* les péchés particuliers qui marquent la condition dégradée des hommes vivant en société, mais de déceler la *cause* profonde de ce « péché du monde », à savoir, la méconnaissance de Dieu : à partir de cette méconnaissance, Dieu n'a plus qu'à « livrer » l'homme aux raisonnements de son « cœur » enténébré (cf. les trois emplois du verbe « livrer » : 1, 24.26.28).

que l'angoisse psychologique qu'il éveille fasse place au repentir authentique, que l'amour seul peut inspirer [64]. Ensuite, parce qu'avant d'être une « transgression », le péché est une « *omission* » des efforts nécessaires à la pratique des vertus qui sont l'armature de la vie morale. Ces « omissions » sont des défaillances à l'intérieur de la relation avec Dieu qui est toujours engagées, consciemment ou non, dans les choix moraux, puisque *l'option fondamentale* qui donne son sens à la liberté humaine est de cet ordre [65]. La relation entre Dieu et les hommes n'est pas, d'après le témoignage même du Nouveau Testament, un rapport de maître à esclave qui se définirait exclusivement en termes d'autorité et d'obéissance : c'est un rapport de Père à enfants qui se définit comme un échange d'amour (cf. Ga 3, 6-7. 21-26. 31 ; Rm 8, 14-17). La présentation du péché comme *transgression*, quand on y recourt d'une façon unilatérale, risque de faire ressembler la morale chrétienne à une morale d'esclave. Sa compréhension comme une *omission* est homogène avec la morale de l'amour que l'Évangile est venu révéler et promouvoir : il dénote au moins la *médiocrité* de l'amour dans la réponse de l'homme à Dieu, car il montre au grand jour la *fragilité* de sa résolution et de sa volonté ; à la limite, il traduit son *refus* de l'amour, qui n'est pas seulement un refus d'aimer. Dieu mais un refus d'être aimé par Dieu (cf. 1 Jn 4, 10). Or, la réponse à l'amour prévenant qu'il a manifesté envers les pécheurs par la mort de son Fils (Rm 5, 6-8) ne fait-elle pas l'objet de *l'option fondamentale* à laquelle aucun homme libre ne peut échapper ?

Les « transgressions » peuvent être aisément insérées dans ce cadre où elles prennent leur vrai sens. Mais la morale de l'amour, articulée sur les vertus qui le traduisent, prend un caractère *dynamique*, car elle tend sans cesse la liberté vers des objectifs lointains auxquels conduisent les actes concrets de la vie quotidienne : non seulement ceux qui se voient à l'extérieur dans les engage-

---

64. *Ibid.*, p. 156-163. Une courte bibliographie sur la culpabilité psychologique est donnée, p. 28, note 40.
65. *Ibid.*, p. 408-413.

ments sociaux, mais ceux qui mûrissent en secret dans le fond des consciences et qui commandent les comportements habituels en préparant ces engagements eux-mêmes [66]. Telle est la morale du Sermon sur la montagne (Mt 5 — 7) : « Vous avez entendu dire : "Tu ne commettras pas d'adultère"… » (C'est la *loi,* qui pose une limite pour protéger l'ordre social) ; « … mais moi je vous dit : Quiconque regarde une femme en vue de la convoiter a déjà commis l'adultère avec elle dans son cœur » (Mt 5, 27-28). C'est donc la disposition intérieure qui compte avant tout, c'est-à-dire ici : la maîtrise des convoitises, l'effort pour réaliser cette maîtrise — même si « la chair convoite encore contre l'esprit » (Ga 5, 17). Dans quelle mesure l'*omission* de cet effort nécessaire est-elle imputable à la fragilité des mécanismes psychologiques qui conditionnent l'exercice de la volonté, ou à la lâcheté momentanée de la raison et du vouloir qui cèdent au mirage produit par l'attrait du « fruit défendu », ou à la rancune contre le Maître qui a interdit d'en manger, ou au désir d'« être comme des dieux » en connaissant par expérience le Bien et le Mal (cf. Gn 3, 2-8) ? Dieu seul peut apprécier cet aspect subjectif du péché, une fois qu'il est commis. Mais la finalité positive proposée à l'homme par la morale, si on la comprend selon l'Évangile, est d'un autre ordre que l'*interdiction* du péché : elle vise à la pleine réalisation de ce qu'il faut bien appeler sa « nature » d'homme et sa « vocation » à l'amour, en vue de la communion avec Dieu [67].

### 3.2.3.  Pour une présentation positive de la morale

On comprend pourquoi toute présentation de la morale doit, dans l'Église, s'articuler sur deux pôles : la présentation positive de la sagesse de vie conforme au dessein de Dieu, et la joyeuse annonce du salut promis aux pécheurs par le Père des cieux qui les aime, qui désire leur pardonner, qui veut les arracher à leur mal. Cela ne

---

66. *Ibid.,* p. 418-430.
67. C'est finalement de cette façon que saint Thomas a entendu ce qu'il appelle la « loi nouvelle » (ou « évangélique », (Iª IIªᵉ, q. 97, art. 1 et 2 ; q. 98, art. 1) ; cf. *supra,* p. 144-146.

retranche rien au détail des règles morales ; cela exige même les explications nécessaires à la juste appréciation des actes qui s'en écarteraient. Mais ces éléments particuliers sont alors *situés* dans leur véritable contexte : c'est essentiel à toute annonce de l'Évangile, lors même qu'elle prend la forme de la théologie morale ou des documents du Magistère. Il est douteux que la morale des casuistes qui, depuis le XVIIe siècle, a largement commandé la rédaction des Manuels, ait toujours correspondu à ces exigences élémentaires [68].

## 4. ÉCLAIRCISSEMENTS SUR LE BIEN ET LE MAL D'ORDRE MORAL

Pour étoffer un peu les réflexions théoriques qui précèdent, il ne sera pas inutile de donner maintenant quelques exemples concrets. Ils souligneront certains aspects de la mission inaliénable que l'Église doit remplir dans le monde, mais ils montreront aussi à quelles conditions cette mission peut être remplie avec fruit.

### 4.1. PRINCIPE GÉNÉRAL

#### 4.1.1. L'Évangile en tant que révélation de l'homme à lui-même

Je laisse ici de côté les problèmes que soulève l'existence des maux physiques, physiologiques, psychologiques qui pèsent sur l'exercice de la raison et de la volonté, soit qu'ils affectent les individus dans leur conformation particulière, soit qu'ils constituent des faits de société ou de civilisation dont les individus supportent les conséquences [69]. Même s'ils entraînent de graves déficiences dans la réalisation du bien moral, tel qu'il découle du dessein de Dieu sur l'évolution de l'humanité et la diversité de ses cultures, ils ne qualifient pas la

---

68. Cf. *supra,* note 38, p. 170.

69. L'homme prend conscience de soi au sein d'une société marquée par le « péché du monde » : il en supporte donc les conséquences sur tous les plans possibles (cf. *Péché originel et rédemption*, p. 128 s.).

moralité *subjective* des actes individuels qui en portent la marque. Qu'on parle à leur propos d'un mal « pré-moral » ou « ontique », afin de ne pas en faire porter la responsabilité à ceux qui en sont les victimes, ce n'est que justice dans la perspective évangélique : l'amour de charité « excuse tout..., espère tout, supporte tout » (1 Co 13, 7). Mais cela laisse intacte la qualification *objective* des actes en question, c'est-à-dire, *leur rapport réel aux finalités* que l'homme doit poursuivre dans ses engagements concrets au sein de la société, dans son usage du monde, dans ses comportements intellectuels, affectifs ou corporels, dans sa relation à son Créateur et Sauveur. C'est ce dernier point qui constitue l'objet formel [70] de la révélation advenue dans la suite d'événements dont Jésus Christ est le centre, en tant que point tangentiel où Dieu lui-même a affleuré au niveau de l'expérience humaine afin de nous dire en lui son dernier mot — pour reprendre l'expression de saint Jean de la Croix [71]. Mais à partir de là, l'homme a été aussi révélé à

---

70. J'emploie ici à dessein la terminologie scolastique, en raison de sa précision logique. Il ne suffit pas de considérer l'objet « matériel » d'une proposition, simple ou complexe, pour évaluer sa vérité ou son erreur. Il faut encore examiner l'aspect sous lequel cet objet « matériel » est envisagé (objet formel « quo » = « respectus sub quo obj. mat. consideratur »). C'est ainsi que se définit l'objet formel « quod » du jugement. Ce principe s'applique aux enseignements contenus dans la révélation et dans l'Écriture qui en témoigne. Il n'y a rien dans l'Écriture qui doive être cherché *en dehors* de l'objet « formel » de la révélation ; sans oublier que celle-ci s'y manifeste historiquement d'une façon progressive. C'est uniquement de cette façon et sous cet angle que l'Écriture « dit vrai », dans la diversité de ses modes d'expression (cf. *La Bible, Parole de Dieu*, p. 96-134). Elle contient donc une foule considérable de matériaux littéraires, historiques, sociologiques, etc., qui nous sont livrées comme *support* de la révélation sans en constituer l'*objet formel*. L'embarras éprouvé par certains lecteurs devant un grand nombre de ses matériaux vient souvent de ce qu'ils oublient ce principe premier de l'interprétation.

71. Après avoir cité He 1, 1-2, saint Jean de la Croix commente : « L'apôtre nous apprend ainsi que Dieu est devenu en quelque sorte muet. Il n'a plus rien à nous dire, puisque, ce qu'il disait jadis en déclarations séparées, par les prophètes, il l'a dit maintenant de façon complète en nous donnant tout dans le Fils... (Si on désirait quelque "parole" nouvelle), Dieu pourrait nous répondre : Je vous ai dit tout ce que j'avais à dire, par la Parole qui est mon Fils. Fixez les yeux

lui-même dans la pleine *vérité* de son être, tant pour son usage du monde que pour ses relations aux autres et pour ses comportements personnels. Sa vie morale, sans perdre aucunement ses liens avec la conscience qu'il a de lui-même et avec sa réflexion rationnelle, est désormais éclairée par une lumière nouvelle qui apporte une grâce de guérison (la « gratia sanans » des Scolastiques) à sa conscience et à sa raison en même temps qu'à sa volonté. Ce sont là des données élémentaires de la foi qui résultent de la reconnaissance du Christ comme unique médiateur du salut.

### 4.1.2. La conscience en tant que reconnaissance « objective » des valeurs créées

La morale liée à l'Évangile ne se substitue pas aux intuitions de la conscience humaine (ou, pour préciser les choses dans le langage des Scolastiques, aux jugements pratiques de la « syndérèse » [72]) : elle les reprend en sous-œuvre pour les conduire jusqu'au bout de leur « vérité ». Ii entre dans les fonctions de l'Église, en tant qu'annonciatrice de l'Évangile, de prendre position sur *toutes* les questions où la moralité des actes humains est en jeu. Assurément, un grand nombre de ces questions touchent *aussi* à des domaines techniques où l'Évangile n'apporte aucune révélation particulière : Dieu a donné à l'homme une raison et des capacités pratiques pour dominer la terre et la soumettre (Gn 1, 28), connaître les choses et manifester sa maîtrise en leur « donnant un nom » (Gn 2, 20), imprimer sa marque sur le monde où il vit et organiser les rapports sociaux qu'il noue avec ses semblables, etc. Toutes ces activités font appel à des technicités particulières — physiques et mécaniques, bio-

---

sur lui seul, car en lui j'ai tout établi, en lui j'ai tout dit, tout révélé, et vous trouverez bien plus que tout ce que vous désirez et demandez » (*La montée du Carmel*, 2, 20).

72. Sur les variations de la terminologie scolastique au sujet de la syndérèse et de la conscience morale, voir E. GILSON, *L'esprit de la philosophie médiévale*[2], Paris, 1944, p. 331 s., note 1 (qui donne les références à saint Thomas, saint Bonaventure et d'autres théologiens médiévaux).

logiques et médicales, sociologiques et psychologiques, économiques et politiques — qui contribuent à dévoiler les virtualités latentes de l'esprit humain en les manifestant par la création des cultures [73] : ces aspects des choses ne relèvent pas de la mission propre de l'Église. Mais les conséquences qu'entraînent chacun d'eux soulèvent immédiatement des problèmes moraux qu'aucune technique ne peut résoudre. Le pire serait qu'elles y prétendent, en s'aveuglant sur leurs limites. Il est vrai que les techniques elles-mêmes n'en seraient pas responsables, mais seulement les hommes qui, enfiévrés par elles, se feraient indûment *créateurs des valeurs* [74] : l'Arbre de la connaissance du Bien et du Mal a des fruits beaux à voir et bons à manger, désirables pour acquérir l'Intelligence, et le Serpent séducteur est toujours dans le Jardin (cf. Gn 3, 6-13) ! Quoi d'étonnant, si le Fruit a finalement un goût amer et si, au lieu de devenir comme des dieux (3, 5), les hommes prennent simplement conscience de leur nudité et fuient avec angoisse (3, 7-8) ?

C'est là le péché fondamental [75], racine de tous les autres : la démesure de l'homme devant Dieu, qui peut se traduire pratiquement de bien des façons, ouvertes ou

---

73. Je ne sais si la considération présente ne sera pas regardée comme teintée d'Hégélianisme, dans la mesure où elle paraît envisager un développement et une prise progressive de conscience de soi par l'*esprit* humain, au sein d'une évolution historique à laquelle sont soumises les cultures. Mais d'une part, je ne soulève pas la question du mécanisme dialectique qui présiderait à ce déploiement de l'esprit ; d'autre part, je ne fais pas de l'Esprit (avec un E) l'étoffe du réel. Je me place à un point de vue phénoménologique qui est susceptible d'une interprétation totalement différente de cette du monisme hégélien. La conscience que l'homme prend de sa propre « nature » grâce à son évolution historique n'a pas été donnée toute faite à la race humaine dès son origine : la multiplication des civilisations, des formes de société, des langues, des cultures, est un fait qui n'est pas dénué de sens *au plan naturel*, dans le déroulement même du dessein de Dieu. Je me contente de constater cela comme un fait qui invite à la réflexion.

74. *Péché originel et rédemption*, p. 120-127, 139-150 (interprétation symbolique du drame de l'Éden).

75. *Ibid.*, p. 167-185, où je retrouve une actualisation moderne du « mythe » dans « le drame de l'humanisme athée » (pour reprendre le titre du livre de H. de LUBAC).

camouflées. L'idolâtrie en est une (cf. Sg 13 — 14 ; Rm 1, 18-23) ; la magie et la divination en sont d'autres (cf. Lv 19, 31 ; 20, 6.27 ; Dt 18, 11; 1 Sm 28 ; Ac 8, 18-24 ; 13, 6-12). Mais quelles seraient, dans un monde qui se croit parvenu à un état pleinement « rationnel », les résurgences pratiques de ces comportements ? Les états totalitaires ne réclament-ils pas équivalemment des droits divins, à la façon des Bêtes qu'a dépeintes l'Apocalypse (Ap 13 ; cf. Dn 6 et 7 ; Jdt 3, 8 ; 6, 2) ? Ces pratiques, quelles qu'en soient les circonstances, sont radicalement opposées au dessein de Dieu sur les hommes et détournent indubitablement de lui, en entraînant fatalement les pires maux humains. Il est donc exact de les considérer comme *mauvaises objectivement, en elles-mêmes, — intrinsèquement*, diraient les Scolastiques [76]. Mais il faut faire ici deux remarques. Tout d'abord, il ne s'agit pas de *morale* à proprement parler : même les régimes politiques qui professent un athéisme d'état prennent une position d'ordre *religieux*, d'autant plus marquée qu'ils se comportent comme s'ils détenaient l'Absolu auquel doivent être référées toutes les valeurs. Ensuite, le mystère des consciences personnelles peut laisser placer à la bonne foi et à la bonne volonté chez ceux qui sont les victimes des erreurs où la société et la culture du temps les entraînent. Le livre de la Sagesse lui-même, dans ses violentes attaques contre l'idolâtrie, souligne la modération de Dieu envers ceux qui se trompent (Sg 11, 23-26 ; 12, 15-18) et il ne blâme que légèrement ceux qui s'égarent en cherchant Dieu et en voulant le trouver (Sg 13, 6). Il faut donc toujours établir une distinction entre les positions théoriques des personnes et leurs actes

---

76. Même dans le langage scolastique, l'expression « intrinsece malum » est relativement tardive. A ma connaissance, elle n'est entrée dans les documents officiels du Magistère que vers 1930. A cette date, l'encyclique « *Casti connubii* » parle encore de « actus ex interiore natura malos » (cf. Denz-Schönm., n° 3718). Le contexte montre ce qu'il faut entendre par la « natura interior » d'un acte : c'est sa *matérialité*, considérée indépendamment de la *subjectivité* de la personne agissante. Mieux vaut parler alors de l'« objectivité » du comportement, observable de l'extérieur au plan empirique.

pratiques. Mais l'étude de ce point m'entraînerait trop
loin, et il touche de près à la morale sociale.

## 4.2. DU PRINCIPE GÉNÉRAL AUX APPLICATIONS

### 4.2.1. Les champs d'application du principe

Le principe qui fonde la moralité « objective » des
actes humains, c'est-à-dire leur rapport à la *finalité* que
ces actes revêtent dans le dessein de Dieu sur les
hommes, comporte *des conséquences qui recouvrent la
totalité de l'« agir »*, non en tant qu'il est relation *à Dieu*
— ce point concerne sa finalité *ultime* qui fait l'objet
d'une option « fontamentale » de la part de chaque personne humaine —, mais en tant qu'il est relation aux
autres hommes, usage du monde, comportement individuel, usage des facultés et puissances que Dieu met à
notre disposition. L'évaluation de la moralité
« objective » ne saurait être faite sans un examen attentif
des textes où le dessein de Dieu se trouve dévoilé et où
l'homme est, de ce fait, révélé à lui-même. La réflexion
rationnelle, dans la mesure où elle est *droite*, devrait en
principe retrouver par ses propres moyens les données de
cette « révélation » : c'est en ce sens que la Sagesse inspirée de l'Ancien Testament ne craint pas de faire appel
aux données de la sagesse orientale pour les faire siennes.
Mais la raison peut être troublée sur des points plus ou
moins importants : alors la sagesse « révélée » la rectifie,
ou plutôt l'invite à se rectifier d'elle-même sans perdre le
contrôle de ses propres évaluations. Mais il faut tenir
compte ici d'un fait majeur : la révélation divine s'est
affirmée *par étapes*, au cours d'une longue histoire, si
bien qu'il ne faut pas s'attendre à trouver la moralité
humaine définie du premier coup dans les livres bibliques, de façon définitive et sans tâtonnements. *La Bible
est le livre d'une éducation*, une pédagogie progressive
dont il faut repérer le dynamisme intérieur avant d'utiliser chaque texte particulier pour y trouver une règle de
vie.

Ce fait rend le recours à la Bible délicat pour les
moralistes, dans la mesure où ils céderaient à une menta-

lité de légistes désireux de trouver tout de suite des normes claires et définitives. Tout l'Ancien Testament doit être parcouru avec soin, avant qu'on n'en vienne à l'Évangile. Or, celui-ci, on l'a dit plus haut, ne se présente pas sous les traits d'une « loi » ! Quant au Nouveau Testament, il ne fournit aucun traité de morale pratique qu'on pourrait regarder comme complet ; mais il suppose connu l'Ancien, et il y renvoie implicitement en posant le principe de son « accomplissement » dans le Christ. C'est donc *par la combinaison de l'un et de l'autre*, en tenant compte du *mouvement* progressif qui va de l'un à l'autre, qu'on peut saisir dans l'Écriture les principes régulateurs de la vie humaine dans tous les domaines où la morale a un droit de regard. L'enquête apparaît ainsi comme complexe, et elle doit mettre en œuvre tous les moyens de l'exégèse biblique. Mais elle n'en est pas moins indispensable, car on n'avancerait à rien en piquant ici ou là des textes extraits de leur contexte qui serviraient de « dicta probantia » : sous ce rapport, la méthode scolastique doit être radicalement éliminée. Il faut donc reprendre la recherche sur nouveaux frais, à chaque fois qu'on aborde un aspect particulier des devoirs moraux dans un domaine quelconque de la vie. Assurément, tous les livres saints ne sont pas susceptibles de fournir le même type d'indications pour l'éclairer. Il faut même faire un effort de réflexion très important, pour voir comment les données recueillies viennent s'incorporer à l'Évangile afin de fournir une règle de vie authentiquement chrétienne et, du même coup, pleinement humaine.

C'est à ce prix que la morale peut opérer son véritable ressourcement et rénover sa présentation, au moment même où le moraliste accepte d'être confronté avec les problèmes particuliers de son temps, qui ne sont pas exactement identiques sous toutes les latitudes et dans toutes les cultures. Il faut ajouter encore une remarque importante. Les textes de l'Ancien Testament — qu'ils soient législatifs, historiques, prophétiques, sapientiaux, psalmiques, etc. — prennent place dans un *cadre institutionnel* qui diffère radicalement de celui de l'Église, parce qu'il est lié aux structures particulières qui revêtait

alors la « communauté croyante » : structures économiques, politiques, sociales, culturelles et, naturellement,
religieuses. Leur portée morale permanente n'est pas
perdue pour autant. Mais, d'une part, il faut en dégager
*les principes directeurs* en tenant compte du progrès de la
révélation, et d'autre part, il faut évaluer la *mesure* dans
laquelle ils peuvent être incorporés à l'Évangile et la
place qu'ils peuvent y tenir. Ce travail exige un effort
inter-disciplinaire auquel coopèrent les exégètes de la
Bible et les théologiens, car leurs soucis et leurs
méthodes ne sont pas identiques. Je ne puis ici qu'ouvrir
la voie à ce programme de travail.

Quant aux points d'application à envisager, je les énumère rapidement avant d'entrer dans le détail de chacun
d'eux. Il existe des problèmes de *morale politique* qui
concernent aussi bien les gouvernants que les gouvernés.
Le Nouveau Testament y introduit la distinction nette
entre l'Église et les États, ou, si l'on préfère, le domaine
du temporel et celui du spirituel — un « spirituel » non
désincarné qui comporte des exigences précises dans le
domaine du temporel par le biais des devoirs moraux : ce
point est essentiel à la théologie chrétienne. Mais il ne
faudrait pas croire que la Tôrah mosaïque, la prédication
prophétique, la réflexion de sagesse, n'aient plus rien à
nous apporter sur ce point, dans la mesure même où la
pesée du spirituel se faisait sentir sur un domaine politique qui était encore intrinsèquement lié à la communauté croyante. Du même coup, les questions de *justice
sociale*, relatives à la possession et à l'usage des biens
matériels, apparaissent comme posées avec d'autant plus
de force que le pouvoir économique et le pouvoir politique ont nécessairement partie liée dans toute société. La
portée des textes en matière de morale sociale ne doit
donc pas être sous-estimée, même si les problèmes concrets de la société ont changé de forme. Mais il faut
constater que, sur ce point encore, le Nouveau Testament
ne fournit aucun « modèle » de société qui pourrait se
targuer d'être « évangélique » : le ferment de l'Évangile
doit faire sentir partout sa puissance, en rappelant à
l'humanité pécheresse la (ou les) finalité(s) de toutes les
fonctions qui constituent le corps social et en remettant

au jour leur hiérarchie véritable. (Par exemple, la fonction du travail — qui est une obligation stricte pour tous, dans la mesure des possibilités de chacun [cf. 2 Th 3, 10] — est en elle-même supérieure à celle de la *propriété* des moyens de production, qui est strictement soumise aux impératifs du bien *commun*.) Citons encore les règles relatives au respect de la vie, au respect de la vérité dans les paroles et les actes, au respect de la dignité des personnes. *Tout le domaine de la sexualité* pose des problèmes qui sont en rapport étroit, d'une part, avec les principes du respect de soi et des autres, du don de soi dans l'usage authentique de la fonction sexuelle, de la maîtrise de soi sur les deux points précédents, et d'autre part, avec le rapport de cette fonction à la communauté plus large que constitue la société. Il faut, ici encore, repartir de l'Évangile annoncé et vécu dans les premières communautés chrétiennes sur la base des indications de Jésus, pour voir comment le dynamisme interne de l'Ancien Testament conduisait dans cette direction : le recul est nécessaire pour comprendre la façon dont le *sens* de la sexualité émerge des Écritures et résonne dans les consciences humaines, en dépit des failles que peuvent comporter les mœurs admises ou les conventions culturelles, dans un ordre de choses où l'énergie humaine se manifeste souvent « à l'état sauvage ».

### 4.2.2. La mission de l'Église

Il est plus que jamais nécessaire de revenir au principe posé plus haut : la fonction de l'Église dans le monde *n'est pas* de devenir une « maîtresse de morale », mais d'être l'*annonciatrice de l'Évangile* à la suite de Jésus dont elle doit reprendre les deux attitudes caractéristiques : d'une part, une présentation sans faille de l'Évangile avec toutes ses exigences fondamentales, qui ne sont pas celles d'une « loi » avec laquelle on pourrait être « en règle », mais celles d'un but fixé à l'horizon de l'existence pour que chacun se mette en route vers lui, quel que soit le point où il se trouve ; d'autre part, un amour sans faille envers les personnes, qui comprend les difficultés humaines, ne s'étonne pas de constater que le péché se manifeste dans le monde, met en question ceux qui se croient « justes » (ou qui tentent de se « justifier »), mais apporte l'espérance aux pécheurs. Sur le premier point, l'attitude décrite n'est pas celle d'un « légiste » qui fixe des devoirs à accomplir comme on énonce des règlements sociaux. C'est alternativement celle du *prophète* qui ne triche jamais avec le message de Dieu qu'il lui faut transmettre, même si ce message dérange et n'est pas immédiatement compris, et celle du *maître de sagesse* qui explique avec patience pourquoi les enseignements de Dieu coïncident avec les indications les plus profondes de la raison et de la conscience humaines.

On peut reprendre dans cette perspective tous les domaines de la morale que je viens d'énumérer : c'est là que la fonction prophétique et sapientielle de l'Église trouvera ses applications, en connexion avec les problèmes qui se posent dans la diversité des temps et des cadres culturels. Il va de soi que, pour la remplir, l'Église doit renouveler elle-même sa compréhension et sa présentation de l'Évangile, puisque les hommes changent et que leurs problèmes moraux subissent des mutations dans leurs formes pratiques. Une simple reprise de « principes éternels » indépendants de l'espace et du temps, qui négligerait ces changements de structure conditionnés par ceux des sociétés humaines, ne répondrait certainement pas à la mission d'annonce de l'Évangile et d'« actualisation » de ses valeurs — qui sont les *vraies* valeurs humaines. Il peut être nécessaire que l'Église dénonce occasionnellement des maux objectifs, comme le firent les prophètes d'Israël dans la société de leur temps. Mais ce ne doit être que pour proposer positivement des orientations de vie capables de galvaniser les énergies humaines, car l'Évangile est essentiellement la « Bonne Nouvelle » du salut. Son annonce, au milieu des fluctuations auxquelles les sociétés sont soumises, ne peut être le simple écho d'une nostalgie tournée vers des âges disparus, qu'on idéaliserait pour la circonstance en les imaginant « chrétiens » : elle est tournée vers l'avenir, où l'avenir rêvé par les hommes qui s'efforcent de le construire, doit rejoindre « l'Avenir de Dieu », sous peine d'aboutir à un cruel échec.

## 4.3. Applications en matière de morale politique

Venons-en à des exemples plus proches de nous. Puisque je viens de faire allusion à la morale sociale, empruntons-lui quelques traits.

### 4.3.1. Les fonctions de l'autorité politique

En matière de vie politique, il est impossible de tirer de la Tradition apostolique représentée par les Écritures un « Manuel du parfait gouvernant ». En effet, les circonstances changeantes exigent des *jugements pratiques* qui font appel à des techniques de toutes sortes et dont le résultat ne peut être déterminé par avance. Mais il y a des *objectifs* de justice, de défense des pauvres, de paix, de respect des personnes, bref, de service du « bien commun »[77] opposé au souci des intérêts personnels ou de l'esprit de classe, qu'il ne serait pas difficile d'extraire de la Tôrah, des Prophètes, des livres de Sagesse, ou même d'un simple texte comme Rm 13, 4 : l'autorité politique est « un instrument de Dieu *pour* (...) conduire au *bien*... Ce n'est pas pour rien qu'elle porte le glaive : elle un instrument de Dieu *pour* faire *justice* et pour châtier qui fait le mal[78] ». Quand les décisions d'une auto-

---

77. Cet aspect de la question est bien mis en lumière par G. Fessard, *Autorité et bien commun*, Paris, 1945. On se demande comment, à cette époque, certains adversaires ont pu attaquer ce livre au nom d'une doctrine classique qui dit que « toute autorité vient de Dieu », selon Rm 13, 1-2 ; comme si la finalité de l'exercice de l'autorité dans le dessein de Dieu n'était pas la réalisation du bien commun dans la société humaine. Le principe du bien commun, déjà fortement souligné par Jean XXIII dans l'encyclique « *Mater et magistra* », est repris avec force dans la Constitution « *Gaudium et spes* » (n° 74 et passim).

78. On se reportera ici aux commentaires de l'épître aux Romains, que je ne puis citer en détail. De même pour les citations du Nouveau Testament qui vont suivre. On se rappellera qu'à l'époque où furent écrites les lettres apostoliques, les églises chrétiennes n'avaient, à la différence des communautés juives, aucun statut juridique reconnu

rité politique ne visent pas ces finalités, celle-ci perd tout droit à l'obéissance, dans la mesure où elle contredit ce pour quoi elle est faite. On ne doit pas oublier ce dernier point, quand on lit le début du même texte : « Que chacun se soumette aux autorités en charge, car il n'y a pas d'autorité qui ne vienne de Dieu et celles qui existent sont constituées par Dieu, si bien que celui qui résiste à l'autorité se rebelle contre l'ordre établi par Dieu (Rm 13, 1-2). » L'ordre établi *par Dieu* n'est pas nécessairement « l'ordre en place » : celui-ci peut n'être éventuellement qu'un *désordre* établi. On a parfois voulu fonder là-dessus le droit divin des rois et légitimer ainsi toutes leurs décisions autoritaires. Or, le contexte dans lequel saint Paul écrit aux Romains est celui du Règne *de Néron* ! Paul s'en tient à *la situation de fait* sans discuter sur sa légitimité foncière : l'essentiel est que les chrétiens apparaissent aux yeux de tous comme des hommes loyaux qui cherchent personnellement le bien commun « par motif de conscience » (13, 4) et « rendent à chacun ce qui lui est dû » (13, 7).

Cette attitude est identique à celle de Jésus dans l'épisode où on l'interroge sur le versement de l'impôt exigé par César (Mt 22, 15-21 et par.) : lui aussi s'en tient à la *situation de fait* où la monnaie de César est utilisée par tout le monde ; mais la pointe de sa réponse est dans la finale qu'on peut paraphraser de la façon suivante : « Si vous rendez à César ce qui est de César, rendez à Dieu ce qui est de Dieu (Mt 22, 21). » Il est exclu que Jésus, Juif parmi les Juifs, ait pu regarder César comme le détenteur d'une autorité *légitime* [79] : c'est précisément pour lui tendre un piège sur ce point qu'on lui a posé la

---

dans l'empire romain. Il était donc essentiel que les fidèles, d'origine juive ou païenne, apparaissent d'emblée comme des citoyens loyaux, dans un monde où leur foi ne pouvait apparaître qu'étrange.

79. L'usage du texte par les théologiens, qui ont fondé sur lui le principe de l'obéissance aux « autorités », repose donc, à ce point de vue, sur un contresens. Il provient du temps où les empereurs romains sont devenus chrétiens — et, à leur suite, les gouvernants de la « christianitas ». Mais en coupant la fin de la phrase, on a sollicité son début pour en tirer des conclusions indues. Le recours à la critique historique permet de remettre les choses au point.

question dont il esquive avec habileté la perfidie. Il vaudrait mieux se demander si le Nouveau Testament, désolidarisant radicalement toute autorité politique des justifications religieuses qu'elle revendiquait dans le monde antique, n'inviterait pas à voir dans tout régime une « autorité *de fait* » dont le *souci du bien commun*, avec tous ses facteurs, justifie seul les actes et le maintien au pouvoir [80]. S'il faut « prier pour les rois et les déposi-

---

80. Voir mon exposé rapide et global dans « L'Église devant les sociétés temporelles, à la lumière du Nouveau Testament », *L'année canonique* 21 (1977), p. 173-194. Pour des raisons techniques, cette étude n'a pu être reproduite ici. Le sujet qu'elle traite exigerait d'ailleurs de plus amples développements. J'en indique rapidement les conclusions. L'Évangile ne touche pas directement à l'ordre politique, mais il comporte des conséquences éthiques qui se répercutent nécessairement sur lui. Annoncé dans un contexte culturel où toute société était sacrale, soit dans le monde juif, soit dans le monde païen, il ne reconnaît de sacralité — au sens fort du mot — qu'à l'Église, dont la mission ne se situe pas sur le plan politique. La situation de « chrétienté » où celle-ci se trouva mise par la conversion des empereurs romains, notamment à partir de Théodose, ne découle pas du Nouveau Testament : elle ne fut qu'une situation culturelle particulière, qui n'engage aucunement la théologie, tant dogmatique que morale. L'Église a néanmoins une fonction « prophétique » à l'égard de toute société humaine, en référence à la morale « naturelle », entendue au sens qui fut précisé plus haut (cf. p. 39-65). En ce qui concerne la « légitimité » des pouvoirs humains qui sont en charge dans telle ou telle société, elle ne connaît jamais que des pouvoirs « de fait », qu'elle n'entend ni contester par principe, ni sacraliser indûment. Elle suit sur ce point l'attitude léguée par Jésus dans sa discussion sur le tribut payé à César (Mc 12, 13-17 et par. : César ne pouvait aucunement passer pour une autorité légitime dans la Palestine de ce temps), par saint Paul dans son instruction sur l'attitude en face des autorités civiles (Rm 13, 7 : l'empereur en charge était alors Néron !), par saint Jean dans sa présentation du dialogue entre Jésus et Pilate (Jn 19, 9-11). Certains théologiens ont abusé de ces textes pour fonder l'obligation de l'obéissance aux « autorités », sans prendre garde ni à leurs contextes, ni aux limites que le véritable bien commun fixe à l'exercice de toute autorité, ni au devoir de désobéissance qui peut s'imposer à l'occasion pour des motifs de conscience. Par exemple, dans une homélie du 11 septembre 1981, le Vicaire général aux armées chiliennes, après un éloge vibrant du chef de l'État et de son esprit « chrétien », ajoutait ces paroles : « Tous doivent se soumettre à l'autorité établie, parce qu'il n'y a aucune autorité qui ne vienne de Dieu » (*La Croix*, 4-5 octobre 1981, p. 4). La référence implicite à Rm 13, 1 oubliait totalement que le souverain romain contemporain de saint Paul s'appelait Néron, et que la reven-

taires de l'autorité », c'est « afin que nous puissions mener une vie calme et paisible en toute piété et dignité » (1 Tm 2, 2). La « soumission aux magistrats et à toute autorité » (Tt 3, 1) suppose que ceux-ci remplissent correctement leurs fonctions [81].

De même, les prescriptions de la 1re lettre de Pierre (1 P 2, 13-17) fonde l'attitude de soumission sur la fonction des détenteurs de l'autorité *dans le dessein de Dieu* [82] : ils ont été « envoyés par lui pour punir ceux qui font *le mal* et féliciter ceux qui font *le bien* (2, 14). Mais si, en agissant ainsi, les fidèles « ferment la bouche des insensés » qui les soupçonnent peut-être de comploter en sourdine (2, 15), ils doivent « agir en hommes libres » (2, 16), « zélés pour *le bien* » (3, 13), prêts au besoin à « souffrir pour *la justice* » (2, 14), désarmant par leur bonne conduite « les païens (qui) les calomnient comme malfaiteurs (2, 12 ; cf. 3, 16) ; car s'ils ont à souffrir, que ce ne soit pas « comme meurtrier, ou voleur, ou délateur, ou malfaiteur », mais si c'est « comme chrétien, il n'y a pas à en avoir honte » (4, 15-16). L'« incendie » auquel la lettre fait allusion (4, 12) est-il la persécution de Néron ou celle de Domitien ? Peu importe [83]. Les consignes pratiques qui sont ainsi données

---

dication de la liberté spirituelle par les chrétiens de ce temps devait mener Pierre et Paul au martyre. Quand on est évêque, on doit faire attention à ce que l'on dit. Autrement, on n'est plus qu'un faux témoin de l'Évangile qu'on prétend servir.

81. Voir le commentaire des deux passages par C. SPICQ, *Les épîtres pastorales*4, Paris 1969, pp. 359-363 (1 Tm 2, 2) et 647 s. (Tt 3, 1).

82. Je renvoie ici aux divers commentaires de l'épître : E.-G. SELWYN, *The First Epistle of St. Peter*, Londres, 1952, p. 171-174 (cf. 103) ; C. SPICQ, *Les épîtres de saint Pierre*, « Sources bibliques », Paris, 1966, p. 100-106 ; L. GOPPELT, *Der erste Petrusbrief*, Göttingen 1978, p. 179-189.

83. État de la question : J. CANTINAT, dans *Les épîtres apostoliques* (« Introduction critique au N.T. », vol. 3), Tournai-Paris, 1977, p. 268-272. L'option en faveur d'une date plus tardive est retenue par C.LEPELLEY, « Le contexte historique de la 1re lettre de Pierre », dans *Études sur la Première lettre de Pierre* (Congrès de l'ACFEB, Paris 1979), éd. C. PERROT, coll. « Lectio Divina » 102, Paris, 1980, p. 43-64, qui met bien en relief la situation des églises en Asie mineure dans le dernier tiers du Ier siècle.

ne contredisent aucunement les violences prophétiques de l'Apocalypse de Jean qui annonce la venue du Jugement de Dieu sur la Rome impériale [84], cette Bête qui tient son pouvoir de la main du Dragon infernal (Ap 17 — 18) : ce n'est pas là une revanche imaginaire des opprimés contre la classe oppressive (Engels [85]) ; c'est, dans la tradition des prophètes et des apocalypses juives, l'application concrète du principe posé à saint Paul lui-même : « La Colère de Dieu se révèle du haut du ciel contre toute *impiété* et toute *injustice* humaine » (Rm 1, 18). Il faut savoir dire « Non » à César, quand il réclame ce qui appartient à Dieu. *Le principe de soumission est donc conditionnel, puisque l'autorité politique elle-même est soumise à des règles qui la dépassent.*

---

84. Ici encore, on se référera aux commentaires du livre. Sa présentation fictive sous le règle de Néron pour présenter une situation qui serait celle du règne de Domitien, correspond aux conventions habituelles du genre apocalyptique : on prend du recul avec le présent pour le mettre en situation dans le déroulement du dessein de Dieu (cf. le livre de Daniel, dont l'auteur supposé est censé recevoir, durant la captivité de Babylone, une révélation relative au temps d'Antiochus IV).

85. F. ENGELS, « Contribution à l'histoire du christianisme primitif » (texte de 1894-1895), dans K. MARX — F. ENGELS, *Textes sur la religion*, Éditions Sociales, Paris, 1968, p. 310-338. La date retenue pour le livre est celle du règne de Néron, sur la foi d'E. Renan. La description sociale du milieu chrétien primitif est donnée dans les pp. 326-328. Le rationalisme épais du XIXᵉ siècle s'entremêle avec le dogmatisme pseudo-scientifique de Marx, pour proposer une interprétation idéologique de ce « soupir des créatures opprimées ». Naturellement, cette interprétation se retourne exactement contre les États marxistes-léninistes, devenus oppresseurs à leur tour par la prise de pouvoir d'une classe dominante à recrutement idéologique. Mais ceci n'avait pas été prévu par Engels... Marx a tenté de faire la théorie du pouvoir fondé sur l'appropriation des richesses matérielles ; mais il n'a pas examiné le problème posé par le pouvoir consécutif à la « dictature du prolétariat » — c'est-à-dire, en fait, de sa « tête pensante », caractérisée par une idéologie devenue « dominante » : situation hégélienne s'il en est, où s'applique la dialectique du Maître et de l'Esclave. Le pouvoir « libérateur » des opprimés est alors installé en pleine hypocrisie.

#### 4.3.2. Les devoirs moraux en matière politique

Il va de soi qu'aucun texte du Nouveau Testament ne saurait fonder l'idée de l'« état chrétien » : sous ce rapport, l'Évangile est en rupture avec le messianisme juif, où l'espérance est toujours à la fois religieuse et politique. La cause de ce fait est très simple : ce sont *les personnes*, originaires du Judaïsme ou des nations, qui sont seules *capables de l'acte de foi* ; ou plus exactement, la seule collectivité humaine qui en soit désormais capable est l'Église — qui est à Jérusalem, à Antioche, à Corinthe, en Galatie, à Rome, etc. Mais *aucune collectivité humaine* — peuple, nation, race ou culture — *n'est comme telle* « *capax fidei* ». L'idée de la « Christianitas », dans laquelle l'Église et la société politique sont intégrées, ne sera qu'une situation culturelle particulière due à la reconnaissance universelle de tout État comme « sacral » [86]. Mais elle est étrangère à la Tradition apostolique, « norma normans » de la foi et de la morale chrétiennes. Toute autorité *de fait* « vient de

---

86. Il faut insister sur ce point. Tous les textes du Magistère publiés au XIXᵉ siècle étaient hypothéqués par une théologie courante où l'idée de la reconnaissance de l'Évangile par les autorités en place était communément reçue. Mais une question fondamentale était omise : le détenteur d'une autorité politique est-il, en tant que tel et au titre de sa fonction, « capax fidei » ? Une communauté temporelle, quelle qu'elle soit, est-elle « capax fidei » ? Quel est le sujet possible de l'acte de foi ? Ce sont, d'une part, les personnes humaines, au sein des communautés temporelles où elles sont enracinées (des familles aux États), et d'autre part, l'Église, communauté d'un autre ordre qui est le Corps du Christ et dont les croyants individuels sont les membres. La « Christianitas » constituait donc une situation particulièrement ambiguë qu'on ne peut en aucune façon présenter comme l'idéal, ou comme la « thèse », distinguée d'une « hypothèse » où nous place le malheur des temps. Il est providentiel que l'annonce de l'Évangile se soit faite, au temps de la Tradition apostolique (« norma normans » de la foi), sans l'appui d'aucune communauté temporelle, donc d'une façon très différente de l'implantation de la révélation dans l'histoire en Israël et dans le Judaïsme. Cette situation permet d'évaluer critiquement les situations de « chrétienté » ou l'intégration de la société civile et de la société religieuse a paru se réaliser. Elle permet aussi de lire critiquement les documents du Magistère qui n'ont pas opéré ce ressourcement et qui n'ont pas posé la question fondamentale que j'ai soulevée au début de cette note.

Dieu » : on l'a vu dans Rm 13, 1-2, écrit sous le règne
de Néron (!). La reconnaissance de cette situation, qui
constitue un idéal évangélique évident, se manifeste chez
les détenteurs du pouvoir par la reconnaissance des
*limites* assignées à ce pouvoir et par la soumission effective à toutes les *règles du bien commun*, dont les autorités en place ne peuvent donner une définition arbi-
traire, comme si elles étaient « créatrices de valeurs » :
l'Évangile apporte un principe critique qui s'applique à
*toute* idéologie, même quand celle-ci se prétend
« chrétienne ». Voilà le principe premier de la morale
politique : il est très éloigné des idées de Bossuet sur la
« Politique tirée de l'Écriture sainte », où la monarchie
absolue de Louis XIV devenait le type du régime idéal,
celui-là même que Dieu avait donné à son peuple par le
sacre de David [87].

---

87. Commencé en 1677, repris en 1700, publié seulement en 1709,
le livre de Bossuet caractérise une attitude conservatrice à l'égard du
régime en place, bien que l'évêque manifeste un certain nombre d'exigences vis-à-vis de son détenteur. Il fit pourtant l'objet de réserves de
la part d'un chancelier soupçonneux, en 1707, si bien que le neveu de
Bossuet ne put le faire paraître que deux ans plus tard. Quelques passages choisis sont introduits dans le recueil plus général : J. TRUCHET,
*La politique de Bossuet*, Paris 1966. Bossuet s'élevait assurément
contre l'idée de tyrannie, mais il regardait la monarchie absolue
comme un idéal fondé sur l'Écriture (!). Sous ce rapport, il ne pouvait même pas se réclamer de saint Thomas, dont le *De regno* (ou *De
regimine principum*) fut pourtant écrit à la demande du roi de
Chypre, dans une perspective un peu différente de ce qui est dit des
régimes politiques dans la *Somme théologique*. Sur ce point, il faut
retenir les remarques de E. Gilson : « Bien loin d'établir de droit
divin la monarchie absolue, Dieu "annonçait plutôt (dans l'Écriture)
l'usurpation des rois, qui s'arrogent un droit inique, parce qu'ils dégé-
nèrent en tyrans et pillent leurs sujets..." La monarchie reste le meilleur régime, pour assurer l'unité d'un peuple. Mais "si la vertu (du
roi) n'est pas parfaite, l'homme à qui on accorde un tel pouvoir dégé-
néra facilement en tyran ; or, la vertu parfaite est rare ; on voit combien sont faibles les chances pour qu'un peuple soit bien gouverné..."
Quant à la détermination des principes généraux posés par le théologien, « on dirait... que sa pensée se meut dans un monde idéal, où
tout se déroule selon les exigences de la justice sous un roi parfaitement vertueux », avec un mélange de démocratie (allusion aux élec-
tions populaires), d'aristocratie (choix des chefs en raison de leur
sagesse et de leur vertu) et de monarchie (élection du plus vertueux et
du plus sage par les chefs). Je cite ici E. GILSON, *Le thomisme*[4], Paris

Il faut évidemment pousser la réflexion plus loin, si on veut définir dans tous ses détails une « morale politique » adaptée à la diversité des régimes possibles. On doit alors étudier avec précision les principes généraux du « bien commun » — qui ne se confond aucunement avec l'intérêt collectif et le seul maintien des situations acquises. C'est sur cette base que peuvent être définis les devoirs respectifs des gouvernants et des gouvernés, au plan moral qui est seul en cause ici. C'est d'autant plus difficile que, d'une part, la direction des affaires politiques est aussi un « art du possible » et que, d'autre part, la condition pécheresse de l'humanité interdit de compter naïvement sur la « vertu » du peuple et de ses dirigeants, quels que soient les principes théories sur lesquels repose l'organisation interne de la société et de ses pouvoirs [88]. Il y a toujours, dans la définition des « devoirs moraux », une part conjoncturelle. Dès lors, l'évaluation de la gravité des « omissions » corrélatives à ces devoirs — et donc des « transgressions » qui constituent autant de fautes ou, en langage chrétien, de péchés — ne se laisse pas établir aisément : qui, en effet peut l'établir ? en fonction de quels critères ? moyennant

---

1942, p. 452 (les p. 450-454 sont consacrées au régime politique). Il est significatif que ce commentaire de quelques articles de la *Somme* soit le fait d'un philosophe : on est donc dans un domaine mixte où la révélation n'intervient que pour réguler une réflexion philosophique (et sociologique) sur les réalités temporelles. Pour le *De regno*, on peut voir la traduction (avec introduction) de M.-M. COTTIER, *Saint Thomas d'Aquin : « Du royaume »*, Fribourg 1946. De toute façon la réflexion de saint Thomas essaie d'adapter une philosophie politique venue en partie d'Aristote et en partie de la pratique israélite, aux exigences de l'Évangile et aux nécessités pratiques de la société médiévale. On ne saurait y voir la détermination théorique de la foi chrétienne comme telle. Je ne parle pas des efforts faits (en France) depuis le début du XXᵉ siècle par quelques idéologues, pour mettre saint Thomas au service de la philosophie politique de Ch. Maurras, totalement étrangère à l'Évangile : on est là en pleine imposture, qu'une certaine dose d'aveuglement et de passion explique, mais n'excuse pas. Malheureusement, les conséquences s'en font sentir dans l'opposition anti-conciliaire de certains milieux : je ne veux rien ajouter à cette constatation.

88. Les remarques faites par saint Thomas, dans les textes allégués *supra* (note 87) gardent ici toute leur valeur.

quelles précautions pour écarter les interférences des passions humaines ou des seuls conflits d'intérêt ? Ce problème ne date pourtant pas d'aujourd'hui, puisque les théologiens médiévaux avaient déjà réfléchi sur la légitimité de la mise à mort des tyrans et sur les conditions à remplir pour que le bien commun soit alors promu positivement [89]. Mais ce n'est pas le moment de pousser plus loin cette enquête : il suffit de montrer sur quels fondements elle repose, à partir de la Tradition apostolique dont témoigne le Nouveau Testament, clef d'interprétation imposée à l'Ancien.

### 4.3.3. Le bien et le mal en matière politique

Sur cette base, on peut déjà conclure que toute responsabilité politique peut entraîner, chez les gouvernants comme chez les gouvernés, des actes objectivement mauvais et donc condamnables au regard de la conscience et devant Dieu. Des événements récents et encore actuels nous ont fait — et nous font — assister à des génocides, des oppressions, des situations « de classe », des actes manifestant le mépris des personnes humaines, etc., qu'aucun prétexte ne saurait légitimer. L'appel éventuel à la Bible pour tenter de les justifier (cas du racisme en Afrique du Sud [90]), ou la prétention de défendre la

---

89. Une telle réflexion conserve naturellement son actualité. Au sens thomiste du terme, les régimes « autoritaires » qui prévalent dans un certain nombre d'États, aux couleurs politiques variées de l'extrême « droite » à l'extrême « gauche » (si ces mots ont un sens !), sont des « tyrannies ». Les déclarations faites par Mgr Lefebvre en faveur de certains régimes « chrétiens » (!) d'Amérique du sud, constituent un scandale public qui montre l'aveuglement de leur auteur.

90. Les églises « réformées » d'Afrique du Sud justifient l'Apartheid au nom de la malédiction de Cham (Gn 9, 25), qui serait au principe de l'infériorité de la race noire. Cette interprétation du texte est dénuée de sens. 1. Seul Canaan (personnification des Cananéens) est en cause dans le texte, qui énonce le souhait de la soumission des Cananéens aux descendants de Sem, c'est-à-dire aux Israélites, à l'époque de David et de Salomon. 2. La postérité donnée à Cham dans Gn 10, 6-7 énumère des groupes ethniques situés en Afrique de l'Est (l'Égypte, la Libye), sur le littoral méditerranéen (les Cananéens) et en Arabie du Sud (Koush, qui vise ailleurs les anciennes popula-

« civilisation chrétienne » contre le Bolchevisme athée qui la menace (cas de certains régimes autoritaires qu'il est inutile de désigner par leur nom), manifestent une hypocrisie aussi grave que celle des état totalitaires fondés sur la dictature d'une classe à recrutement idéologique [91], détentrice prétendue de la conscience des masses dont elle définirait « scientifiquement » les besoins réels et exprimerait la volonté.

Le jugement *moral* porté sur tous ces systèmes ne place pas l'Église, annonciatrice de l'Évangile, en situation d'opposant *politique*. Ce sont des « pouvoirs de fait » devant lesquels elle prend, en tant qu'Église, la même attitude qu'en face de l'empire romain persécuteur. Le principe de « résistance spirituelle » la rend contestataire devant toute atteinte au bien commun objectif : celui-ci implique le respect des personnes humaines et de leurs libertés fondamentales — parmi lesquelles il faut placer la liberté de « chercher Dieu » et d'exprimer publiquement sa foi — domaine dans lequel *aucun* État n'est assorti d'*aucun* pouvoir. S'il arrive que, sous couleur de religion, certains groupements mettent effectivement en péril le bien commun le plus authentique, tout État peut alors intervenir (v.g. le cas de la secte américaine qui provoqua le suicide collectif de ses membres, il y a quelques années). Mais c'est uniquement en vue du service du bien commun, sans outrepasser les limites de son autorité. Cette liberté religieuse *des* consciences — qui ne se confond pas avec la « liberté *de* conscience » au sens libéral du mot [92] — n'est d'ailleurs pas la seule

---

tions de la Nubie, mais énumère ici des peuples de la péninsule arabique). Les populations noires ne paraissent pas connues de l'auteur. Comment peut-on expliquer la permanence de ce contresens, même dans une lecture fondamentaliste et historicisante de la Genèse ?

91. Voir les notes 85 et 89.

92. Cette distinction est clairement faite dans la Déclaration conciliaire sur la liberté religieuse (« *Dignitatis humanae* », décembre 1965). Je ne puis croire à la bonne foi de contestataires qui prennent prétexte de cette déclaration pour l'opposer aux documents du Magistère publiés au XIXᵉ siècle, en prétendant que ceux-ci avaient une valeur de définition infaillible. 1. Il n'y a pas eu de définition infaillible dans les documents qui dénonçaient l'idéologie libérale (cf. *supra*, note 31). 2. Le problème de la liberté *des* consciences par rapport à la pression

dont l'Église ait le devoir de se préoccuper : *tous* les aspects du bien commun, dans la mesure même où ils relèvent de la morale « naturelle » — c'est-à-dire celle qui correspond au dessein du Créateur, qui est inscrite au fond des consciences et que l'Évangile clarifie — la préoccupent également. En outre, l'Église établit toujours une distinction entre les *idéologies* et les *détenteurs* du pouvoir politique qui peuvent en être imprégnés, entre les *actes* plus ou moins illégitimes dont ceux-ci peuvent être responsables et les *personnes* qui ont, en tout état de cause, la responsabilité du « bien commun ». Elle laisse à ses membres la liberté de porter des jugements pratiques qui peuvent aboutir à contester non seulement *les actes* des autorités en place, mais jusqu'à *la légitimité des régimes* dont le « bien commun » souffrirait plus qu'il n'y gagnerait [93]. Seulement, ce type d'opposition ne peut jamais se réclamer d'elle ni engager l'Évangile comme tel. Le plan sur lequel se situe sa mission l'amène à con-

---

des autorités politiques n'est pas abordé sous le même angle. 3. La question de la reconnaissance de Dieu par les autorités politiques a été clarifiée depuis lors (cf. note 86). La contestation cherche, en fait, un mauvais prétexte pour maintenir en place une théologie fausse, qui se met au service idéologique d'une conception politique particulière. Au XIXᵉ siècle, c'était historiquement compréhensible, en raison d'un manque de clarification dans la question théologique abordée (celle de la *liberté* de l'acte de foi). A l'heure actuelle, si on en faisait une condition *sine qua non* de l'orthodoxie, ce serait tout simplement une hérésie, car la thèse soutenue n'a aucun fondement dans la Tradition apostolique. Je m'abstiens de toute bibliographie, mais j'ai sous les yeux plusieurs ouvrages englués dans ce sophisme.

93. Il est donc légitime, par exemple, de contester en France la forme républicaine de l'État — pourvu qu'on sauvegarde en pratique les exigences concrètes du bien commun actuel. Mais cette opinion contestataire ne peut aucunement se réclamer d'un fondement doctrinal provenant de la foi chrétienne et catholique : elle n'engage jamais que le jugement pratique de ses auteurs. Qu'elle soit réaliste et opportune, c'est une autre question. Mais le conseil de ralliement au régime républicain donné par Léon XIII aux catholiques de France (10 février 1892) résultait clairement du souci du bien commun *de l'Église*, auquel le légitimisme politique faisait obstacle. Logique avec son idéologie politico-religieuse, Mgr Lefebvre y voit une erreur manifeste du pape dans son magistère ordinaire (cf. *15 ans après Vatican II : Les raisons de la continuité de notre combat*, Escurolles 1980, p. 9).

sidérer pragmatiquement les « autorités de fait », pour
assurer dans la mesure du possible sa liberté d'annoncer
l'Évangile, et pour faire que ses membres gardent le
souci du « bien commun » authentique. C'est dans cet
esprit que, par exemple, le pape Pie VII conclut un concordat avec Napoléon Bonaparte, héritier de la Révolution française, « l'Usurpateur » aux yeux des milieux
légitimistes ; plus récemment le pape Paul VI a conclu un
accord — sous une autre forme juridique que celle des
concordats — avec la Yougoslavie du Maréchal Tito. On
pourrait multiplier les exemples [94]. Cela n'entraîne aucune
approbation automatique de tous les *actes* politiques dont
les États en cause restent seuls responsables. Mais le bien
commun de l'Église ne se confond jamais avec le maintien des situations acquises et des régimes en place : les
principes relevés dans le Nouveau Testament en matière
de loyalisme politique sont la seule règle qui s'impose
dans tous les cas. Le reste est une affaire de jugement
pratique porté sur les situations changeantes où l'histoire
humaine place l'Église dans les divers lieux du monde.

### 4.4. QUESTIONS DE JUSTICE SOCIALE

Après ces vues générales sur la morale politique, examinons quelques questions de justice — individuelle et
sociale. Je ne retiens ici que celles qui concernent la
répartition et l'usage des biens matériels : biens de con-
sommation et moyens de production.

---

94. Une fois de plus, il faut mettre en question les idéologues auxquels la foi sert de prétexte pour contester les efforts de la Papauté en
vue du contact avec les « pays de l'Est », directement assimilés à
l'Antichrist de l'Apocalypse. Comme si l'action du « Prince de ce
monde » n'était pas universelle et ne se manifestait pas aussi dans des
États soi-disant « chrétiens », autoritaires ou libéraux. L'Église, dans
ses ministères pastoraux, ne connaît que des régimes « de fait »,
auprès desquels il lui faut assurer autant que possible sa liberté
d'annoncer l'Évangile, quelle que soit la « couleur » des États. C'est
ainsi qu'en 1830, le pape Pie VIII reconnut le régime de Louis-Phi-
lippe, en vue du bien de l'Église en France, malgré le caractère anti-
clérical de la révolution de Juilllet (cf. J. LEFLON, *La crise révolutionnaire*, dans *l'Histoire de l'Église* de Fliche et Martin, t. 20, Paris
1949, p. 419 s.).

### 4.4.1. Remarques générales

Ici encore, il ne faut pas s'attendre à trouver dans l'Évangile un système de principes généraux dont on pourrait déduire, par voie de syllogisme, toutes les conséquences qui traceraient un modèle de « Cité catholique » : en économie comme en politique, la diversité des situations et des solutions apportées aux problèmes pratiques en fonction des circonstances, est une donnée fondamentale de la réalité. Ce n'est donc pas dans cette perspective qu'il faut se placer pour comprendre ce qu'on appelle assez improprement la « doctrine sociale de l'Église » [95]. En revanche, on voit s'affirmer dans l'ensemble de l'Écriture sainte un certain nombre de principes fondamentaux qui sont eux-mêmes susceptibles d'applications multiples. Ces principes concernent la réalisation du « bien commun » en matière économique, *pour que l'appropriation et l'exploitation des biens matériels de la terre aboutisse à une promotion authentique de toutes les personnes humaines*, non seulement dans ces sociétés closes que constituent les nations ou les états, mais dans l'humanité entière à laquelle le Créateur a donné une « solidarité de destin » en vue de

---

95. Le mythe de la « Cité catholique » reste à l'horizon d'un certain nombre d'esprits, qui ne comprennent rien aux évolutions possibles de la « doctrine sociale de l'Église ». Celle-ci n'est pas — et ne peut pas être — un système clos, tout fait, qu'il suffirait d'appliquer pour que la société soit « chrétienne ». A la date de 1965, on pourra voir sur ce point la synthèse de P. BIGO, *La doctrine sociale de l'Église* (P.U.F., 1965), qui tient compte des textes conciliaires et des encycliques de Jean XXIII : « *Mater et magistra* » et « *Pacem in terris* ». On verra en particulier la conclusion des pp. 527-537, qui montre l'écart entre, d'une part, « les comportements du catholicisme comme groupe social et la mission à lui confiée », et, d'autre part, « l'attente du monde » (p. 536). D'où une invitation à la recherche théologique, en fonction de *tous* les régimes politiques et sociaux existants. Il est clair que la « doctrine sociale de l'Église » n'est pas la présentation d'un « modèle de société ». Sous ce rapport, les énoncés qu'on peut trouver dans la *Somme théologique* de saint Thomas sont irrémédiablement dépassés, même si les principes moraux qui leur sont sous-jacents et qui proviennent de la Tradition apostolique conservent toute leur valeur. Encore faut-il dégager ces principes et ne pas s'en tenir à une répétition scolaire du contenu matériel des textes.

son salut commun dans une fraternité retrouvée [96]. Toutes ces questions ont des aspects *techniques* qui ne relèvent pas de la compétence de l'Église, puisque la raison est donnée aux hommes par Dieu pour réfléchir sur leur solution pratique. Mais chaque solution envisagée pose nécessairement des problèmes *moraux* que les « sciences » économiques et juridiques sont incapables de résoudre seules, car elles dépassent les limites de leurs domaines propres. C'est sur ces points précis que l'Église, au nom de l'Évangile qu'elle annonce, a le droit et le devoir d'intervenir, de telle manière que son message moral soit intelligible pour tous les hommes et qu'ils y reconnaissent, dans la mesure de leur bonne foi et de leur bonne volonté, les exigences mêmes de leur conscience. Comme en matière politique, il importe que les aspects *positifs* de la morale soient mis en évidence, avant que la violation de leurs exigences ne soient dénoncées comme objectivement mauvaises. Cette condition n'est pas facile à remplir, car l'aspect *négatif* des situations humaines est plus aisément perçu, puisqu'il est directement ressenti — par leurs victimes ou par ceux qui en sont solidaires — que les objectifs à atteindre ne peuvent être clairement définis et, surtout, que les conditions à remplir pour les atteindre ne peuvent être énoncées avec précision. On est en effet dans un domaine mixte où les techniques et la morale sont étroitement imbriquées. Je me contenterai de donner quelques exemples où le bien et le mal « objectifs » apparaissent de façon suffisamment contrôlable.

### 4.4.2. Enquête biblique sur la propriété individuelle

Si on s'en remettait au seul Décalogue pour définir la morale « naturelle » en matière de propriété, on y trouverait seulement une sorte de défense des situations

---

96. Cette orientation de la pensée est fortement mise en valeur dans la Constitution « *Gaudium et spes* » de Vatican II. C'est, si l'on veut, l'Utopie chrétienne, obligatoire en tant qu'horizon vers lequel l'Église est en marche, promotrice d'efforts positifs en matière d'éthique sociale, mais indéterminée dans les jugements pratiques qu'il faut porter en fonction des circonstances changeantes.

acquises, pour garantir un « ordre » social que *le vol*
vient troubler. Est-ce suffisant ? Une certaine tradition
libérale lointainement issue du droit romain, où la propriété individuelle des biens se définit comme un « jus
utendi et abutendi », a estimé que la morale chrétienne
est en effet, sur ce point, le meilleur rempart de la
société contre les vols individuels et les idéologies qui
préconisent le renversement des droits acquis. A l'appui
de cette opinion, on trouverait aisément des textes chez
des économistes et des juristes imbus de libéralisme économique. Dans son livre « *De la propriété* » (1849),
A. Thiers disait en substance : la raison a des griefs
contre les dogmes de la religion catholique, aucun contre
sa morale ; il faut donc parler au peuple comme cette
puissante religion, si on ne veut pas le voir mettre en
péril les fondements même de la société [97]. Ces choses
étaient écrites à l'époque où l'essor industriel entraînait
une misère épouvantable du monde ouvrier dans les
mines et dans les filatures, aussi bien en France qu'en
Allemagne et en Angleterre où Marx allait dénoncer vio-
lemment le « système manchestérien » [98]. En France

---

97. J'emprunte à H. de LUBAC, *Proudhon et le christianisme*, Paris
1945, p. 199-200, ces citations du livre : *De la propriété* :
« L'observation de la nature (!) humaine prouve que [le riche] souffre
plus fortement, car son âme, moins attirée au dehors par les souf-
frances, est plus en dedans... Moins on souffre du corps, plus on
souffre du cœur » (p. 3 de l'édition populaire). Et cette présentation
de l'espérance chrétienne, adressée aux pauvres en guise de
consolation : « La religion vous dit : Souffrez, souffrez avec humilité,
patience, espérance, en regardant Dieu qui vous attend et vous récom-
pensera. Elle fait ainsi de toute douleur l'une des traverses du long
voyage qui doit vous conduire à la félicité dernière... Aussi cette puissante religion qu'on appelle le christianisme exerce-t-elle sur le monde
une domination continue... L'esprit humain a eu plus d'une contestation avec elle sur ses dogmes, mais aucune sur sa morale... Le christianisme dure..., et tous les politiques sages, sans juger ses dogmes,
qui n'ont qu'un juge, la foi, souhaitent qu'il dure. Parlez donc au
peuple comme la religion..., si vous ne voulez pas doubler sa douleur
et la changer en une fureur impie » (p. 381-383). Ce texte date de
1848, l'année même où fut publié le *Manifeste du Parti communiste*.
On peut évidemment se demander quelle « morale sociale » on prê-
chait dans les églises de France à cette époque.
98. « Maint capital qui se montre aujourd'hui aux États-Unis sans
indication d'origine n'est que le résultat de la capitalisation du sang

même, la réplique à Thiers apparaissait dans la formule à l'emporte-pièce de Proudhon : « La propriété, c'est le vol » [99]. De quel côté se trouvait la morale chrétienne ?

### 4.4.2.1. *Un parcours d'Ancien Testament*

Dès l'Ancien Testament, le problème de la répartition des biens a été posé dans les textes législatifs — en fonc-

---

des enfants, faite dans les fabriques anglaises. Des work-houses paroissiaux de Londres, Birmingham, etc., des milliers de ces petites créatures abandonnées de 7 à 14 ans furent ainsi expédiées vers le nord. Le patron (le voleur d'enfants) avait l'habitude d'habiller et de nourrir ses apprentis et de les loger dans une maison spéciale près de la fabrique. Des surveillants avaient constamment l'œil sur eux durant le travail. C'était l'intérêt de ces garde-chiourmes de surmener ces enfants à l'extrême, parce que leur propre paye était proportionnée à la somme de produits qu'ils extorquaient des enfants. La suite naturelle en était la cruauté... Dans beaucoup de districts, dans le Lancashire en particulier, on torturait de la façon la plus affreuse ces créatures innocentes, abandonnées de tout le monde et livrées au bon plaisir du patron. On les tuait par l'excès du travail ; on apportait la cruauté la plus raffinée à les fouetter, à les mettre aux fers, à les tourmenter ; souvent il ne leur restait que la peau et les os et cependant le fouet les maintenait au travail. Parfois même on les poussait au suicide... [...] Les profits des fabricants furent énormes. Leur appétit s'en accrut. Ils introduisirent le travail de nuit. Après avoir épuisé une équipe par le travail de jour, ils tenaient une autre équipe prête pour le travail de nuit ; l'équipe de jour allait occuper les lits que l'équipe de nuit venait à peine de quitter, et vice versa. La tradition populaire veut que dans le Lancashire les lits ne refroidissent jamais » (j'emprunte la citation au volume : *Les pages immortelles de Karl Marx*, choisies et expliquées par Léon Trotzki, Paris 1947, p. 275 s. ; je n'ai pas cherché à identifier l'origine du texte). C'est un des rares cas où l'on sent passer un frémissement d'humanité dans les livres très arides de Marx. On aurait envie de croire que le tableau n'est pas réaliste. Hélas, il est confirmé en France que les enquêtes de Villeneuve-Bargemont et du docteur Villermé, effectuées dans les filatures entre 1830 et 1840. Une loi du 22 mars 1841 interdit le travail des enfants avant 8 ans et le travail de nuit avant 13 ans ; mais elle n'entra pas dans la pratique. Le 19 mai 1874, une nouvelle loi fixa à 12 ans l'âge d'admission des enfants dans l'industrie, limita à 12 heures la durée du travail quotidien pour les enfants mineurs de 16 ans, leur interdit le travail de nuit et porta à 20 ans l'âge d'admission au travail nocturne pour les jeunes filles... « sauf dans les usines à feu continu » (!). J'emprunte des renseignements à G. Hoog, *Histoire du catholicisme social en France* (1871-1931), nᵉ éd., Paris 1946, p. 6 s.

99. P.-J. PROUDHON, *Qu'est-ce que la propriété ?*, Paris, 1840, p. 131-132.

tion de la situation économique du temps, naturellement —, chez les prophètes et dans les livres sapientiaux. L'obligation du soutien des pauvres était intimée aux exploitants agricoles, aux juges et aux détenteurs de l'autorité politique, car l'idéal d'un *peuple sans pauvres* était positivement visé (cf. Dt 15, 4-5), même si sa réalisation exigeait des mesures provisoires de générosité tant que les pauvres n'auraient pas disparu du pays (Dt 15, 11). L'interdiction du *prêt à intérêt*, c'est-à-dire de l'usure [100], tout en étant relative à l'organisation économique de la société d'alors (Ex 22, 24 ; Dt 23, 20-21), avait pour but de mettre un frein à l'enrichissement des plus riches au détriment des plus pauvres, abus qui pouvait aller jusqu'à obliger ceux-ci à se vendre pour acquitter leurs dettes. L'obligation de la justice dans les procès, où les pots-de-vin corrompent aisément les juges (Ex 23, 1-6 ; Dt 16, 19-20), était inscrite dans le droit dont le Dieu d'Israël était à la fois le responsable suprême et le garant [101]. *Le devoir de l'aumône*, dont la

---

100. Les taux demandés dans l'ancien Orient seraient tous regardés aujourd'hui comme usuraires. A titre d'exemple, je renvoie à des contrats passés dans la communauté juive d'Éléphantine (Égypte) au Ve siècle : on a des exemples d'un taux mensuel de 5 % qui, en intérêts composés, dépasserait 60 % par an (cf. mes *Documents araméens d'Égypte*, coll. « LAPO », Paris 1972, n[os] 3 et 4, où les prêts sont gagés par des hypothèques). On comprend que, dans ces conditions, un emprunteur puisse être réduit à se vendre pour régler ses dettes (Lv 25, 39). Mais la législation prévoit que, l'année du Jubilé, il sera libéré (Lv 25, 41) : prévision assez utopique, puisque le Jubilé n'arrive qu'après 49 ans... Mais la libération des esclaves hébreux et la remise des dettes à chaque année sabbatique (tous les 7 ans) appartient aux couches les plus anciennes de la législation (Ex 21, 2-6 ; Dt 15, 12-18). On sait aussi que la mise en pratique de la loi se heurtait à des résistances (cf. Jr 34, 8-22).

101. Je ne fais que résumer ici rapidement des textes qui mériteraient une analyse attentive, en fonction de la sociologie de chaque époque. Pour le temps de Jésus, on se référera à J. JEREMIAS, *Jérusalem au temps de Jésus*, tr. fr., Paris 1967, p. 129-204 (classes sociales et vie économique). Les problèmes d'« assistance sociale » sont présentés dans les pp. 162-172 et 182-191 : on constate là que l'organisation des secours apportés aux gens démunis, en Palestine et dans les communautés de la Diaspora, aboutit à une sorte de « sécurité sociale » basée sur le sens de la solidarité nationale et sur les exigences de la loi religieuse.

mesure ne pouvait évidemment pas être déterminée à l'avance pour tous les cas, s'imposait comme une *obligation stricte* qu'on peut rapporter aux exigences de la justice sociale (cf. Tb 12, 8-9 ; Si 3,30 — 4,10 ; 7, 32-36 ; 29, 8-13). La richesse était certes regardée comme un bien, ou plutôt comme un don de Dieu (cf. Lv 26, 3-5.10 ; Dt 28, 3-14) ; mais il faut rendre compte à Dieu des biens qu'on a reçus de lui et leur appropriation égoïste s'oppose directement à ses desseins. La mise en pratique de l'idéal de justice lié à la Tôrah est longuement évoqué dans le portrait de Job (cf. Jb 29, 11-17 ; 30, 24-25 ; 31, 13-23.31-32) : on y note avec intérêt le souci de ne pas mettre sa confiance dans la richesse (Jb 31, 24-25 ; cf. Pr 11, 28 ; Ps 49, 7 ; 52, 9 ; Si 31, 5-10).

Inversement, les diatribes des prophètes contre ceux qui se fient à leurs biens et à leur pouvoir pour opprimer les pauvres du pays, et l'annonce du Jugement de Dieu qui les attend (cf. Am 2, 6-8 ; 3, 13-15 ; 4, 1-3 ; 5, 7-12 ; 6, 1-7 ; 7, 4-8 ; Mi 2, 1-4 ; 3, 1-4 ; 3, 9-12 ; Is 5, 8-13.20-24, etc.), montrent le sérieux des *obligations morales* correspondant. Ce ne sont aucunement des réactions attribuables à la « lutte des classes » : les auteurs des codes cités sont des prêtres, gardiens du droit officiel dans les sanctuaires du pays ; Amos est probablement un fonctionnaire royal qui administre des fermes ; Isaïe est un lettré proche du palais royal ; l'auteur de Job, celui de Tobie, Jésus ben Sira, appartiennent aux milieux lettrés qui constituent une sorte de bourgeoisie dans le Judaïsme tardif. Mais on assiste, au nom de la morale de l'alliance, à *une lutte ouverte contre le fait des classes* [102]

---

102. La présentation des diatribes prophétiques et des efforts sociaux que montre le Deutéronome, comme autant d'indices de la « Lutte des classes » (F. BELO, *Lecture matérialiste de l'évangile de Marc*, Paris 1974, p. 64, développé dans les pp. 84-92 ; M. CLÉVENOT, *Approches matérialistes de la Bible*, Paris 1976, pp. 42-57) projette sur les textes une grille d'analyse qui en reclasse les données au gré des lecteurs « marxistes », en réduisant les motivations religieuses à des effets secondaires de l'« idéologie ». Cette analyse ne tient pas debout. Elle ignore, par exemple, que le « système de la pureté » attribué à la classe dominante du sacerdoce, est aussi attesté

et contre ses conséquences néfastes, car il contredit la fraternité humaine qui est conforme aux vues de Dieu.

### 4.4.2.2. Position du Nouveau Testament

Le Nouveau Testament n'abroge aucunement ces textes. « Vendez vos biens et donnez-les en aumônes », dit Jésus (Lc 12, 33). « Faites-vous des amis avec l'argent *malhonnête*, afin qu'au jour où il viendra à manquer ils vous reçoivent dans les tentes éternelles » (Lc 16, 9). « Nul ne peut *servir* deux maîtres : ou bien il haïra l'un et aimera l'autre, ou bien il s'attachera à l'un et méprisera l'autre : vous ne pouvez *servir* Dieu et l'argent » (Lc 15, 13 = Mt 6, 24). « Car là où est votre trésor, là aussi sera votre cœur » (Lc 12, 34 = Mt 6, 21). Ce ne sont pas là des « conseils de perfection » destinés à une simple élite [103], mais la définition, en termes parfois para-

---

dans le Deutéronome, et que le principe fondamental : « Tu aimeras le prochain comme toi-même », base du « système de la dette » (ou « du don ») provient du Code de sainteté, texte réformateur provenant du sacerdoce de Jérusalem ; que le Deutéronome lui-même est dû à des prêtres originaires du nord, qui développent les principes du droit coutumier le plus ancien pour les adapter à une évolution sociologique évidente ; qu'un prophète comme Ézéchiel, originaire du sacerdoce de Jérusalem, entrelace les principes du «système de la dette » et du « système de pureté » (cf. par exemple, Ez 18). En réalité, c'est contre le *fait* des classes, quelle qu'en soit la forme, que législateurs (d'origine sacerdotale) et prophètes s'élèvent pour des motifs spécifiquement religieux : la relation d'Israël à Dieu et la solidarité fraternelle dans la communauté du peuple de Dieu. Naturellement, cette constestation ne modifie pas *ipso facto* les mœurs : elle est toujours à recommencer ! Mais l'interprétation « matérialiste » de style marxiste passe à côté de la réalité biblique avec un aveuglement irresponsable.

103. Sur l'interprétation du « Discours sur la montagne », voir *supra*, note 54. J'emprunte ici le mot « paradoxal » pour caractériser le langage de Jésus dans le « Discours », à une étude inédite de J. Dupont, OSB, dont je reproduis quelques lignes significatives : « S'agit-il d'une "loi nouvelle" ? Évidemment non ! Même aux premiers jours de l'Église, la vente de tous ses biens n'a jamais été considérée comme une obligation pour les chrétiens (cf. Ac 5, 4), et ce n'était certainement pas une règle générale au moment où Matthieu écrivait son évangile. Peut-on alors se contenter de voir là un "conseil de perfection" ou une vocation particulière ? Les textes qu'on vient de citer excluent manifestement une telle échappatoire : le cas du

doxaux, de l'attitude à prendre dans un domaine où la tentation de l'appropriation égoïste et injuste reste toujours forte. C'est un des principes premiers de la morale évangélique, car « la cupidité est une idolâtrie » (Col 3, 5), et l'on comprend dans ces conditions les diatribes de la lettre de Jacques, simple envers du rappel de la loi d'amour (Jc 2, 1-8 ; 4,13 — 5,6).

On est aux antipodes du droit romain : *le droit des pauvres est une hypothèque qui pèse obligatoirement sur les détenteurs de la richesse.* Prolongeant cette morale fondamentale, des Père de l'Église comme saint Jean Chrysostome et saint Basile adresseront aux riches de leur temps des homélies qui ne seront pas éloignées de la formule de Proudhon : « La propriété, c'est le vol [104]. »

---

jeune homme riche ne fait qu'illustrer l'exigence que Mt 5, 48 impose manifestement à tout auditeur de Jésus, et c'est à cette même exigence que les paraboles du Trésor et de la Perle donnent aussi une allure concrète. L'aporie devant laquelle ces textes placent ceux qui les lisent dans une optique *légaliste* apparaît hautement significative. C'est la manière même d'aborder les textes qui est erronée. S'il est incontestable que la prescription de Mt 5, 48 oblige tout chrétien à être parfait comme Dieu lui-même est parfait, la nature même de cette obligation montre qu'on ne peut pas se contenter de la ranger dans la catégorie des "lois apodictiques". Il ne peut s'agir que de ce que K. Hörmann appelle un "Richtungsgebot", un commandement qui indique une direction plutôt qu'il ne prescrit des actes particuliers. L'orientation exigée est elle-même concrétisée dans des modèles de comportement : c'est à ce titre que l'homme au trésor, le marchand de perles ou le jeune homme riche constituent des exemples. » Je souhaite que toute cette étude soit publiée, pour éclairer le sens que revêt l'expression « loi nouvelle » appliquée à l'Évangile.

104. Dans son Homélie 34, sur la 1ʳᵉ Lettre aux Corinthiens (PG 61, 292-296), saint Jean Chrysostome s'interroge sur l'origine des biens dans les villes : « S'il faut bâtir, on n'a besoin ni d'or, ni d'argent, ni de perles, mais du *travail* des mains, et non pas de mains quelconques, mais de mains calleuses et de doigts endurcis, de bras forts, de poutres, de pierres ; s'il faut tisser des vêtements, on n'a pas besoin d'or, ni d'argent, mais de mains, de l'industrie et du *travail* des femmes. » Et la suite évoque le travail des pauvres dans tous les domaines : on n'a besoin des riches que pour détruire les villes !... « D'où viennent donc les riches ? direz-vous. [...] Nous voyons que c'est par les rapines, les tombeaux ouverts, et les duperies et autres méfaits de ce genre qu'on se procure souvent les richesses, et que ceux qui les possèdent ne méritent même pas de vivre. » (Suivent des exemples concrets de richesses mal acquises : prostituées, mignons, pilleurs

Cette morale très positive mais exigeante dérange forcément les habitudes des hommes, car elle ne correspond guère à leurs tendances spontanées. Mais n'est-elle pas le seul moyen de montrer pratiquement que l'amour du prochain n'est pas un sentiment inefficace ? « Si quelqu'un, jouissant des richesses du monde, voit son frère dans la nécessité et lui ferme ses entrailles, comment l'amour de Dieu demeurerait-il en lui ? » (1 Jn 3, 17). « A ceci sont reconnaissables les enfants de Dieu et les enfants du Diable : quiconque ne pratique pas la justice n'est pas de Dieu, ni celui qui n'aime pas son frère » (3, 10). « Celui qui n'aime pas son frère, qu'il voit, ne saurait aimer Dieu, qu'il ne voit pas » (4, 20). Proudhon, dans la contestation de la société de son temps, était décidément plus proche de l'Évangile que Monsieur Thiers.

---

de tombeaux.) J'emprunte de texte, à titre d'exemple, au recueil *Riches et pauvres dans l'Église ancienne*, coll. « Lettres chrétiennes » n° 6, Paris 1962, pp. 210 s. Voir d'autres textes, notamment ceux de saint Basile, p. 76 : « Toi qui enveloppes tous tes biens dans les plis d'une insatiable avarice, tu estimes ne brimer personne en privant tant de malheureux ? Qu'est-ce que l'avare ? Celui qui ne se contente pas du nécessaire. Qu'est-ce que le voleur ? Celui qui enlève à chacun son bien. Et tu n'es pas un avare, toi ? *Tu n'est pas un voleur ?* Les biens dont on (= Dieu) t'avait confié la gestion, tu les as accaparés. Celui qui dépouille un homme de ses vêtements aura nom de pillard. Et celui qui ne vêt point la nudité du gueux, alors qu'il peut le faire, mérite-t-il un autre nom ? A l'affamé appartient le pain que tu gardes. A l'homme nu, la chaussure qui pourrit chez toi. Au miséreux, l'argent que tu tiens enfoui. Ainsi opprimes-tu autant de gens que tu pouvais en aider. » (Homélie 6 contre la richesse, PG 31, 276-278). Voir encore saint Grégoire de Nazianze, p. 115 s. ; saint Grégoire de Nysse, pp. 132 s. ; saint Ambroise, pp. 226-232. On remarquera que le problème posé concerne généralement les biens d'usage, non les moyens de production. Mais le premier texte de saint Jean Chrysostome touchait pourtant à ce problème. On comprend que l'évêque de Constantinople ait été mal vu de l'aristocratie locale et qu'il ait pu mourir sur le chemin de son retour d'exil. C'est naturellement au texte de saint Basile qu'on comparera le mot de Proudhon. Posons ici une question indiscrète : les évêques du XIXe siècle français connaissaient-ils ces textes patristiques ? A vrai dire, c'est vingt ans après la parution des livres de Thiers et de Proudhon que J.-P. Migne les rééditera dans sa Patrologie. Peut-être faut-il y faire la part de l'éloquence. Mais cette éloquence était du moins évangélique.

### 4.4.3. Problèmes de justice distributive

Encore ne s'agit-il ici que des règles morales relatives aux « biens d'usage » : celles qui se rapportent aux moyens de production posent des problèmes techniques plus compliqués, mais elles entraînent des obligations morales plus exigeantes encore, car elles comportent des responsabilités impossibles à décliner. Que ces biens soient sous le régime de l'appropriation individuelle, de la propriété collective, de la propriété étatisée, ou sous tout autre régime concevable [105], *leur mise en valeur est subordonnée à la promotion des personnes qui participent à la production et bénéficient des objets produits.* C'est la finalité même de tous les systèmes, dont la détermination dépend d'un grand nombre de facteurs circonstantiels ; mais la loi « matérialiste » du *profit* ne peut en aucun cas servir de base à la moralisation de la production et des échanges commerciaux : elle relève des mécanismes psychologiques et sociologiques que l'homme doit dominer. En toute hypothèse, le *travail* et sa juste rémunération ont une priorité certaine sur la propriété du « capital » et le rapport qu'on en tirerait grâce au travail d'autrui. Sur ce point, on lira avec profit l'encyclique de Jean-Paul II : « *Laborem exercens* » (septembre 1981), notamment les nos 11 et suivants.

L'évaluation des comportements humains soulève donc, dans tous les cas, des questions aiguës. En effet, la morale ne s'aligne aucunement sur le droit positif qui, dans toute société, résulte d'un équilibre fragile entre des forces opposées. Fixé dans ces conditions, ce droit peut consacrer des situations franchement injustes et objectivement mauvaises : il ne faut pas compter sur la morale

---

105. La propriété des moyens de production a connu des régimes divers au cours des âges et dans des cadres culturels différents. Par exemple, la propriété féodale, avec sa superposition de droits individuels ou familiaux portant sur le même objet, n'était pas assimilable à celle que les codes modernes d'inspiration libérale ont défini en reprenant la tradition du droit romain. Ce que je veux souligner ici, c'est que le *même* problème se pose à tous les régimes : celui de la subordination de la propriété au bien des *personnes*, des mesures appropriées étant nécessaires pour compenser les inconvénients possibles de chaque régime.

évangélique pour les canoniser. Toutefois, l'Évangile nous apprend aussi à être sans illusion sur le résultat des renversements de situation qui pourraient s'opérer dans les sociétés pour l'appropriation des moyens de production. Aucune opération de ce genre ne change les hommes en profondeur : leur attachement aux intérêts égoïstes dans l'ordre de l'Avoir, du Pouvoir et du Savoir reste toujours ancré en eux. L'espoir mis dans les *seules* techniques économiques et politiques est illusoire, surtout quand les idéologies qui y président excluent formellement la référence à une règle transcendante que la sagesse de Dieu fonde seule [106]. On peut alors prévoir avec certitude que la situation décrite au début de la lettre de saint Paul aux Romains se réalisera tôt ou tard : « Comme ils n'ont pas jugé bon de garder la vraie connaissance de Dieu » — ce point est présenté comme un fait de civilisation —, « Dieu les a livrés à leur esprit sans jugement » (Rm 1, 28). Suit une énumération de maux sociaux dont nous voyons chaque jour des exemples. La « Colère de Dieu », pour « se manifester du haut du ciel », n'a pas besoin de recourir à d'autres

---

106. On remarquera que l'analyse matérialiste de la société et de son fonctionnement économique n'a pas été inventé par Karl Marx : il figurait déjà dans les ouvrages libéraux de Ricardo, dont Marx s'est explicitement inspiré (cf. H. NIEL, *Karl Marx : Situation du marxisme*, Paris 1971, pp. 98-100, qui énumère les économistes anglais auxquels Marx a emprunté une partie de ses analyses économiques pour en dépasser les conclusions). Mais ces idéologies opposées tournent dans le même cercle, dont il faudrait justement sortir pour que l'économie soit au service de l'homme dans la totalité de son être. Il est évident qu'il ne peut en être question chez Marx, puisque l'homme *n'est pas* créature de Dieu, mais se fait *auto-créateur* (voir le texte célèbre reproduit par J.-Y. CALVEZ, *La pensée de Karl Marx*, Paris 1956, p. 56 s.). Sur ce point, le matérialisme athée de Marx, considéré comme point de départ d'une explication « scientifique » de l'univers et de l'histoire, provient des *Thèses* de Feuerbach, elles-mêmes dirigées contre Hegel, comme Marx le dit explicitement dans le 3e Manuscrit de 1844 (cf. K. MARX, *Manuscrits de 1844*, Éd. Sociales, Paris 1972, pp. 124 ss., où la présentation de la religion comme « conscience de soi aliénée de l'homme » est fortement soulignée, p. 141). Dans ces conditions, la reconstruction d'une éthique « scientifique » ne peut se faire que sur la base de ce qui est *utile* à l'idéologie proposée.

moyens que de laisser les actes humains, inspirés par une
option fondamentale opposée à ses desseins, porter leurs
fruits amers [107]. Cette situation d'ensemble et les actes
qui en découlent doivent être observés lucidement, pour
porter un diagnostic d'ordre moral sur les sociétés
humaines.

Quant aux actes particuliers des individus, il n'est pas
toujours facile d'en apprécier la gravité, puisque leur
malice « *objective* » s'enchevêtre inextricablement avec
celle des facteurs sociaux qui les conditionnent. Mais ce
n'est là que l'aspect *subjectif* des culpabilités possibles :
l'obligation de lutter positivement contre les injustices de
tous ordres reste grave pour *tout* homme, dans la mesure
de ses responsabilités et de ses moyens. Les péchés
d'« *omission* » peuvent, sur ce point, avoir la même gravité que les « *transgressions* » des règles morales recon-
nues par tous. « Et maintenant, rois, comprenez ! Ins-
truisez-vous, juges de la terre ! Prêtez l'oreille, vous qui
commandez aux foules, qui êtes fiers de la multitude de
vos peuples ! Car c'est le Seigneur qui vous a donné le
pouvoir et le Très-Haut, la souveraineté : c'est lui qui
examinera votre conduite et scrutera vos desseins. Si
donc, intendants de son Royaume, vous n'avez ni gouverné selon la droiture, ni observé la Loi (morale !), ni
servi le dessein de Dieu, il fondra sur vous d'une manière

---

107. Il faut relire attentivement ce texte : « Comme ils ( = les
hommes, considérés collectivement dans leurs créations culturelles)
n'ont pas jugé bon de garder la *vraie* connaissance de Dieu, Dieu *les
a livrés* à leur esprit sans jugement pour faire ce qui ne convient pas »
(1, 28). Il est clair que saint Paul écarte ici le recours à des moyens de
« Jugement divin » extraordinaire : le refus de la vraie connaissance
de Dieu porte en soi, d'une façon virtuelle, toutes les conséquences
qu'on observe dans la vie des sociétés. La « nature » humaine qui, de
fait, doit manifester ses virtualités par ses créations socio-culturelles,
est fondamentalement dévoyée. On notera que, dans ce contexte, Paul
recourt précisément au mot « nature » pour évoquer les « dé-
naturations » de la sexualité (1, 26-27). Mais le thème de l'homosexualité comme vice « contre nature » n'est pas une invention de
l'apôtre : à partir de Platon (*Les lois*, 836 c-e, 841 d-842 a), l'idée a
passé dans la philosophie courante (cf. K.-J. DOVER, *Greek Homo-
sexuality*, Londres 1978, pp. 165-170). Paul transpose donc en termes
de philosophie grecque un principe moral fortement posé, mais pour
d'autres raisons, dans l'Ancien Testament.

terrifiante et rapide. Un jugement implacable s'exerce en effet sur les grands : on pardonne au petit par pitié, tandis que les puissants sont châtiés puissamment » (Sg 6, 1-6).

### 4.4.4. La mission de l'Église

*La mission morale de l'Église a nécessairement un aspect prophétique*, que les textes de l'Écriture rendent vite incisif. Mais c'est l'objectif positif de sa mission qui doit toujours apparaître en premier lieu. L'encyclique *Pacem in terris* a eu plus de répercussion pour l'annonce de l'Évangile que l'encyclique *Quanta cura* et le *Syllabus* qui l'accompagnait, car tout document de pure condamnation reste ambigu quant à la présentation de la doctrine authentiquement évangélique [108]. Pour s'en tenir à l'encyclique *Quanta cura*, qui avait été précédée par *Mirari vos* [109], tout aussi négative, il faut constater avec

---

108. Cf. *supra*, note 31. Une doctrine repoussée en vue de la défense de la vraie foi n'est pas nécessairement une erreur absolue sous tous les rapports. Elle renferme généralement un mélange de vérités particulières (qui lui confèrent sa puissance de séduction) et d'erreurs plus fondamentales (qui pervertissent sa mesure de vérité). La condamnation globale prononcée par le Magistère ecclésiastique est une invitation au discernement. Mais si l'on se contentait de prendre *sur tous les points* le contrepied de la doctrine condamnée, on aboutirait à la négation de la mesure de vérité qu'elle contient, et donc à une erreur de sens opposé qui pourrait être aussi dangereuse pour la vraie foi chrétienne. De ce point de vue, la « dialectique de l'Anti », qu'on retrouve dans l'Anti-libéralisme ou l'Anti-modernisme ou l'Anti-communisme passionnels, entraîne leurs doctrinaires sur des chemins sans issue. Cette remarque vaut pour la théologie morale aussi bien que pour le Dogme ou l'exégèse biblique. La morale sociale en est un point d'application d'autant plus important que son objet est nécessairement mixte, puisque les données de la révélation s'y recoupent avec celles de la sociologie, de l'économie, de la politologie, de la réflexion philosophique, etc. Il faut reconnaître que les textes de Pie IX ont reconnu avec justesse les dangers de l'idéologie libérale, considérée globalement. Mais leur partie constructive est restée extrêmement faible : en face des problèmes du temps, ils ont passé à côté du sujet.
109. Encyclique « *Mirari vos* », 15 août 1832. A défaut d'une édition ancienne, j'utilise la réédition donnée par J. ARMOGATHE, *Pie IX : Quanta cura et Syllabus*, Paris 1967, p. 75-94. Il y a de tout dans cette encyclique, y compris des allusions aux mouvements politi-

regret qu'elle passait à côté des problèmes sociaux du
temps sans en voir l'urgence et la gravité [110]. Ou plutôt,
les documents pontificaux de cette époque se référaient à
la doctrine qui avait cours dans la tradition *ecclésiastique*
des siècles précédents, conditionnée par des facteurs politiques et culturels sans se ressourcer en profondeur dans
la Tradition *apostolique* qu'attestent les Écritures. C'est
une limite dont l'expérience chrétienne permet de mesurer
les étroitesses. Le Siège romain ne s'est réveillé, sur ce
point, qu'un demi-siècle plus tard avec l'encyclique
*Rerum novarum* et les documents qui l'ont suivie depuis
lors [111]. Le filon positif de l'Évangile a donc été retrouvé.

ques contemporains qui soulevaient certains peuples contre les empires
d'Autriche et de Russie. Grégoire XVI devait d'ailleurs, sur les ins-
tances de Metternich, condamner sans appel le soulèvement de la
Pologne contre « le pouvoir légitime des princes » (Bref « *Superiori
animo* » du 9 juin 1832 ; cf. J. LEFLON, *La crise révolutionnaire
(1789-1846)*, dans l'*Histoire de l'Église*, de Fliche et Martin, t. 20,
Paris 1949, pp. 456 ss.). Il ne viendra à l'esprit de personne de
regarder ce Bref comme un enseignement infaillible du souverain
pontife ! Les conditionnements historiques, sociaux et culturels de
tous ces documents sont assez évidents pour que leur interprétation
doive en tenir compte, sans que l'infaillibilité de l'Église soit mise en
cause.

110. La Papauté, puissance temporelle jusqu'en 1870, était alors
absorbée par les soucis que lui causaient les problèmes de l'unité ita-
lienne et des États dont elle avait la charge. Il est inutile d'épiloguer
sur cette situation. Le pouvoir temporel des Papes était d'ailleurs,
depuis le haut Moyen Age, l'unique garantie de leur indépendance par
rapport aux États. La seule allusion aux problèmes sociaux que renferme l'encyclique « *Quanta cura* » est une condamnation de « la
funeste erreur du communisme et du socialisme » (Denz.-Schönm.,
n° 2891). On pourra comparer cette réaction d'une autorité affolée
aux vues prophétiques d'un Ozanam, mort trop jeune pour donner sa
pleine mesure (voir la présentation anonyme : « Un chef de file : Fré-
déric Ozanam (1813-1853) », *Cahiers d'action sociale et religieuse*,
1948, pp. 197-204, 229-238).

111. A vrai dire, les catholiques et même les épiscopats (sauf en
France et en Italie, semble-t-il) s'étaient réveillés plus tôt. En Allemagne, Ketteler avait posé le problème au Parlement de Francfort dès
1849, avant de devenir évêque de Mayence. En Angleterre, le Cardinal
Manning avait pris fait et cause pour les dockers en grève en 1889 (cf.
A. HOOG, *op. cit.*, pp. 39-43). En France, où les évêques étaient
nommés par le pouvoir politique en vertu du Concordat de 1801, la
question des changements de régime et de la « légitimité » monar-
chique bloquait littéralement tous les esprits. Avant l'encyclique

Mais la proclamation de la morale sociale qui en découle durera jusqu'à la fin du monde, car les problèmes causés par le Péché humain renaîtront toujours de leurs cendres. L'espérance chrétienne se situe au-delà des espoirs temporaires que les sociétés humaines mettent dans leurs moyens techniques, car « l'homme passe infiniment l'homme » (Pascal) [112]. C'est ce *dépassement* que l'Évangile nous révèle.

### 4.5. RESPECT DE LA VÉRITÉ ET RESPECT DE LA VIE HUMAINE

Il faut s'arrêter un instant à trois interdits du Décalogue à propos desquels la détermination du bien et du mal « objectifs » semble aisée : le faux serment et le faux témoignage (Ex 20, 7.18 ; cf. Lv 19, 12), le meurtre (Ex 20, 13). La conscience humaine paraît unanime pour les condamner, tout au moins dans les cas généraux et moyennant les restrictions mentales que des circonstances exceptionnelles ou des situations culturelles particulières paraissent autoriser. En fait, ces définitions négatives des obligations ne font que marquer les limites en dehors desquelles aucune vie sociale ne serait possible. Elles ne suffisent donc absolument pas pour définir les devoirs moraux de la conscience. Pour le faire, il faut se référer aux objectifs positifs que contredisent, d'une part, le faux serment et le faux témoignage, et d'autre part, le meutre, à savoir : *la vérité dans les paroles* et *le respect de la vie humaine*.

### 4.5.1. La vérité dans les paroles

Sur le premier point, l'Évangile retourne précisément le précepte du Décalogue, pour lui substituer cette règle simple et universelle : « Que votre langage soit : ''Oui ?

---

« *Rerum novarum* » (1891), Mgr Freppel — qui était intervenu en faveur des « retraites ouvrières » dès 1880 — fit une démarche auprès de Léon XIII « pour le supplier de ne pas parler de la question sociale » (j'emprunte le renseignement à A. Hoog, *op. cit.*, p. 50, note 1, qui indique sa propre source).
112. Pascal, *Pensées*, éd. Lafuma, n° 164.

Oui'', ''Non ? Non''. Ce qu'on dit en plus vient du Mauvais » (Mt 5, 37). Le problème n'est donc pas celui du *mensonge* et des cas dans lesquels il pourrait être permis comme une sorte de « moindre mal » : c'est celui de la *droiture* dans les relations sociales et de la *véracité* dans les paroles, en toutes circonstances. Quiconque n'est pas droit et vrai se corrompt lui-même, perd le droit à la confiance des autres, rend impossible l'échange normal des relations à l'intérieur de la société. Tel est du moins le cas normal, lorsqu'on falsifie la vérité devant celui qui a *le droit* de la connaître. Car il existe aussi *un droit au secret*. Il y a même des cas où la dissimulation de la vérité peut devenir un devoir, quand elle serait injustement extorquée, non en vue d'un bien mais d'un mal. L'appréciation des cas de ce genre pose des problèmes de conscience qu'il est inutile d'examiner ici en détail : le devoir de véracité peut s'effacer dans des situations conflictuelles où *un devoir plus grand* l'emporte sur lui. Mais cette casuistique, que tout le monde comprend instinctivement, serait ici hors de propos.

### 4.5.2. Le respect de la  vie humaine

Quant au *respect de la vie humaine*, il est beaucoup plus large que l'interdit du Décalogue ne le laisse entendre. Tout d'abord, il faut remarquer que sa formulation hébraïque ne concernait que la mise à mort illégale : elle laissait intacte les lois sociales de l'époque, qui posaient le principe du talion (Ex 21, 24), soit pour le « vengeur du sang » dont il limitait le droit de vindicte dans les sociétés de structure tribale (cf. Gn 4, 15 ; 4, 24), soit afin d'orienter les juges dans les sentences qu'ils portaient en cas de meurtre. La traduction grecque de Décalogue a élargi l'expression employée en interdisant l'assassinat *(ou phoneuseis)* : il s'agit encore d'une règle de droit social, rien de plus. On abuse donc du texte en le traduisant sous la forme « Tu ne tueras pas », pour y chercher un fondement scripturaire à l'interdiction de la peine de mort [113]. Il n'est pas exclu en effet qu'un meur-

---

113. La Commission sociale de l'épiscopat français (25 janvier 1977) s'est prudemment gardée de « tirer de la Bible des arguments

trier volontaire, pleinement responsable de son acte, perde littéralement le droit à la vie dans une société quand il s'est mis « en marge » d'elle. D'autres motifs peuvent conduire à estimer la peine de mort abusive ou inefficace comme moyen de dissuasion dans telle société ou dans telle situation culturelle déterminée. En outre, il est possible que les exécutions capitales, surtout publiques, encouragent les goûts sadiques du public au détriment de sa conscience morale. (On songe ici au spectacle ancien de la guillotine en France ou à la retransmission des exécutions par télévision dans certains États des U.S.A.). Mais ce sont là des questions différentes, qu'il ne faut pas confondre avec celle du respect de la vie humaine.

En revanche, il est clair que ce respect des personnes commence dès le moment où une vie individuelle est « programmée », c'est-à-dire dès le moment de la fécondation [114]. Ni la mère « en détresse » possible, ni sa

---

précis en faveur de la peine de mort ou contre elle » (« Éléments de réflexion sur la peine de mort », dans *Documents-épiscopat*, janvier 1978, p. 7). Elle remarque seulement que « le refus de la peine de mort correspond, chez nos contemporains, à un progrès accompli dans le respect de la vie humaine » (p. 10) ; c'est pourquoi elle conclut que « la peine de mort devrait être abolie ». Il y a là en effet une question de morale sociale qui comporte plusieurs coefficients variables dans les diverses situations culturelles. L'évaluation pratique de ces situations entre toujours en ligne de compte dans l'élaboration des législations.

114. Les théologiens médiévaux, réfléchissant à partir de la science du temps, estimaient que l'âme n'est infusée dans l'embryon humain que vers le troisième mois. Mais ils n'en professaient pas moins le devoir du respect de la « vie à naître ». La physiologie moderne fait intervenir dans cette question un élément nouveau : celui de la « programmation » cellulaire. Il faut donc savoir ce que l'on fait quand on interrompt une grossesse : on *tue* une vie *individuelle* déjà programmée, indépendante de la mère sous ce rapport précis, mais entièrement dépendante de la mère pour parvenir jusqu'au « choc » de la naissance et le surmonter avec succès, puis à l'âge où l'individu pourra vivre et se nourrir par lui-même, puis à l'âge où il prendra son essor d'adolescent et d'adulte. Toutes les considérations qu'on peut faire sur la « reconnaissance » de l'enfant par les parents et la société qui l'accueillent passent à côté du problème de cette « individuation », qui *fait* la personne humaine encore en germe ou en bourgeon. La position abrupte de l'Église sur ce point a sa justification fondamen-

famille mécontente, ni la société encombrée de ces nouveaux « cas sociaux », n'ont un *droit* quelconque sur les
vies individuelles ainsi confiée non seulement à leurs pro-
créateurs, mais à tout le tissu social qui en est solidaire :
les cas de « détresse » résultent généralement de
l'absence de solidarité dans ce tissu social, si bien que
des péchés d'*omission* de cette sorte peuvent avoir une
part de responsabilité dans les meurtres effectués sous
couleur d'« interruption volontaire de grossesse » (quel
bel euphémisme !). L'avortement est un *meurtre* au sens
défini par le Décalogue : il est donc  « objectivement
mauvais », même si les législations l'autorisent dans certains cas. L'objection de conscience peut donc toujours
être pratiquée à son égard par ceux qui possèdent une
responsabilité en la matière. Quant aux législations, le
fait qu'elles relèvent de « l'art du possible » peut les
amener à tolérer le « moindre mal » (social, non moral),
en constatant la dégradation des consciences dans une
situation déterminée. La pratique de l'avortement entre
alors dans le cadre des états de culture que dépeint la
lettre de saint Paul aux Romains (Rm 1, 29-32) :
« Connaissant le verdict de Dieu qui déclare digne de
mort les auteurs de pareilles actions, non seulement ils
les font, mais ils *approuvent* ceux qui les commettent. »
*L'opinion publique moyenne peut être, dans certains cas,
le témoin d'une conscience dévoyée.* Cela laisse intacts
des cas particuliers : celui où un médecin, par exemple,
*ne pourrait pas* amener l'enfant à la vie, au cours des
soins qu'il prodigue à sa mère ; celui où le recours à des
*moyens exceptionnels* serait indispensable pour faire vivre
*malgré tout* un nouveau-né qui n'aurait pas une vie nor-
male, etc. Mais il ne s'agit pas là de meurtres directement provoqués et éventuellement rendus licites par la
législation d'un État.

---

tale dans la physiologie elle-même. Faut-il rappeler, en marge de cette
question, le sermon retentissant prononcé à Münster par Mgr von
Galen en 1942 sur la suppression des anormaux, ces « bouches
inutiles », décidée par le Reich hitlérien ? Plus d'une campagne
orchestrée en France à l'heure actuelle se situe dans la logique du
même système que le IIIe Reich avait fort bien mis au point.

Il faut ajouter que le respect de la vie et le devoir la rendre vraiment humaine grâce à une *solidarité effective* entre les hommes [115], entraîne beaucoup d'autres conséquences qui constituent autant de devoirs moraux pour les individus, les familles, les autorités politiques, la communauté internationale [116]. Qu'on songe seulement aux « pays de la faim », qui ont autant *le droit* d'être secourus par ceux qui en ont les moyens que le blessé de la parabole, sur le bord de la route qui descendait de Jérusalem à Jéricho : tout le monde est prêt à estimer grandement l'attitude du « bon Samaritain » ; mais comment juger la « bonne conscience » du prêtre et du lévite, gens éminemment estimables et soucieux de ne pas se souiller, qui « le virent et passèrent outre » (Lc 10, 29-36) ? Et qui occupe présentement la place du prêtre et du lévite ? L'Église a le droit et le devoir de se préoccuper de toutes ces choses, car l'homme « créé à l'image de Dieu » et solidaire de Jésus Christ garde toujours son *droit* au respect de la vie, quelles que soient sa fragilité ou sa situation misérable. C'est là une requête fondamentale de l'Évangile.

---

115. Il est clair que certains cas de « détresse » invoqués pour justifier certains avortements montrent l'*absence* de cette solidarité dans une société où *la mère* peut être laissée seule devant une responsabilité qu'elle n'a pas prise seule et ne peut porter seule. Les plus belles théories relatives à la « sécurité sociale » peuvent laisser les personnes dans leur solitude physique et morale : les lois qui autorisent l'avortement permettent de se débarrasser élégamment de ce problème. Pilate se lave toujours les mains... Mais Lady Macbeth s'est vainement lavé les mains pour faire disparaître le sang qui tachait les siennes. On n'oubliera pas que le refus de l'avortement et de l'infanticide était un des signes distinctifs relevés chez les chrétiens par l'*Épître à Diognète* (texte cité *supra*, note 20). Encore une fois, il ne s'agit pas ici de « condamner des personnes », mais d'évaluer des actes, des comportements et surtout des théories qui prétendent les justifier. Quant aux personnes, elles ont souvent besoin de retrouver *l'espérance* : c'est tout le but de l'Évangile.

116. Ce point est souligné avec force par la Constitution « *Gaudium et spes* », nos 85-88.

## 4.6. Problèmes de morale sexuelle

Il faut parler aussi de la morale sexuelle. Il n'est pas étonnant que l'opinion publique frétille et se mobilise dès que l'Église y touche, car nul n'est neutre en cette matière. En outre, c'est un des secteurs de la vie où l'angoisse, consciente ou compensée par l'agressivité, pèse le plus fortement sur les consciences individuelles. L'agressivité est une réaction d'autodéfense ou d'autojustification, à moins qu'elle ne marque simplement une volonté de « liberté » plutôt ambiguë. Quant au désir de désangoisser les hommes et les femmes en excluant les questions sexuelles du domaine de la morale, c'est une opération qui aboutit nécessairement soit à l'échec, soit à la déshumanisation progressive de la sexualité elle-même. Examinons donc rapidement ce que l'Église peut avoir à dire à ce sujet.

### 4.6.1. Le dessein de Dieu sur la sexualité

Faut-il rappeler d'abord que sa mission fondamentale n'est pas de jouer à la maîtresse de morale ? Elle doit simplement dévoiler de façon claire *le dessein de Dieu sur la sexualité humaine*, en montrant ses implications individuelles et sociales et en insistant sur la promotion spirituelle du corps que réalise notre rédemption en Jésus-Christ. Ce point fondamental entraîne une conséquence évidente : toute présentation de la morale chrétienne en matière de sexualité doit avoir, comme ailleurs mais plus fortement encore que n'importe où, un caractère *positif* qui n'en fait pas une simple liste d'interdits. Que cet objectif soit toujours atteint par les catéchistes, les prédicateurs ct même les rédacteurs des documents du Magistère, c'est une autre question. Tous les gens de mon âge ont connu ces catéchismes classiques où la réflexion sur le sens positif de la sexualité, de l'amour dans le couple, du sacrement de mariage, était réduite à sa plus simple expression par motif de « convenances », tandis que l'énumération des péchés contre le 6e et le 9e commandement occupait une place assez large et envahissait plus encore l'« examen de conscience », destiné aux enfants comme aux adultes : ne fallait-il pas accuser en confession « tous les péchés mortels » avec « leur nombre et leurs principales circonstances », et les théologiens ne professaient-ils pas que toute infraction à ces commandements constituait une « matière grave », de sorte qu'il y avait toujours une *présomption* de « péché grave » à la charge du « délinquant » ? On peut douter que ç'ait été là une éducation raisonnable de la chasteté chrétienne, en un temps où les « convenances » ne permettaient pas non plus de parler clairement aux enfants et aux adolescents d'une sexualité qui se développait nécessairement dans leur corps, leur imagination, leur affectivité et leur esprit, en entraînant des remous très normaux. Je ne pense pas que l'Antiquité chrétienne et le Moyen Age occidental en aient été là : la pruderie est un fait de culture relativement récent dont les causes mériteraient une étude approfondie. Il est certain, en tout cas, que *la tradition biblique adopte en face de la sexualité une attitude très positive, tout en constatant qu'elle est un des points où la déshumanisation des personnes court le plus de risques.* C'est donc aussi un point sur lequel l'annonce de l'Évangile en vue du salut des hommes, des femmes et des familles, qui les réunissent en assurant la perpétuité de l'humanité, doit être promue avec le plus de force et le plus de tact, soit pour placer les consciences devant leur idéal réel en mesurant leurs responsabilités et leurs défaillances éventuelles, soit pour proclamer la miséricorde de Dieu et faire passer les pêcheurs de l'angoisse à l'espérance [117].

---

117. En enquêtant sur « la Bible devant l'angoisse humaine » (cf. note 51), j'ai dû constater que, dans les deux Testaments, l'annonce de la Parole de Dieu n'avait pas pour but d'angoisser les pécheurs — même si la dénonciation des péchés peut créer un sentiment de vertige devant la perspective du Jugement de Dieu. Elle vise au contraire à faire dépasser l'angoisse par la remise de soi entre les mains du Dieu qui est tout amour. Seulement, ceux qui en restent au sentiment de culpabilité psychologique sans aller jusqu'à la reconnaissance religieuse de cette culpabilité devant Dieu qui les accueille, peuvent fort bien reporter sur leur religion mal comprise une angoisse morbide qui a sa source dans leur psychisme. C'est, je pense, des cas de cette sorte que Freud a eus devant lui, au temps où il élaborait ses réflexions sur le péché originel et la rédemption, telles qu'il les a exposées dans

#### 4.6.1.1. Examen du dossier

Le recours au seul Décalogue suffit moins que jamais à la présentation évangélique de la morale. La recension de l'Exode termine l'énumération de ses interdits en mettant sur le même plan tous les biens dont un homme est détenteur et qu'il ne faut pas chercher à s'approprier par des moyens frauduleux : la maison du prochain, puis sa femme, son serviteur, sa servante, son bœuf et son âne (Ex 20, 17). Le Deutéronome met déjà la femme à part, puis viennent la maison, le champ, le serviteur, la servante, le bœuf et l'âne, avec un autre verbe pour désigner les manœuvres injustes. Cela relève des précautions législatives destinées à assurer l'« ordre social ». De même, l'interdiction de l'adultère vise, dans les deux livres, la violation des droits d'autrui, rien de plus. On ne sort pas de la morale sociologique — la « morale close » de Bergson —, intégrée ici au fonctionnement d'une communauté sacrale que l'alliance relie au Dieu unique. Il faut donc chercher ailleurs dans la Tôrah, chez les Prophètes et chez les Sages les éléments d'une morale sexuelle un peu plus explicite et surtout positive, que le Nouveau Testament pourra assumer en l'amenant jusqu'au bout de sa logique interne. C'est tout à fait possible sur la base des deux récits de la création du couple (Gn 1, 26-28 et 2, 18-24), des mariages exemplaires — ou des péchés typiques — que présentent certains récits, du symbolisme nuptial employé par le prophète Osée et ses continuateurs (Jérémie, Ézéchiel, le Second Isaïe), du Cantique des cantiques, des instructions des Sages (toujours énoncées pour leurs disciples de sexe masculin), du livre de Tobie [118]. Bref, les éléments ne manquent pas. Dans les livrets évangéliques, les paroles de Jésus ne doivent pas être disjointes de son exemple personnel. Les deux choses ont pour arrière-plan la vie d'une société où l'idéal imposé par la Tôrah et proposé par les Sages avait passé dans les mœurs, avec plus ou moins de profondeur

---

*Moïse et le monothéisme* (cf. mes exposés dans *Péché originel et rédemption*, pp. 25-47 et 206-220).

118. J'ai résumé ce dossier dans : *Le couple humain dans l'Écriture* (« Lectio Divina », Paris 1962, et « Foi vivante », Paris 1969).

et des accrocs occasionnels. Mais l'implantation de ce même idéal avec sa transformation évangélique, dans un monde païen que la littérature du temps nous fait assez bien connaître avec ses points forts et ses tares [119], souleva naturellement des problèmes que les épîtres apostoliques permettent d'entrevoir.

Ni Jésus, ni ses apôtres, ni les premiers prédicateurs chrétiens ne se sont transformés sur ce point en dénonciateurs perpétuels des désordres sexuels qui existaient autour d'eux : ils avaient une tâche positive à entreprendre, sans nourrir aucune illusion sur le « public moyen » auquel ils annonçaient l'Évangile. Assurément, ils ne cachaient pas que certains comportements sexuels *excluent* du Royaume de Dieu (1 Co 6, 9), à l'égal d'autres péchés qui dégradent les individus ou corrompent les relations sociales (1 Co 6, 10 ; cf. Ga 5, 20-21). Mais l'objectif proposé en matière de morale sexuelle ne consistait pas seulement à « s'abstenir de l'impudicité » (1 Th 4, 3b), à *ne pas* « se laisser emporter par la passion comme les nations qui ne connaissent pas Dieu », jusqu'à « blesser ou léser son frère en cette matière » (4, 5-6). Puisque la volonté de Dieu est la sanctification de l'homme (1 Th 4, 3a), l'essentiel est que chacun sache « user de son corps [120] avec sainteté et respect » (4, 4),

---

119. Je puis renvoyer ici à R. FLACELLIÈRE, *L'amour en Grèce*, Paris 1961 ; P. GRIMAL, *L'amour à Rome*, rééd. Paris 1979. Des recueils photograpiques ont fait connaître au grand public, durant ces dernières années, les représentations érotiques de l'art grec et de l'art romain ; mais je n'ai pas à donner ici une bibliographie sur cette question. Les mobiles des éditeurs n'étaient probablement pas « purement scientifiques ». Quant aux auteurs littéraires de la Grèce et de Rome, ils sont cités dans les deux études que je viens de mentionner. On n'oubliera pas que Pétrone est, pratiquement, un contemporain de saint Paul : il est mort en 65 après J.-C.

120. Le sens de l'expression est discuté : il peut s'agir du corps de l'homme ou du corps de son épouse (litt. : « vase ») ; cf. la discussion de B. RIGAUX, *Saint Paul : Les épîtres aux Thessaloniciens*, Paris 1956, p. 504-506. Les vv. 3-8 concernent la pratique de la chasteté, comme signe de la « sanctification » qui contraste avec les mœurs païennes du temps ; dans les p. 495-515, le commentateur donne une bibliographie suffisante au sujet de ce contexte culturel. Pour ce qui suit, on se référera aux commentaires de la 1re lettre aux Corinthiens

car ce corps est un « membre du Christ » (1 Co 6, 15),
un « temple de l'Esprit » dont l'homme n'est pas propriétaire (6, 19). C'est pourquoi il faut « glorifier Dieu
dans (son) corps » (6, 20). La sexualité prend un sens
évident lorsqu'elle entre en acte dans l'amour mutuel des
époux, lorsque le couple a pris la société à témoin de son
engagement exclusif, stable et permanent : c'est tout le
sens du mariage qui fonde la famille. L'union des deux
époux fait qu'il se sont donnés l'un à l'autre jusqu'à ne
plus s'appartenir (c'est le sens de 1 Co 7, 3-4). Certains
lecteurs superficiels butent sur le texte de la lettre aux
Éphésiens qui invite les femmes à être « *soumises* à leurs
maris » (Ep 5, 22a), sans prendre garde au contexte qui
invite tous les fidèles d'être « *soumis* les uns aux autres
dans la crainte du Seigneur » (5, 21). La soumission des
femmes aux maris était inscrite dans tous les droits cou-
.tumiers du temps : elle ne relevait pas de la morale !
Mais Paul ajoute : « ... comme au Seigneur », ce qui
ouvre une nouvelle perspective sur les rapports mutuels,
surtout si le mari « *aime* (sa) femme comme le Christ à
aimé l'Église, en *se livrant* pour elle » (5, 25). N'est-ce
pas le vœu secret de tout amour humain qui veut se
soustraire au joug de la simple animalité ?

### 4.6.1.2. L'objectif positif de la morale chrétienne

Le but de cette morale est donc *la pleine humanisation
de la sexualité*. Il se résume en quelques mots. Dans les
comportements individuels : le *respect* de soi, la *maîtrise*
de soi, en vue du *don de soi*. Dans la relation à autrui :
le *respect* et l'*amour* authentique de l'autre, à l'exemple
du Seigneur Jésus — toute relation étant nécessairement
« sexualisée » par la qualité des personnes qu'elle concerne. Entre les époux, *le don mutuel* inclut la totalité de
l'être sans arrière-pensée, car Dieu n'est pas jaloux de ses
dons, et la fécondité est en elle-même un des dons les
plus merveilleux, bien que sa régulation — qui relève
aussi de l'« humanisation » de la sexualité — pose des

---

et de l'épître aux Éphésiens : je ne fais qu'en reprendre les données
dans leurs grandes lignes.

problèmes dont la solution n'est pas immédiatement évidente. Rien de tout cela n'est donné d'avance : l'humanité pécheresse étant ce qu'elle est, le respect de soi et des autres, le don de soi sous les formes les plus différentes, la maîtrise de soi qui permet de ne pas céder aux convoitises désordonnées, sont à conquérir de haute lutte : durant l'enfance et l'adolescence d'abord, lorsque la sexualité se forme et que la personnalité s'affirme progressivement ; ensuite durant toute la vie, car aucune victoire dans ce domaine n'est jamais acquise définitivement. Telle est la perspective ouverte par la morale chrétienne, directement rattachée à l'Évangile et à l'exemple de Jésus.

Comme il s'agit de la mettre en pratique dans la condition pécheresse qui est commune à tous les hommes, il ne faut pas s'étonner de constater sa difficulté. Mais l'essentiel n'est pas d'« être en règle » avec ses prescriptions pour avoir « la conscience tranquille » ; c'est de *viser* avec persévérance l'idéal qu'elle propose, en reprenant inlassablement les efforts nécessaires malgré les échecs éventuels. Sous ce rapport, les « omissions » précèdent encore les « transgressions ». Assurément, on peut toujours mesurer la distance qui existe entre les actes, les comportements, les désirs, les tendances affectives ou sensibles, et *le but* qu'on se propose d'atteindre pour assurer la maîtrise de soi, le respect de soi et d'autrui, le don de soi dans un amour authentique (et non frelaté) : l'appréciation qui en résulte correspond à un mal « *objectif* » dont la gravité se mesure à l'importance du bien négligé, ou omis, ou volontairement contredit. Mais au point de vue *subjectif*, la sexualité est un des domaines de l'être humain où il est extrêmement difficile de discerner la part des mécanismes psychiques et celle des engagements libres [121]. On ne peut que laisser à Dieu

---

121. C'est pourquoi les données de la psychologie moderne (et de la psychanalyse) apportent au moraliste un élément d'appréciation indispensable. Il peut paraître tout remettre en question, si on se place dans la perspective d'une « morale de la Loi », car le subjectif semble alors prendre le pas sur l'objectivité des normes posées. Mais si on se place dans la perspective positive que je tente de décrire ici, tout reste en place, puisque les efforts à entreprendre et à poursuivre en vue

le soin d'en juger dans chaque cas particulier. Le principal est de remettre le cap dans la bonne direction, sans dépit ni angoisse. C'est la grâce de Dieu qui crée dans le cœur du pécheur la contrition véritable, très différente de l'orgueil blessé [122].

## 4.6.2. L'enseignement moral de l'Église

Cet aspect du problème, qui constitue une part importante de la mission confiée à l'Église, laisse intact son devoir de réflexion sur les moyens à employer pour « humaniser » d'une façon authentique la sexualité des hommes, des femmes et des couples, dans la perspective du dessein d'amour que Dieu nourrit à leur endroit.

### 4.6.2.1. Les interventions du Magistère

On ne doit donc pas s'étonner de voir tous les détenteurs des ministères intervenir, chacun au niveau de sa responsabilité propre. Dès l'Antiquité et le Moyen Age des documents officiels ont censuré les doctrines dualistes (manichéenne et albigeoise) qui voyaient un mal dans l'exercice de la sexualité et, plus précisément, de la procréation [123]. Ils sont intervenus en sens inverse, en des

---

d'une *finalité* qui définit la moralité objective des actes, restent les mêmes : l'important n'est pas de regarder en arrière pour se condamner après coup, mais de regarder vers l'avant en direction du but assigné par Dieu (cf. Ph 3, 12-16, qui décrit justement cette attitude spirituelle dont les implications morales sont évidentes).

122. On peut faire intervenir ici une donnée de psychologie élémentaire. L'humilité du cœur contrit, que décrit le Psaume 51, permet de passer de l'angoisse (v. 3-13) à la joie et à l'engagement au service de Dieu (v. 14-17). Les deux sortes de contrition que les catéchismes courants ont désignées en reprenant des termes de théologie scolastique (« parfaite » et « imparfaite ») ont induit beaucoup de fidèles en erreur : à la limite, tous penseraient que la contrition « parfaite » est impossible — sauf aux saints, qui n'en ont plus besoin ! Mais il s'agit simplement de substituer l'*amour* de Dieu à la *peur*, en posant d'ailleurs en principe que l'effet du sacrement réalise ce qui ne serait pas fait avant de recevoir l'absolution : « ex attrito, fit contritus ». Mais je n'ai pas à examiner ici la question de la rémission des péchés par la seule contrition qu'inspire l'amour de Dieu, en attendant l'acte d'Église que constituera le rite de confession et d'absolution.

123. Cf. Denz.-Schönm, nos 461 s (les Manichéens). Mais on remar-

temps plus récents, pour contrer certaines *théories* qui justifiaient le laisser-aller sexuel, mais non pour condamner les *personnes* : celles-ci ont toujours le droit d'être accueillies avec respect, même s'il faut les inviter à une conversion effective [124]. Toutefois les situations culturelles peuvent modifier la position de certains problèmes pratiques : la continuité observable entre les encycliques « *Casti connubii* » (1930) et « *Humanae vitae* » (1968), jalonnée par les discours pontificaux intervenus entre les deux, laisse entrevoir un réel déplacement des questions posées : ce sont en effet les circonstances qui les posent [125]. Les interventions du Magistère sont-elles toujours adroites et résolvent-elles définitivement toutes les difficultés soulevées ? Pour le penser, il faudrait perdre de vue les limites humaines. Il peut se faire que le recours plus approfondi aux « sciences de l'homme », d'une part, et le ressourcement biblique plus poussé de la réflexion, d'autre part, permettent de progresser sur ce terrain semé d'embûches où le « grand public » guette l'Église avec une curiosité plutôt malveillante. Il est parfois facile de comprendre pourquoi certains textes officiels reçoivent un accueil franchement mauvais.

---

quera que, dans les temps modernes, le « droit au mariage » est fermement maintenu, contre certains abus sociaux par les documents pontificaux (*ibid*, nos 3722, 3771).

124. Les premières interventions du Magistère en ce sens concernent exclusivement la condamnation de « propositions » qui acceptaient un certain laxisme moral, en 1665 et 1666 (cf. Denz.-Schönm., nos 2044 s, 2060 s, etc.). Elles seront suivies de beaucoup d'autres, dans la perspective exclusive de la morale des casuistes. Les enseignements positifs sur le mariage chrétien et la sexualité ne viendront qu'au XXe siècle, avec quelques anticipations sporadiques à la fin du XIXe : « *Casti connubii* » date du 31 décembre 1930.

125. On se rappelle, par exemple, que la prise de position de Pie XI au sujet de la « fraude » conjugale (Denz.-Schönm., nos 3716 s) a été occasionnée par celle des évêques anglicans à la Conférence de Lambeth (le texte y fait implicitement allusion). Le déplacement du problème qui s'est effectué depuis lors est manifeste, puisqu'au lieu de dire simplement que « l'acte conjugal est destiné par sa nature même à la génération de la descendance » (n° 3716), on parle explicitement de « régulation » des naissances et de « paternité et maternité responsables », ce qui suppose qu'on ne s'en remet plus simplement aux hasards de la « nature » (au sens physique du mot).

## 4.6.2.2. *Examen critique d'un cas particulier*

On excusera ici ma liberté de parole : elle ne comporte aucun manque de respect envers le Magistère romain et ses organes officiels, mais elle tente d'analyser un cas particulier qui fit récemment quelque bruit. Il s'agit de la déclaration « *Persona humana* » (29 décembre 1975) [126]. *Pourquoi* fit-elle tant de bruit dans les « moyens de communication sociale », qui en livrèrent au public des brises choisies d'une façon tendancieuse, tandis que des pasteurs prudents éprouvaient un réel malaise et que certains moralistes s'en prenaient à ses rédacteurs pour des motifs souvent contestables [127] ? Le sujet traité par le document s'explique très bien par les circonstances dans lesquelles il a paru. Certaines publications récentes, dues à des théologiens, tendaient à autoriser « en conscience » les trois comportements qui font l'objet essentiel du texte, à savoir, les relations sexuelles préconjugales, l'homosexualité et la masturbation. Mais il faut faire trois remarques importantes. 1. Tout en situant le traitement du sujet entre des vues générales sur l'éthique sexuelle (nos 1-5) et une présentation positives des « exigences » de la chasteté (n° 11) que rend possible le don de la grâce (n° 12), *la Déclaration restait dans la perspective négative de la*

---

126. Texte français dans *La documentation catholique*, n° 1691 (1er février 1976), p. 108-114. Le seul but de mon analyse est d'éclaircir les raisons de l'*échec* du document devant l'« opinion publique ».

127. Je noterai ici deux choses. 1. Les jeunes gens avec qui j'ai eu l'occasion d'en « disputer » ne connaissaient jamais le texte dans sa totalité ; ils dépendaient exclusivement des extraits de presse qui résumaient les choses en disant : « L'Église condamne ceci ou cela » (ce qui montre que les journalistes étaient eux-mêmes dans la perspective la plus légaliste de la morale). 2. Les prises de position de certains moralistes (auxquels les journalistes jouèrent d'ailleurs des tours en « chapeautant » leur texte par des titres provoquants) ne sortaient guère de la question de la « nature » et de ses « lois immuables », sans chercher à savoir si ce langage n'exprimait pas en termes scolastiques — qu'on peut estimer maladroits et mal choisis — des notions venues en droite ligne de l'Écriture sainte : la question du ressourcement biblique de la doctrine n'était pas soulevée, car l'attention était captée par les données de la psychologie moderne. A mon avis, il aurait fallu faire les deux choses, si on voulait énoncer un avis pertinent.

*morale des casuistes :* « Elle a pour objet de rappeler la doctrine de l'Église sur certains points particuliers, vu l'urgente nécessité de *s'opposer* à des erreurs graves et à des manières d'agir aberrantes et fort répandues » (n° 6). Le lecteur sera donc placé devant une « morale d'interdits » qui mettra surtout en évidence le risque du « péché mortel » (n° 10). Ce dernier point est assurément traité avec les nuances et les réserves nécessaires, quand il faut apprécier le « libre consentement » des sujets ; mais de telles considérations, destinées aux pasteurs et aux confesseurs, échappaient presque fatalement à l'attention de la Presse, qui retint exclusivement les trois « interdits » de la morale chrétienne. 2. Les considérations générales sur le sens de la sexualité (nᵒˢ 1-3) se référaient aux « lois immuables » de la morale « naturelle » sans opérer un ressourcement biblique suffisant, en dépit d'une citation de Vatican II (Déclaration « *Dignitatis humanae* », n° 3), qu'il aurait justement fallu préciser pour éviter les équivoques du mot « nature ». 3. Les références à l'Écriture, bien choisies en elles-mêmes, étaient reléguées dans la finale (nᵒˢ 11-12) et formaient une enfilade de textes qui n'avaient finalement rien d'attirant pour les consciences les mieux disposées, car on y sentait encore le souci de mettre en garde contre le mal plus que la proposition d'un idéal à viser avec courage et confiance.

Or, il aurait été possible de rappeler les mêmes principes fondamentaux de l'éthique chrétienne — et humaine tout court — en renversant la situation, en mettant d'abord en évidence le caractère positif de l'objectif à atteindre, et en enracinant davantage sa présentation dans l'Écriture sainte. Voici un simple exemple pour fixer les idées. Au lieu de faire une simple allusion à « cette *continence* que saint Paul met au nombre des dons du Saint-Esprit » (n° 11, qui renvoie sans le dire explicitement à Ga 5, 23, où le grec *enkrateia* désigne effectivement la continence ou la maîtrise de soi), on pouvait partir de là pour traiter la question de la masturbation. Car le problème pratique qui se pose dans le comportement moral vraiment humain *n'est pas* celui de la masturbation, *c'est celui de la maîtrise de soi* [128] qui se heurte à plusieurs sortes de difficultés prévisibles, puisqu'elle est à conquérir et de sa conquête est finalement un « fruit de l'Esprit ». Il est possible de mettre en évidence *la valeur humaine de la maîtrise de soi*, de conduire les cœurs bien disposés à la désirer, à la vouloir en y mettant le prix, à persévérer dans l'effort tout en sachant qu'il pourra y avoir des échecs. La qualité morale d'une personne humaine se mesure en effet à ses efforts réels, non au nombre de ses échecs. Sur ce point, les théoriciens qui soustrairaient la maîtrise de soi aux devoirs fondamentaux de la morale, se disqualifieraient d'eux-mêmes [129]. Mais l'angoisse créée par la hantise du péché mortel contribue certainement à provoquer le découragement, à briser les efforts, à ruiner l'espérance : cet aspect psychologique de la question semble avoir échappé aux rédacteurs du texte, malgré les nuances introduites dans le passage qui fait allusion aux « données valables » de la psychologie moderne (n° 9, *in fine*). On voit clairement en cet endroit que les instructions du document étaient destinées aux professeurs de théologie morale et aux confesseurs, puisqu'il s'agit d'apprécier la gravité des fautes ainsi commises [130].

---

128. Le problème est, sous ce rapport, le même pour les fiancés (ou futurs fiancés), dont le document traite en son n° 7. La maîtrise de soi passe évidemmment par une épreuve (providentielle !), quand elle est en état de tension (ne disons pas : de conflit) avec un amour qui tend au don de soi et suppose le désir sexuel, sans lequel le mariage ne peut même pas être envisagé. La voie à trouver pour allier, chez les deux membres du couple, maîtrise de soi, respect de soi et de l'autre, amour et don de soi, n'est pas nécessairement facile. Mais il faut au moins qu'elle soit présentée sous son angle positif.

129. Il faut constater que certaines « encyclopédies de la sexualité » publiées, ces dernières années, par des médecins compétents dans leur domaine, ignorent totalement cet aspect psychologique — et moral — du problème (cf. l'ouvrage de J. Toulat cité dans la note 157, pp. 182 s., qui donne des titres précis) : ils n'y font même pas allusion, en comptant apparemment sur l'expérience et le bon sens individuel pour que chacun trouve sa voie. La maîtrise de soi en vue du don de soi ne serait-elle plus une « valeur » dont on puisse parler positivement, et qu'il est aisé de situer dans la compréhension évangélique de la sexualité ?

130. Je laisse de côté la question de l'homosexualité, à laquelle est

Péchés de « transgression d'une loi », ou péchés d'« omission » — et de « démission » devant l'effort à entreprendre pour répondre avec amour à l'appel de Dieu qui désire notre sanctification ? Le texte met en avant la première interprétation. A mon avis, l'exposé évangélique de la morale doit s'arrêter d'abord à la seconde. Car la grâce du Christ et la force de l'Esprit Saint peuvent alors devenir la source d'une force intérieure qui fait passer la personne humaine, livrée à sa fragilité, de l'angoisse spontanée à l'espérance et au courage. Au point de vue théologique comme au point de vue pastoral, c'est là un aspect essentiel de l'annonce de l'Évangile. Même la casuistique — évidemment nécessaire si on étudie les questions en détail — peut se développer dans ce climat.

### 4.6.2.3. Importance de la morale sexuelle

Cet exemple peut suffire. Quant à savoir si l'effort à entreprendre constitue une « matière importante » (c'est le sens fondamental de l'expression latine : *materia gravis*), il est clair que c'en est une en effet, puisque la sexualité n'est authentiquement « humanisée » qu'à ce prix. L'évaluation du péché « objectivement » ou « intrinsèquement » grave ne vient qu'ensuite ; non en

---

consacrée le n° 8. La seule citation de Rm 1, 24-27 ne suffit pas pour traiter ce problème au point de vue biblique, et les allusions à 1 Co 6, 10 et 1 Tm 1, 10, sans perdre leur pertinence, nécessiteraient une étude plus approfondie. Le document ne vise, ici encore, qu'à évaluer les péchés commis en écartant les théories qui tenteraient de les justifier. Il n'indique pas tout ce qu'exigerait une attitude pastorale dans les cas particuliers. Dans ce domaine, il va de soi que l'angoisse humaine risque de se donner des apaisements à bon compte ; par exemple, en cherchant dans le 1er livre de Samuel un couple idéal d'amants assimilés aux héros de l'Illiade, à Pélopidas et Épaminondas, à Nisus et Euryale, etc. : ce serait David et Jonathan. Mais l'étude sociologique de la sexualité en Israël n'est même pas entamée, et l'étude linguistique du vocabulaire, qui possède un seul mot pour désigner toutes les sortes d'attachements, n'est pas davantage entreprise. On est en plein abus de textes. Il reste que cette disposition psychologique est, pour les individus, une épreuve d'autant plus lourde et difficile à porter qu'elle atteint la personne à la racine même de l'affectivité et du vouloir.

fonction d'*interdits* transgressés, mais en fonction de la *finalité* à viser malgré les combats intérieurs où les défaites passagères ne sont pas des désastres. Et même s'il y avait des désastres temporaires, l'amour de Dieu envers les pécheurs n'aurait pas changé. On pourrait examiner dans les mêmes conditions les deux autres questions traitées dans le document : la façon d'en traiter changerait d'une façon considérable, sans rien retrancher de l'idéal positif que le Créateur assigne à la sexualité humaine et que la grâce de rédemption permet d'assumer pleinement, suivant des vocations personnelles différentes, le mariage étant la vocation la plus habituelle mais non la seule possible. (Pour consacrer sa vie et la totalité de ses forces affectives à l'Évangile du Règne de Dieu, Jésus ne s'est pas marié [131].) Je laisse de côté les autres questions de morale sexuelle qui sont liées à la révélation évangélique et qui, du même coup, achèvent de révéler l'humanité à elle-même : il faudrait des développements trop longs pour en traiter convenablement [132]. La façon de les aborder importe autant que les réponses qu'on leur donne.

---

131. Il faut naturellement s'attendre à voir certains lecteurs projeter sur Jésus leurs propres fantasmes, en le présentant comme un homosexuel — puisque, n'étant pas marié, il n'avait que des disciples masculins ! L'Américain Morton Smith a écrit là-dessus un livre absurde auquel il est inutile de faire ici une publicité gratuite. On ne se demande pas pourquoi, à la différence des docteurs juifs du temps, Jésus admettait des femmes en condition de disciples (par exemple, Lc 10, 39-42 ; cf. 8, 1-3). On ne prend pas la peine d'analyser en détail la scène où Jésus, mis en situation scabreuse par l'attitude très ambiguë d'une prostituée convertie, retourne cette situation en manifestant une maîtrise de soi qui écarte toute équivoque, manifeste la miséricorde de Dieu et rend la paix à la pécheresse (Lc 7, 36-50). On ne discerne pas la confidence voilée que constitue la déclaration relative aux ennuques volontaires « pour le Royaume de Dieu » (Mt 19, 11-12). Le célibat de Jésus est le seul motif dont j'ai pu remarquer la pertinence, dans des discussions sur ce sujet avec de jeunes musulmans arabes : c'était là une donnée de fait, irrécusable.

132. J'ai déjà cité plus haut le petit dossier biblique réuni dans : *Le couple humain dans l'Écriture* (cf. note 116). Il aurait besoin d'être amplifié par des commentaires de textes... qui le rendraient malheureusement illisible pour le public auquel il est destiné.

## 4.7. LA QUESTION DE LA TORTURE

J'ajouterai un dernier exemple qu'on ne peut rattacher à aucun interdit du Décalogue, mais auquel la conscience de nos contemporains est particulièrement sensible. *La torture* est une violation radicale de la dignité humaine, même si elle vise des personnes qui ont violé cette dignité chez elles-mêmes ou chez d'autres. On peut donc dire qu'elle est *intrinsèquement perverse*, quelles qu'en soient les formes : physiques, psychiques ou morales, quels qu'en soient aussi les moyens, fussent-ils légalisés : on songe ici expressément à certains internements, soi-disant psychiâtriques [133], qui tendent à détruire la personnalité des internés. Mais la difficulté commence, quand il faut préciser la limite qui sépare la torture proprement dite des « moyens forts » auxquels recourent, en tous pays, les polices chargées de réprimer les crimes sociaux et d'endiguer la montée de la violence. Il est certain que, sur ce point, l'appréciation de la conscience humaine connaît des variations suivant les pays, les temps, les cultures. Cela ne justifie aucunement, d'une façon objective, les excès qu'on peut repérer actuellement ou jadis dans des civilisations qui nous touchent de près : l'Inquisition religieuse elle-même, dans le Moyen Age « chrétien » et plus encore durant le XVIe siècle espagnol, a recouru à la torture pour obtenir les aveux des coupables, vrais ou supposés. (La psychologie de la « chasse

---

133. Les faits sont connus, notoires. Il est inutile d'y insister. Mais peut-être faut-il relever la parfaite logique d'un système qui se croit « scientifique » sous tous les rapports : la résistance à cette « science », au bout de deux ou trois générations, ne peut venir que d'une complicité objectivement perverse avec le Capitalisme et l'Impérialisme internationaux (les majuscules montrent le caractère mythique des monstres qui se cachent derrière ces mots), ou bien d'un dérangement mental qui relève de la psychiatrie. Un psychiâtre qui adhère pleinement à l'Idéologie au pouvoir ne peut que se plier docilement aux exigences de ses maîtres : il sert la Cause à laquelle le Pouvoir l'a voué. Tout ce qu'on peut dire contre cela relève de l'hypocrisie bourgeoise : l'idée des droits de la personne n'en est que le dernier refuge, car il ne saurait y avoir de « droits » en dehors de la « Vérité scientifique » définie par les maîtres du Pouvoir. Il en allait exactement de même dans le IIIe Reich.

aux sorcières » est connue, mais elle a des applications contemporaines dans les États totalitaires aux couleurs les plus variées [134].)

En toute hypothèse, ici comme dans les exemples proposés précédemment, *il importe toujours de définir avec clarté les actes, les comportements et les omissions qui vont directement contre les exigences fondamentales de la morale.* Ce serait plus facile, si celle-ci était uniquement comprise en termes de « loi » ou d'« interdit », qui fixeraient la limite inférieure au-dessous de laquelle on ne peut descendre sans contredire la dignité de celui qui agit, ou celle des autres, ou les deux, ou le bien commun évident de la société elle-même. Cette limite existe sûrement, et l'entrelacement de la raison humaine et de la révélation venue du Dieu vivant permet de la fixer sur des points majeurs. L'Église a donc le devoir de la rappeler à l'occasion. Mais la moralité *positive* des actes commence au-delà de cette limite : elle se définit par les *finalités* que les personnes humaines doivent s'efforcer d'atteindre. L'annonce de l'Évangile consiste d'abord à mettre ces finalités en pleine lumière.

### 5. L'APPRÉCIATION DE LA MORALITÉ DES ACTES HUMAINS

Les réflexions qui précèdent ont tâché d'envisager les actes humains sous leur aspect « objectif », indépendamment des circonstances qui les entourent et de la subjectivité des personnes qui en sont responsables. Or, c'est là une façon abstraite d'aborder le problème.

Il faut maintenant envisager les actes dans leur intégralité, en liant leur aspect objectif et leur aspect subjectif,

---

134. Il y aurait une profonde hypocrisie à réserver cette appellation de « totalitaires » aux États athées. Le totalitarisme peut se camoufler sous n'importe quelle couverture. Traduisons cela en langage mythique emprunté à l'Écriture : la Bête de l'Apocalypse peut subir les mues les plus diverses, tel le Protée des mythes grecs, jusqu'à singer les traits du Christ-Roi. (N.B. Il existe, quelque part en Europe, des « Guerilleros du Christ-Roi » !)

et en examinant le rôle de la conscience dans l'appréciation de leur moralité.

### 5.1. ASPECT OBJECTIF ET ASPECT SUBJECTIF DE LA « MORALITÉ »

Les « actes de l'homme » n'existent pas à l'état pur, indépendamment des personnes, des intentions et des circonstances qu'en font des « actes humains »[135]. Cette donnée de bon sens risque d'être perdue de vue. Il faut donc sortir de l'abstraction, si on veut déboucher sur une morale réaliste où la conscience individuelle trouvera sa place exacte.

### 5.1.1. Objectivité des actes et subjectivité des personnes

Lorsque l'Église explique les conséquences morales de l'Évangile qu'elle annonce, elle n'oublie pas que celles-ci sont liées, d'un côté, au dessein du Créateur auquel la « nature humaine » doit son vrai sens et, de l'autre côté, à la grâce rédemptrice qui peut seule l'arracher au mal. Aussi doit-elle tenir compte de *tous* les éléments qui sont étroitement associés dans l'activité et les comportements de chaque personne.

#### 5.1.1.1. Cas des actes « objectivement » mauvais en eux-mêmes

*Certains actes portent en eux-mêmes le sens qui les qualifie* (le « finis operis » des moralistes scolastiques). Ce fait est dû à leur liaison immédiate avec le rapport de l'homme à Dieu, avec la dignité réelle du sujet concerné, avec sa relation aux autres hommes ou à la société entière dont il faut promouvoir le bien commun. Dans l'homme, l'Image de Dieu[136] ne doit pas être profanée

---

135. La distinction entre les « actes de l'homme » et les « actes humains » est classique dans les *Manuels* de théologie issue de la Contre-Réforme. On peut la reprendre ici à bon escient : elle est pertinente pour le sujet abordé.

136. Ce thème est repris avec bonheur dès le début de la Constitution « *Gaudium et spes* » (n° 12) pour fonder toute la réflexion qui suit. Il est classique dans toute la théologie patristique. Il n'a rien à

ou bafouée : c'est un principe fondamental dont j'ai tenté de montrer plus haut quelques applications. L'option prise par chacun en face des cas particuliers où ce principe est en jeu devrait donc être en résolue en théorie par Oui ou par Non, de sorte que le caractère bon ou mauvais des actes en résulte nécessairement et que leur gravité puisse être appréciée comme une « donnée immédiate » de la conscience morale.

Mais en pratique, la situation est plus complexe. En effet, *la subjectivité des personnes interfère avec l'objectivité de leurs agissements*, tels qu'on les voit de l'extérieur. Or, elle est fortement conditionnée par une foule de facteurs, aussi bien pour l'appréciation qu'énonce la raison au sujet des finalités à poursuivre, des moyens à employer pour les atteindre, de l'importance des devoirs qui leur sont corrélatifs, que pour l'engagement libre de la volonté qui doit se frayer un chemin au milieu des mécanismes psychologiques, culturels, sociaux, etc. La responsabilité encourue dans chaque acte particulier dépend de cet ensemble de facteurs. La thèse est classique chez tous les moralistes chrétiens. Cela étant, l'évaluation négative qu'on peut faire pour tel *acte* de tel individu laisse intact le mystère intime de sa *personne* :

---

voir avec le Platonisme : il provient simplement de Gn 1, 26. [Voir déjà saint Irénée, *Adversus haereses,* livre 3, 18, 1 : le Fils de Dieu « a récapitulé en lui la longue histoire des hommes et nous a procuré le salut en raccourci, de sorte que ce que nous avions perdu en Adam, c'est-à-dire d'être à l'image et à la ressemblance de Dieu, nous le recouvrions dans le Christ Jésus » (trad. de A. ROUSSEAU, « Sources chrétiennes », n° 211, p. 342-345).] Les citations seraient innombrables. Le contact avec les philosophies stoïciennes et platonicienne a naturellement favorisé le développement de ce thème. Voir, par exemple, ORIGÈNE, *Homélies sur la Genèse*, « Sources chrétiennes » n° 7 bis, 1, 12-15, p. 54-69 ; BASILE DE CESARÉE, *Sur l'origine de l'homme*, « Sources chrétiennes », n° 160, 1, 6-7 et 15-18 (pp. 178-183 et 205-221 : dans le n° 18, Basile insiste sur le fait que la femme aussi est créée à l'image de Dieu !). La spiritualité médiévale n'est pas en reste : on le constate par exemple, dans le développement que ce thème acquiert chez un S. Bernard (cf. E. GILSON, *La théologie mystique de saint Bernard,* Paris 1934, p. 48-77, où l'accès à la vie chrétienne est présenté comme un passage de la « région de la dissemblance » au retour vers l'image divine que la grâce du Christ imprime à nouveau dans l'homme).

Dieu seul y voit clair, et l'on sait que *la situation réelle des hommes devant Dieu dépend de l'option fondamentale* [137] *à laquelle se rattachent tous leurs choix particuliers, dans la mesure où la conscience et la liberté trouvent réellement le moyen de s'y affirmer malgré les pesanteurs qu'elles supportent.* En faisant abstraction de l'Esprit Saint qui surgit comme un facteur nouveau au cœur de l'« homme intérieur », saint Paul décrit ce débat d'une façon dramatique dans le chap. 7 de la lettre aux Romains [138] (Rm 7, 21-24). L'intervention de l'Esprit Saint lui-même laisse en place le même tiraillement intérieur, qui devient un débat entre « la chair » et l'Esprit [139] (Ga 5, 17).

### 5.1.1.2. *Évaluer les actes sans juger les personnes*

Il est donc impossible de porter un jugement de fond *sur les personnes*, même devant les culpabilités qui sont *objectivement* les plus graves et qui peuvent mériter à bon droit des sentences de condamnation sociale. Le fond des cœurs échappe radicalement au regard qu'on porte sur lui de l'extérieur, même si tous les indices convergent pour faire penser que certains individus sont des monstres moraux qui ont perdu le droit à la vie [140]. La conscience que chacun doit garder de ses limites personnelles oblige en effet à prendre au pied de la lettre le principe évangélique où Jésus cite un dicton tiré de la Sagesse juive : « Ne jugez pas, afin de n'être pas jugés, car c'est du jugement dont vous jugez qu'on (= Dieu) vous jugera, et c'est de la mesure dont vous mesurez

---

137. *Péché originel et rédemption*, p. 408-410.
138. *Ibid.*, p. 80-105.
139. *Ibid.*, p. 91-93, 305-309.
140. Il est entendu que les jugements portés par les tribunaux humains ont des limites : les juges ne sont pas nécessairement de parfaits innocents. Après la Seconde Guerre mondiale, le tribunal de Nuremberg a condamné des coupables pour « crimes de guerre » et « crimes contre l'humanité ». Soit ! Mais Staline était alors au pouvoir et faisait partie des accusateurs. Or, après sa mort, il a fallu se rendre à l'évidence et constater les crimes dont il avait pris la responsabilité durant son long « règne ». A quel point de vue se place-t-on quand on parle d'un « bilan globalement positif » de ce règne ?

qu'on mesurera pour vous [141] » (Mt 7, 1-2). Suit la pra-
bole de la paille et de la poutre... Cela ne veut pas dire
qu'en rappelant les règles objectives de la morale
humaine, intégrée dans l'idéal évangélique, l'Église ne
pourrait pas constater que certains comportements sont
*incompatibles* avec la participation à sa communion
sacramentaire, suivant des degrés qui sont d'ailleurs très
variables [142]. On peut relever sur ce point, dans le Nouveau Testament, des règles relatives à certaines fautes
graves *et publiques* qu'une décision prise par l'Église
peut sanctionner (voir : Mt 18, 15-17 ; Ac 5, 4, où il est
question de « mentir à Dieu lui-même » ; 1 Co 5, 1-5, où
saint Paul prononce une excommunication, non pour la
perte mais pour le salut du coupable ; 1 Tm 1, 20, qui
suppose une décision du même genre).

*Ces cas*, qui laissent l'attitude de miséricorde envers les
pécheurs repentants (cf. 2 Co 2, 6-8), *sont différents du
péché radical qui marque la rupture totale avec Dieu et
le refus de sa grâce* : péché contre l'Esprit (Mt 12, 31),
crucifixion équivalente du Fils de Dieu (He 6, 6) par
l'apostasie (He 10, 26-31), péché qui conduit à la mort et
pour lequel il est inutile de prier (1 Jn 5, 16b) parce qu'il
est sans excuse (Jn 15, 22-23) : il manifeste en effet le
choix décisif du monde mauvais pour lequel Jésus lui-
même ne peut intercéder efficacement (Jn 17, 9a). En
dépit des résonances que comporte ce dernier texte
(1 Jn 5, 22-23), le « péché qui va à la mort » ne doit pas
être confondu avec le « péché mortel » de la morale
classique [143]. Celui-ci se rapporte à la tension entre la vie

---

141. Le proverbe figure aussi dans le Targoum palestinien sur
Gn 38, 25 (cf. R. Le Déaut, *Targum du Pentateuque*, t. 1, *Genèse*,
« Sources chrétiennes », n° 245, Paris 1978, p. 352 s). Il s'agit donc
d'une maxime traditionnelle en milieu juif... dont Shakespeare fera le
titre d'une pièce : « Mesure pour mesure. »
142. On est ici au point de départ — et au sens primitif — de
l'excommunication (quand il s'agit de péchés publics). Mais les règles
juridiques ont connu des variations considérables, depuis 1 Co 5, 3-5.
143. Je n'ai fait qu'effleurer ce sujet dans « Théologie biblique du
péché », *De la mort à la vie éternelle*, « Lectio Divina » n° 67, Paris
1971, p. 49 s (cf. 45-47). Je ne puis que renvoyer aux commentaires
de la 1re lettre de Jean, par exemple R. Schnackenburg, *Die Johan-
nesbriefe*, Fribourg-en-B. 1953, p. 253-262.

et la mort, entre la justification par grâce et le péché, que saint Paul décrit dans la lettre aux Romains (Rm 6, 8-13. 20-23). Cette tension, avec les oscillations qui peuvent l'accompagner, fait partie de la condition humaine. Mais le mobile des actes, en morale chrétienne, *n'est pas* la peur du péché et de la « mort » qu'il peut entraîner : c'est le goût de la vie, l'attrait de l'amour, le dynamisme de l'espérance dont l'Évangile est précisément l'annonce.

### 5.1.1.3. *Le rôle des circonstances*

Revenons sur les conditions qui permettent d'évaluer les actes humains. Les facteurs subjectifs n'interviennent jamais qu'*en raison des circonstances concrètes* auxquelles l'individu est confronté. Même dans les matières importantes, celles-ci ont un impact certain sur la qualification des actes et des comportements. Parmi les exemples donnés plus haut, on peut retenir celui du respect de la vie humaine qui entraîne l'interdit du meurtre. Or, il est classique de soustraire à cet interdit des cas concrets qui lèvent l'obligation correspondante : la légitime défense, la défense de la vie d'un innocent injustement agressé, la défense de la patrie : « Heureux ceux qui sont morts dans une *juste guerre*. Heureux les épis mûrs et les blés moissonnés… » Mais quand est-on sûr que la guerre est vraiment *juste* ? Et si on estime qu'elle ne l'est pas, comment se dérober aux mécanismes sociaux qui écrasent l'individu ? Quelle est alors la justification des actes qui risquent de provoquer la mort des autres ? On dira que ce n'est qu'un *risque*. Mais il y a des cas où c'est une *certitude* pratique. On ne peut lui appliquer le principe de l'« acte à double effet » : l'effet bon (la défense légitime) n'est en effet obtenu que par la médiation de l'effet mauvais (la mise à mort de l'autre). La solidarité collective joue-t-elle jusqu'à l'assimiler « l'autre » à un « injuste agresseur », s'il est lui-même victime de mécanismes sociaux sur lesquels il n'a aucune prise ? Comment nier que les circonstances jouent ici un rôle décisif dans l'appréciation morale de ce qui apparaît comme un devoir, accompli par chacun à son corps défendant et sans haine ?

Il existe des cas dans lesquels on doit préférer la perte de la vie à des actes imposés par une autorité qui n'en a pas le droit. L'Apocalypse johannique glorifie ceux qui « furent égorgés pour la Parole de Dieu et le témoignage qu'ils ont rendu » (Ap 6, 9), ceux qui « ont méprisé leur vie jusqu'à mourir » (12, 11). Cela ne justifie pas tous les contestataires en toutes circonstances, mais seulement la résistance aux actes illégitimes d'une « autorité de fait » (y en a-t-il jamais d'autres, si on se réfère à ce qui fut dit plus haut [144] ?), quand ceux-ci bafouent *un aspect essentiel du bien commun*, non seulement dans l'ordre de la liberté des consciences mais dans quelque ordre que ce soit : il suffit qu'il existe une proportion évaluable entre le bien à défendre et le risque de la vie. Mais à partir de quel moment — mis à part le cas de fidélité au Dieu unique — ce risque devient-il un devoir « grave » ? Les circonstances sont-elles toujours aisées à jauger ? De même, le mensonge comme tel est toujours un mal en lui-même, mais j'ai relevé plus haut des cas où la dissimulation de la vérité s'impose et prévaut sur l'interdit du Décalogue.

### 5.1.2. Cas des actes qui dépendent de l'intention de la personne

Les cas moraux que je viens de citer sont pourtant relativement simples. Mais à côté des actes qui comportent en eux-mêmes leur propre qualification théorique, il en est d'autres *qui sont susceptibles d'avoir des finalités diverses et dont la valeur morale dépend essentiellement du but que se propose celui qui en est responsable* (c'est le « finis operantis » des Scolastiques). L'élément subjectif prend alors le pas sur les autres, en fonction des circonstances concrètes où se trouve le sujet. Prenons encore un exemple dans le domaine de la justice sociale. Faire valoir un bien dont on est détenteur par une appropriation privée légitime est, en soi, un acte conforme à la *finalité* des biens matériels de ce monde. C'est même un

---

144. Cf. *supra,* p. 202-213.

devoir grave, à tel point que l'autorité sociale aurait le droit de déposséder un propriétaire qui s'y refuserait au mépris du bien commun. Mais il est très différent de le faire valoir par son travail *personnel* et de le rendre productif grâce au travail *d'autrui* [145] : *le droit au fruit du travail pour entretenir une existence vraiment humaine prime certainement le droit au profit pour le propriétaire « légal »*. Quelle finalité celui-ci poursuit-il, quand il se fait « chef d'entreprise » ? Le bien commun, qui a priorité, ou le *seul* profit personnel ? La qualification morale de son comportement dans la gestion d'une affaire dont il a la responsabilité dépend de ses intentions autant que de la pression des circonstances. Cela ne vaut pas seulement pour les moyens de production possédés à titre individuel dans une société libérale : cela vaut aussi pour la gestion et la direction des propriétés étatisées, où le travail des personnes qui y sont attachées est évalué pour sa seule valeur de rentabilité sociale.

On trouverait sans trop de difficultés, dans les principes sous-jacents à la Tôrah d'Israël, la justification de ces considérations morales, à condition de comprendre leur corrélation à l'organisation économique d'un temps à jamais disparu. Ce n'est pas ici la matérialité des *lois*

---

145. « Le travail est une fonction sociale et non pas une marchandise quelconque ; les travailleurs ont droit à l'assistance et il est nécessaire de déterminer un nombre d'heures de travail et un minimum de salaire. » Cette citation a près d'un siècle. Elle provient du Cardinal Manning, archevêque de Westminster, en 1887, soit avant « Rerum novarum ». (Je l'emprunte à A. Hoog, *Histoire du catholicisme social en France*, p. 42.) Mais le marché du travail, tel qu'il continue de fonctionner, lui a-t-il vraiment reconnu sa valeur de « fonction sociale », en assurant sa supériorité et sa prévalence sur l'appropriation privée des moyens de production, qui pourtant se situe au-dessous de lui dans l'échelle des valeurs humaines, puisque l'homme n'y est pas engagé personnellement comme dans l'acte de travail ? Cette question n'est pas du tout impertinente : elle est reprise dans l'encyclique « *Laborem exercens* » (1981). Dans le Bulletin n° 172 de *La Contre-Réforme catholique* (novembre 1981), G. de Nantes titre en gros caractères : « Une encyclique marxiste : ''Laborem exercens'' ». L'auteur a sans doute lu les écrits de Ch. Maurras plus que l'Écriture sainte : c'est la seule explication possible de cette perversion du jugement qui dénature la foi chrétienne pour la transmuer en « idéologie ».

qui compte, c'est l'*objectif* de défense des personnes, et de subordination des biens matériels à la promotion des personnes, qu'il faut analyser avec précision en faisant appel à la sociologie. Je laisse de côté les questions soulevées par la morale sexuelle, car leur examen demanderait des développements trop longs. Mais en présentant certaines d'entre elles d'une façon « objective », j'ai souligné le fait que la subjectivité des hommes y est *toujours* engagée au plus haut point, si bien que leurs décisions pratiques dans des circonstances difficiles voient peser sur elles des hypothèques éventuellement lourdes.

### 5.1.3. Les actes particuliers dans l'histoire de la personne

Retenons pour l'instant que, de toute façon, *un acte humain prend toujours place dans l'histoire du sujet agissant.* La vie est une route et l'action, une marche. En posant ce principe, je rejoins le langage de l'Écriture qui définit l'Évangile comme « une Voie » (Ac 9, 2 ; 18, 25-26 ; 19, 9.23 ; 22, 4 ; 24, 14.22), à la suite du langage de l'Ancien Testament (cf. Ps 119, 1, etc.) et du langage de Jésus lui-même (Mt 7, 13-14 ; 22, 16). Cette voie a un but : Jésus lui-même est Voie, Vérité et Vie (Jn 14, 6). L'orientation globale vers ce but peut subsister malgré les faux pas occasionnels, plus ou moins lourds. On retrouve ici le rapport, relevé déjà plusieurs fois, entre *l'option fondamentale* qui oriente la personne en direction de Dieu, explicitement connu ou obscurément pressenti à travers la conscience morale [146], et *les actes particuliers* qui échappent parfois à l'orientation foncière du vouloir : simple fragilité, ou négligence dangereuse, ou omission coupable, ou déviation pleinement acceptée ? Dieu seul sonde les reins et les cœurs (Jr 20, 12), au-delà de la matérialité des actes qui peut s'apprécier du dehors. C'est pourquoi l'enseignement moral de l'Église ne peut jamais s'en tenir à la *seule* présentation des devoirs moraux qui découlent de la loi « naturelle » — même

---

146. Je reviendrai plus loin sur la conscience comme « lieu » de la relation de chaque personne humaine à Dieu-Créateur et à l'Esprit Saint qui l'attire vers le bien par grâce (*infra,* p. 256 ss.) ; cf. « Décalogue et morale chrétienne », note 44 (p. 144 s.).

entendue correctement. Pour être authentiquement évangélique, il doit toujours mettre en évidence cette relation entre les actes moraux et le choix fondamental qui s'opère au secret des cœurs. En effet, c'est là finalement que le drame se joue entre l'homme et le Dieu vivant : celui-ci l'attire par sa grâce vers le Bien et lui donne à chaque instant des secours indispensables ; il lui permet de faire des pas vers lui et lui tend la main quand il tombe ; il reste, dans tous les cas, l'Amour absolu dont il suit les traces dès qu'il s'engage lui-même sur le chemin de l'amour, dans le détail infinitésimal des engagements quotidiens.

## 5.2. LE RÔLE DE LA CONSCIENCE MORALE

Ce fait attire l'attention sur le rôle essentiel de la conscience morale. Quand on dit que la « loi de Dieu » est une règle *extérieure* de la moralité, on risque en effet de jouer sur les mots.

### 5.2.1. La conscience, lieu de l'action du Saint-Esprit

En posant ce principe, on veut dire que la liberté, qui donne à l'homme sa propre dignité en tant qu'Image de Dieu [147], *ne fait pas lui le créateur des valeurs morales* : il *reçoit* celles-ci comme un *don*, au même titre que son être propre. Mais le sens de l'alliance nouvelle accordée aux hommes par la médiation de Jésus Christ est d'inscrire cette « loi de Dieu » dans le cœur, au plus profond de l'être, en accomplissant la promesse qui figure dans le livre de Jérémie (Jr 31, 31-34) par le don de l'Esprit Saint annoncé dans le livre d'Ezéchiel (Ez 36, 26-27). C'est de cette réalisation de la promesse que saint Paul prend acte (cf. 2 Co 3, 2-3 ; Rm 8, 1-10). Il applique même le texte de Jérémie au cas des hommes des nations païennes, qui n'ont pas la Loi révélée, mais qui en accomplissent « naturellement » les prescriptions, mon-

---

147. Cf. « *Gaudium et spes* », n° 12s (thème de l'image de Dieu), 17 s (sens de la liberté).

trant ainsi la réalité de cette Loi inscrite dans leur cœur
(Rm 2, 14-15a). C'est justement à leur propos que
l'apôtre parle explicitement du « témoignage de la
conscience », utilisant la terminologie de la philosophie
grecque pour désigner une réalité que les Sages d'Israël
évoquaient autrement (cf. Si 15, 14-17) [148]. Il faut rappro-
cher cette réflexion sur une expérience psychologique tout
à fait universelle de ce que Paul appelle ailleurs « la loi
de l'Esprit de vie », seule capable de nous affranchir de
« la loi du Péché et de la Mort » : allusion à un combat
entre des Puissances antagonistes dont notre liberté est
l'enjeu (Rm 8, 2).

Saint Thomas a commenté excellemment ce texte : « Si
une loi est donnée, c'est pour que les hommes soient
orientés par elle vers le bien. [Suit une citation d'Aristote
qui montre l'enracinement culturel du théologien
médiéval, mais n'ajoute rien au sujet.] Or, la loi
humaine ne fait cela qu'en faisant connaître ce qui doit
être fait. Mais l'Esprit Saint, en venant habiter la raison
("mentem" : allusion à la "loi de la raison" de Rm 7,
23), n'enseigne pas seulement ce qu'il convient de faire
en éclairant l'intelligence au sujet de la conduite à tenir,
mais il incline aussi l'affectivité pour la tenir correctement (cf. Jn 14, 26). En d'autres termes, la "loi de
l'Esprit" peut être identifiée plus exactement encore à
l'effet produit par l'Esprit Saint, à savoir, la foi opérant
par amour. En effet, d'une part, celle-ci instruit intérieurement de ce qu'il faut faire (cf. 1 Jn 2, 27) et, d'autre
part, elle incline l'affectivité à le faire (cf. 2 Co 5, 14).
C'est cette "loi de l'Esprit" qu'on appelle la "loi nouvelle", soit parce qu'elle est l'Esprit Saint lui-même, soit
parce que l'Esprit Saint la produit dans nos cœurs
(cf. Jr 31, 33) » (Ad Romanos, cap. 8, Lect. 1) [149]. Or,
saint Thomas reprend le même texte de Jérémie en commentant le passage cité plus haut à propos du témoignage de la conscience chez les païens de bonne volonté.

---

148. Ce texte est précisément cité dans « Gaudium et spes », n° 17.
149. Super epistolam ad Romanos lectura, n°s 602-603 (éd. Cai,
pp. 110-111) ; comparer saint Th. Iª IIae, q. 107, art. 1, in corp. [N.B.
J'ai déjà cité ce texte plus haut, cf. p. 144.]

Il précise en cet endroit que les préceptes *moraux* de
l'Ancienne Loi sont seuls en cause [150]. Puis il poursuit :
« Ceux qui observent la Loi sans audition externe d'une
Loi, "montrent la réalité de la Loi inscrite", non certes
"avec de l'encre", mais en premier lieu et principalement
"par l'Esprit du Dieu vivant" (cf. 2 Co 3, 3)... C'est
pourquoi il poursuit : ... "dans leurs cœurs", non sur du
parchemin ou sur des tables de pierre et de bronze, selon
ce que dit Jr 31, 33 [151]. »

Il est donc clair que les hommes en question participent à l'économie de l'alliance nouvelle — même s'ils ne
le savent pas, faute de connaître l'Évangile qui le leur
dévoilerait. La compréhension chrétienne de la conscience, bien qu'exprimée en langage de philosophie
grecque, est expliquée ici très clairement. On peut, si l'on
veut, parler à son propos de la « raison pratique » en
reprenant la terminologie de Kant ; mais on est aux antipodes de la « religion dans les limites de la raison ». S'il
fallait chercher à l'époque moderne un type de réflexion
philosophique qui correspondrait à cette présentation
théologique de la conscience, on le trouverait chez New-
mann, dans sa *Grammaire de l'assentiment* [152], ou chez
Maurice Blondel, dans le déploiement général de *L'action*
(où l'engagement de la volonté en direction du Bien possède une valeur épistémologique pour permettre à l'intelligence « en acte » de discerner le Vrai dans l'ordre
pratique [153]). Mais ce n'est pas ici le lieu de pousser plus
loin une telle enquête.

---

150. *Ibid.,* n° 215 (éd. Cai, p. 39).

151. *Ibid.,* n° 218 (p. 39). Le même texte est appliqué aux justes de
l'ancienne Loi (Iᵃ IIᵃᵉ, q. 107, art. 1 ad 2), pour montrer qu'ils rele-
vaient de la nouvelle alliance.

152. Voir la référence à la traduction française, donnée dans
« Décalogue et morale chrétienne », p. 145. Le rôle de la conscience
dans la recherche de Dieu était déjà souligné dans les sermons univer-
sitaires de Newman en 1830 (cf. M. NÉDONCELLE, *la Philosophie religieuse de John Henry Newman*, Strasbourg 1946, p. 96-110, 305-311).

153. L'option fondamentale qui est sous-jacente à l'action est implicitement une option par rapport à Dieu qui travaille l'homme au-
dedans : en ce sens, il y a donc un chassé-croisé entre le jugement
pratique et l'accès à la connaissance intellectuelle de Dieu ; cf. B. Ro-

### 5.2.2. Les deux fonctions de la conscience morale

Il suffit de repérer pour l'instant la fonction exacte de la conscience individuelle dans l'appréciation de la moralité des actes et des comportements. En fait, cette fonction est double.

1. Il revient à la conscience d'évaluer non seulement le but à atteindre, sa relation intrinsèque au dessein du Créateur et du Christ-Sauveur, son rapport au respect qu'exige la dignité humaine (celle du sujet qui agit et celle des autres), mais aussi les circonstances dans lesquelles une décision doit être prise. Cette évaluation ne peut être faite correctement sans une recherche loyale de la vérité morale, menée à la mesure des moyens que l'homme possède pour s'éclairer. La référence à l'Évangile, dont la tradition de l'Église et l'exercice de son Magistère ne veulent être que le reflet concret au milieu des changements culturels et historiques, devient pour le chrétien une nécessité évidente. Ce n'est pas seulement une question de « sécurité » qui mettrait à l'abri des risques moraux ; c'est une question de fidélité au Christ qui est la seule « norme » vivante de la moralité authentique : la *conscience* n'est pas un savoir autonome, c'est un « savoir-avec » (*syneidèsis* = *con-scientia*), avec Dieu, avec le Christ, avec l'Esprit Saint.

2. Mais cette réflexion conduit ensuite à un jugement « prudentiel » sur la façon dont les exigences de l'Évangile peuvent être traduites dans les actes, au milieu des circonstances où le sujet se trouve et au point où il en est dans sa marche vers la « perfection » évangélique. C'est ici que les difficultés commencent. Il existe en effet des situations difficiles où des impératifs d'ordre différent peuvent se contredire. S'il s'agit de valeurs dont le poids apparaît d'emblée comme inégal, la conscience manquerait gravement à son devoir en ne respectant pas la hiérarchie des biens, toute réserve étant faite sur les facteurs qui peuvent paralyser la volonté et entraver ses libres décisions. *Les cas les plus difficiles sont ceux où des*

---

MEYER, *La philosophie religieuse de Maurice Blondel*, Paris 1943, pp. 66-110.

*finalités de caractère différent mais de valeur apparemment égale sont dans une tension telle qu'on ne voit pas comment on pourrait les atteindre ensemble.*

### 5.2.3. Application : le problème de la régulation des naissances

C'est ici que je placerais le problème soulevé, non par la *restriction* mais par la *régulation* des naissances dans l'exercice de la paternité et de la maternité « responsables » [154].

#### 5.2.3.1. *Éclairage biblique*

Je ne veux pas entrer dans la casuistique. Je remarque seulement que les deux textes fondamentaux auxquels Jésus renvoient ceux qui l'interrogent sur la question juridique du divorce, Gn 1, 26-28 et Gn 2, 18-24, présentent parallèlement *les deux finalités* du couple humain, *sans les dissocier* certes, mais *sans les hiérarchiser* non plus. Elles ne sont pas en effet du même ordre. Celle qui concerne la procréation pourrait être satisfaite, à la limite, dans le cadre de la paternité « irresponsable » : une politique « nataliste » a été menée dans l'Allemagne hitlérienne sans aucun souci de la dignité véritable des couples, mais la propagation de la vie dans la « race » était assurée... L'Écriture était contredite, en ce sens que le couple y reçoit la bénédiction divine en tant qu'Image de Dieu, si bien que l'aspect animal de sa fécondité charnelle, analogue sur ce point à celle des autres espèces (cf. Gn 1, 22), est haussé jusqu'à la sainteté qu'un sacrement vient consacrer dans l'Église. Mais il reste que c'est la finalité *sociale* du couple, compatible avec des structures matrimoniales différentes dont l'Ancien Testament donne des exemples concrets : polygamie, fécondité des femmes de statut servile, etc. La finalité présentée dans le second récit (Gn 2, 18-24) n'ignore pas la question de

---

154. Le mot figure dès le début de l'encyclique « *Humanae vitae* » (1968), n° 10. J'insiste sur le fait que je traite pas dans son fond le problème de la régulation des naissances. J'examine seulement deux données bibliques qui sont capitales pour la réflexion théologique.

la fécondité, puisque l'homme « quitte ses père et mère » pour fonder un couple nouveau qui fera souche à son tour ; mais elle concerne essentiellement la *relation interpersonnelle* de l'homme et de la femme : celle-ci *constitue* justement le couple comme tel, grâce à « l'attachement » qui permet aux deux de devenir « une seule chair », c'est-à-dire d'associer la totalité de leur vie en incluant dans cette association les relations sexuelles qui traduisent leur affection mutuelle.

### 5.2.3.2. *Réflexion sur la situation concrète des couples*

Le rapport entre ces deux finalités ne se présente pas de la même façon dans toutes les situations humaines, surtout si l'on tient compte de l'état concret dans lequel se trouve l'humanité pécheresse. Sans entrer dans le détail de ces situations, on peut remarquer qu'*il existe une tension réelle entre les deux finalités* dans un nombre de cas assez grand, soit que le « devoir » de procréation ait déjà été assuré dans une mesure généreuse et prudente, soit que des conditions de santé ou de misère matérielle imposent une limite à la paternité « responsable ». Si l'on s'en tient à la simple morale de la « loi », en y ajoutant la hiérarchie que les théologiens médiévaux ont établie entre la finalité « primaire » du mariage (qui justifiait à leurs yeux la polygamie des patriarches [155] !) et ses finalités « secondaires » (c'est-à-dire : l'« aide mutuelle », où la paraphrase de Gn 2, 18 affaiblit sérieusement le texte biblique, et « l'apaisement de la concupiscence », où l'écho de 1 Co 7, 5 ajoute une note péjorative à ce conseil de prudence), on ne voit guère comment le couple échapperait à une situation d'angoisse que le souci de fidélité chrétienne ne ferait qu'aggraver. Mais si on se place dans la perspective positive de l'effort à faire pour viser cette fidélité, *à partir de l'étage où l'on se trouve dans la marche vers la perfection chrétienne* [156] — où les deux conjoints ne cheminent

---

155. Voir le *Supplément* de la *Somme théologique*, q. 65, art. 2, in corp.

156. Le Synode romain de 1980 a insisté, dans ses directives pastorales, sur l'idée de « gradualité » dans la recherche de la perfection

pas nécessairement au même rythme —, le cas de conscience change notablement. L'effort de lucidité et de courage, destiné à ne pas disjoindre les deux finalités de la vie de couple tout en respectant les exigences de la vraie prudence humaine, doit être mené sans perdre le souci du terme à atteindre : l'idéal évangélique, où le renoncement à soi-même occupe une place indéniable mais ne constitue pas la « fin dernière » à poursuivre. Les fidèles doivent donc être attentifs aux directives prudentielles de l'Église pour éclairer leur propre conscience. Mais il se peut que des solutions pratiques ne puissent pas être trouvées facilement, même en tenant compte des progrès réalisés par la médecine sur le point de la régulation des naissances [157].

Il ne faut pas alors que la fuite de l'angoisse conduise à se résigner au « moindre mal », même si ce mal est

---

chrétienne par les couples, sans pour autant modifier sur le fond les déclarations de l'encyclique « Humanae vitae ». On lira sur ce point le commentaire du Card. RATZINGER sur les 43 propositions du Synode, tr. fr. dans *La Documentation Catholique*, n° 1806 (1981), p. 393 s. Cette compréhension personnaliste du problème ne se place pas uniquement dans la perspective de « la Loi ». [La question est reprise en détail dans l'Exhortation apostolique « *Familiaris consortis* » (22 novembre 1981), n° 34 : il ne s'agit pas d'une « gradualité de la loi », mais d'une « loi de la gradualité » dans l'itinéraire moral des époux. (Cf. *Les tâches de la famille chrétienne*, Introduction de F. Refoulé, Éd. du Cerf, 1981, p. 89-92).]

157. J. RATZINGER, écrit *(ibid.)* : « La norme d'*Humanae vitae*, que l'on a prétendue uniquement ''naturelle'', est la seule en réalité qui soit tout à fait personnelle. Mais cela signifie donc aussi, pour l'appréciation morale de l'acte humain dans ce domaine, que l'on est d'autant plus proche de l'exigence morale préconisée par l'Église, que l'on agit davantage *dans le sens* de cette norme, et qu'on en est d'autant plus loin, que l'on considère le sexuel dans le sens d'une *chose* pure et simple que l'on a en tout temps à sa disposition. C'est pourquoi la norme d'*Humanae vitae*, encore qu'elle soit claire, n'est pas rigide, mais reste ouverte à des appréciations différenciées en fonction de situations morales différentes. » Sur les propositions médicales relatives à cette méthode « personnelle », opposée à la dépersonnalisation de l'exercice de la sexualité, voir la présentation populaire donnée par J. TOULAT, *Contraception sans violence*, Paris 1980. Toutes ces nuances échappent évidemment à ceux pour qui la morale se définit en termes de « loi » et de « permis ou défendu ». Mais peut-être faudrait-il modifier d'abord le point de vue à partir duquel on apprécie l'agir moral des personnes humaines.

évalué exclusivement au point de vue « objectif ». L'idéal évangélique conduit à adopter la politique du « mieux possible », dans les circonstances concrètes où le couple se trouve, avec un décalage éventuel entre le niveau spirituel des deux conjoints. Même s'ils sont loin de ce qu'ils regardent eux-même comme une perfection désirable, ils peuvent garder alors leur *orientation foncière* vers le bien, leur *option fondamentale* pour la fidélité à Dieu loyalement recherchée, au sein d'un combat intérieur où les forces qui s'affrontent ne sont pas « la chair et la raison » (Rm 7, 25b), mais « la chair et l'esprit » (Ga 5, 17), c'est-à-dire la fragilité humaine et l'Esprit de Dieu lui-même. Les actes particuliers de la vie du couple ne doivent pas, en effet, être considérés abstraitement pour eux-mêmes, indépendamment des deux personnes qui doivent prendre ensemble les décisions dont dépend leur vie affective et sexuelle. Si, par exemple, dans un souci de « fidélité à la Loi », les époux négligeaient le conseil formel de saint Paul dans 1 Co 7, 5 en « se privant l'un de l'autre » autrement que « pour un temps », afin de « vaquer à la prière », et que l'équilibre humain du couple se trouve mis par là en péril, le Mieux pourrait devenir l'ennemi du Bien jusqu'à compromettre l'existence du couple comme tel ou la fidélité de ses deux partenaires. Une telle solution ne serait pas conforme à la morale « évangélique ». Ce que je dis ici ne revient aucunement à proposer des « solutions faciles » : l'effort positif en direction d'un idéal plénier — que certains atteignent d'ailleurs — suppose la tension de la conscience et de la volonté en direction de Dieu. Mais ce n'est pas la même chose que d'évaluer certains comportements humains comme des « transgressions » de la règle, ou d'y voir des « omissions » du « meilleur » qui reste désiré à l'horizon de la vie quotidienne. Cet exemple peut suffire pour l'instant. Quant à l'application des principes posés, c'est une affaire de cas particuliers : il n'y a pas ici de « recettes » universelles.

# 6. LOI MORALE
# ET LIBERTÉ CHRÉTIENNE

## 6.1. L'ÉQUIVOQUE DES MOTS EMPLOYÉS

Il reste à donner une précision sur les rapports entre la loi morale, dont on vient de souligner l'aspect positif, et la liberté humaine telle que l'Évangile invite à la comprendre. C'est d'autant plus nécessaire que les mots « loi » et « liberté » sont, jusqu'à un certain point, des pièges. Ce qu'ils évoquent touche de si près à un point névralgique de la conscience humaine que les réactions qu'ils provoquent sont souvent moins rationnelles que passionnelles. J'ai insisté plus haut sur le fait que, dans la perspective évangélique, la « loi » n'est pas une donnée *extérieure* à l'homme, en ce sens qu'elle définit la réalité de son *être* créé en fonction de la *finalité* qui l'appelle au Bien [158] et lui promet le vrai bonheur : le discours de Jésus sur la Montagne s'ouvre par la proclamation des Béatitudes [159] (Mt 5, 2s). Quant à la liberté, elle soulève immédiatement une question capitale : liberté par rapport à quoi, et en vue de quoi ? Dès que la loi morale est comprise comme le chemin qui mène vers le bien et le bonheur parce qu'elle découle de la « nature » de l'homme (entendue au sens dynamique que l'idée biblique de création invite à lui donner), le problème essentiel de la liberté est celui de l'engagement en vue du Bien, de l'amour répondant à l'Amour, malgré les forces

---

158. Je ne prends pas ici le mot « Bien » au sens platonicien, mais au sens biblique (celui de Dt 30, 15-20, par exemple).

159. Sur ce point, on se reportera à l'étude fondamentale de J. Dupont, mentionnée dans la note 54. Le commentaire des Béatitudes donné par saint Thomas (*Super evangelium saint Matthaei lectura*, nos 404-449 ; éd. Cai, p. 65-72) est nourri de citations patristiques qui figurent dans la *Catena aurea* (éd. Guarienti, pp. 72-79). Il est à l'arrière-plan du traitement systématique de la *Somme théologique* (Ia IIae, q. 2 à 5), où se manifeste fortement l'influence augustinienne, et, par son intermédiaire, celle de la philosophie néo-platonicienne. Mais le point de départ doctrinal est à chercher dans la « lecture » de l'évangile, dont on n'a malheureusement qu'une « reportation ».

contraires qui s'y opposent à l'extérieur comme à l'intérieur de l'être. La pesanteur de ce que saint Paul appelle
« la chair » fait expérimenter à tous la condition
« captive » dans laquelle se trouve cette liberté. Il s'agit
donc de voir comment chaque personne peut accéder à
une liberté « libérée ».

### · 6.2. Une réflexion de saint Thomas

Les lettres aux Galates et aux Romains traitent assez
longuement de ce problème, auquel j'ai consacré des
études que je n'ai pas à reprendre ici [160]. En ce qui concerne les rapports entre la liberté et la loi (comprise
comme je viens de le dire), les mêmes écrits pauliniens
invitent à les examiner en sortant des catégories juridiques qui obéraient, au temps de l'apôtre, certaines interprétations de la Tôrah d'Israël. Mais l'accès à la « vie
selon l'Esprit » a pour effet de rendre possible l'accomplissement de ses préceptes, en affranchissant l'homme
de « la loi (c'est-à-dire de l'autorité [161]) du Péché et de la
Mort » pour le soumettre à la « Loi (c'est-à-dire, à la
régence) de l'Esprit » (Rm 8, 2 ; cf. 8, 4). On rejoint par
là un principe posé par saint Paul dans une formule très
dense : « Là où est l'Esprit, là est la liberté » (2 Co 3,
17). Je me contenterai de reproduire ici le commentaire
que saint Thomas donne de ce passage, car il synthétise
très bien les données du problème abordé ici [162]. Après
avoir expliqué que « la Loi du Christ (cf. Ga 6, 2), comprise spirituellement, c'est-à-dire, non pas écrite en let-

---

160. *Péché originel et rédemption*, p. 390-430.
161. On voit par ces textes que le mot « loi » est susceptible de
sens différents, suivant les contextes dans lesquels saint Paul
l'emploie. Il est paradoxal de parler de « loi de l'Esprit » (Rm 8, 2).
Il ne l'était pas moins de dire, dans Rm 6, 18, que, « affranchis du
péché, nous avons été *asservis* à la justice », puisque ce service est
une libération. Le cliquetis des mots, suivant les nécessités de la rhéto-
rique, entraîne ici des glissements de sens dont les théologiens n'ont
pas toujours tenu compte, notamment quand ils parlaient de la « loi »
nouvelle.
162. Cf. *Super epistolas saint Pauli lectura*, éd. Cai, p. 464.

tres, mais imprimée par la foi dans les cœurs » apporte avec elle la liberté (*In 2 Corinthios*, 3, Lect. 3, n° 111), il poursuit :

> Ces deux formules (« là où est l'Esprit du Seigneur, là est la liberté » et « la Loi n'est pas établie par le juste », 1 Tm 1, 9) ont entraîné chez certains cette idée erronée, que « les hommes spirituels ne seraient pas obligés par les préceptes de la loi divine. Mais cela est faux, car les préceptes de Dieu sont la régulation de la volonté humaine. Il n'y a aucun homme, ni même aucun ange, dont la volonté ne doive être régulée et dirigée par la loi divine. Il est donc impossible qu'un homme ne soit pas soumis aux préceptes de Dieu. Si l'on dit que "la loi n'a pas été établie pour le juste", il faut comprendre par là que la loi n'est pas établie pour ceux qui sont entraînés par un mouvement intérieur vers ce que la loi de Dieu ordonne [163]. Mais si elle est établie pour "les injustes", cela ne veut pas dire que les justes n'y soient pas aussi tenus. De même, la formule : "là où est l'Esprit du Seigneur, là est la liberté", se comprend de la façon suivante. Être libre, c'est être "cause de soi-même". Or, l'esclave a son maître comme cause de son action. Donc, celui qui agit librement, c'est celui qui agit de lui-même ; mais celui qui agit en raison de l'impulsion d'un autre, n'agit pas librement. Dès lors, *celui qui évite le mal, non parce qu'il est mal, mais à cause du commandement du Seigneur, n'est pas libre* ; par contre, celui qui évite le mal parce qu'il s'agit d'un mal (= de *son* mal), est libre. C'est ce qu'opère l'Esprit Saint, qui perfectionne intérieurement la raison de l'homme par une bonne disposition (« habitus ») de telle sorte qu'il se garde du mal *par amour*, comme si une loi divine le prescrivait. Ainsi on peut le dire libre, non parce qu'il ne serait pas soumis à la loi de Dieu, mais parce qu'il est incliné en vertu de sa bonne disposition à faire ce que la loi divine ordonne » (n° 112) [164].

Saint Thomas suppose ici que l'Esprit Saint libère l'homme de la servitude de la chair, avec ses passions et

---

163. Pour avoir pleinement la pensée du commentateur sur les mots « juste » et « justice », il faut se référer à son commentaire de Mt 5, 6 (cf. *Super evangelium saint Matthaei lectura*, n° 427, éd. Cai, p. 68 s) : la « justice » implique globalement l'accomplissement de toute la loi par les vertus correspondantes. Mais il est clair que seule la grâce apportée par l'Esprit Saint en accorde la possibilité.

164. C'est l'inclination même de l'amour (= la charité) que Dieu seul infuse en nous, d'après Rm 5, 5 (cf. II<sup>a</sup> II<sup>ae</sup>, q. 24, art. 1, ad 1).

ses convoitises dont les impulsions l'empêcheraient effectivement d'être « causa sui ». Mais il est remarquable qu'il ne qualifie pas de « *libre* » le comportement de l'homme qui ferait le bien *parce que le commandement de Dieu l'y oblige, et seulement pour cette raison*. C'est couper la route à toute « morale de la Loi » qui ne serait pas intégrée à la « morale de l'amour » et à la « vie selon l'Esprit », car celle-ci imprime seule dans l'être une disposition intérieure d'inclination en vue du Bien, désiré par amour. C'est là le dernier mot de la « nouvelle alliance », et c'est aussi « la Loi du Christ » (Ga 6, 2), qui est une loi *en un autre sens* que les commandements et les interdits prescrits *de l'extérieur* par les catalogues moraux, même conformes à la raison. Il faut prendre acte de cette vue profonde, quand on pose la question de l'enseignement de la morale dans l'Église, annonciatrice ·de l'Évangile. L'idée de « loi » n'est pas supprimée, mais elle prend place dans un ensemble qui la situe à sa juste place, pour que les personnes humaines reçoivent *par grâce* la vraie liberté : celle de l'amour, que l'Esprit Saint peut seul donner [165].

---

165. Je ne pense pas que cette présentation de la « morale » chrétienne soit coutumière dans l'esprit de beaucoup de fidèles, éduqués par le « catéchisme national » classique. Celui-ci s'articulait sur trois parties : 1. Les vérités que nous *devons* croire (quelle présentation de la foi !) ; 2. les *devoirs qu'il faut pratiquer* (c'était la morale, en termes d'impératif catégorique avec appel à l'« autorité » de Dieu) ; 3. les moyens que Dieu met à notre disposition pour faire notre salut (quelle présentation de la grâce et des sacrements !). Je m'abstiendrai de tout commentaire : ces formules parlent d'elles-mêmes. Je m'interroge seulement sur leur rapport à l'Évangile. Je m'interroge aussi sur les glapissements de certains milieux — disons : conservateurs ou traditionnels — qui trouvent qu'« on n'enseigne plus la morale aux enfants dans les catéchismes » (pas plus que le dogme d'ailleurs). Il y a certainement beaucoup de travail positif à faire pour restaurer une communication de la foi qui s'articule sur sa compréhension approfondie. Les ruptures post-conciliaires ont souvent laissé les catéchistes en déroute. Mais leurs dénonciateurs, attachés à ce qu'ils appellent « la tradition de l'Église », ont-ils vraiment l'Évangile en tant que tel à l'horizon de leur pensée ? Ils auraient autant besoin d'un sérieux examen de conscience que ceux qui « flottent » en cherchant comment présenter une morale « évangélique ».

# TABLE DES RÉFÉRENCES BIBLIQUES

# TABLE DES AUTEURS CITÉS

# INDEX ANALYTIQUE

**N.B.** Les références les plus importantes sont mises en italiques. Les documents pontificaux figurent sur la *Table des auteurs cités*.

# TABLE DES MATIÈRES

Collection

# « RECHERCHES MORALES »

ACHEVÉ D'IMPRIMER PAR
L'IMPRIMERIE CH. CORLET
14110 CONDÉ-SUR-NOIREAU

N° d'Éditeur : 7528
N° d'Imprimeur : 308
Dépôt légal : août 1982